beck^Ische
reihe

b^{sr}

Katajun Amirpur

Den Islam neu denken

Der Dschihad für Demokratie,
Freiheit und Frauenrechte

Verlag C.H.Beck

Mit 5 Abbildungen

Originalausgabe

© Verlag C.H.Beck oHG, München 2013
Satz: Druckerei C.H.Beck, Nördllingen
Druck und Bindung: Pustet, Regensburg
Umschlaggestaltung: malsyteufel, willich
Umschlagabbildung: Musliminnen protestieren 2009
in Teheran gegen die umstrittene Wiederwahl Ahmadinedschads,
Foto: Hamed Saber/flickr
Printed in Germany
ISBN 978 3 406 64445 0

www.beck.de

Im Gedenken an
Nasr Hamid Abu Zaid

Inhalt

das zu verstehen ist. Manche Gelehrte nahmen dies wörtlich. So vertrat die Schule der Ash'ariten, deren Begründer al-Ash'ari 935 starb, die Auffassung, dass Gott Attribute wie Wissen und Rede besitze und aufgrund dessen wisse und rede. Also auch im Koran. Gottes Wort gehörte für sie zu seinen Wesenseigenschaften. Daraus folgerten sie, dass Sein Wort genauso unerschaffen sei wie Er.

Auch ihre intellektuellen Gegenspieler, die Mu'taziliten, leugneten nicht, dass Gott im Koran spricht. Aber der Unterschied zwischen menschlicher und göttlicher Sprache lag ihrer Ansicht nach darin, dass Gott aufgrund seiner Allmacht keine Instrumente brauche, um Sprache zu produzieren. Gott komme demnach nicht in unserem Sinne Sprache zu, da diese etwas Menschliches sei. Weil sie also das Reden Gottes zu seinen aktiven Attributen zählten, lehnten sie die Auffassung ab, dass der Koran wie Gott ewig, also unerschaffen sein könne. Ihrer Meinung nach gab es erst Gott, der dann den Koran schuf.

Für eine moderne Theologie ist all dies höchst relevant. Denn mit der Annahme des ash'aritischen Dogmas von der Unerschaffenheit des Korans durch den sunnitischen Mainstream in der zweiten Hälfte des 9. Jahrhunderts wurde nicht nur der Gedanke ausgeschlossen, dass der Koran in Form und Inhalt durch die Persönlichkeit des Propheten bedingt sei, sondern auch, dass Gott darin in einer konkreten historischen Situation gesprochen habe. Dadurch wurden der Interpretierbarkeit des Korans enge Grenzen gesetzt, weit engere als wenn die Schule der Mu'taziliten in diesem theologischen Streit den Sieg davongetragen hätte. Denn ein erschaffener Koran lässt viel mehr Raum für Interpretation, zum Beispiel im Hinblick auf Frauenrechte.

Sowohl Abu Zaid, der als Neo-Mu'tazilit galt, als auch Fazlur Rahman öffneten sich der Idee der Erschaffenheit des Korans, während zwei andere in diesem Band vorgestellte islamische Theologen, 'Abdolkarim Soroush und Mohammad M. Shabestari, als Schiiten, die sich als Erben der Mu'taziliten verstehen, ohnedies dieser Auffassung sind. Das bedeutet jedoch keine Abkehr vom Axiom der Göttlichkeit des Korans;

natürlich steht für alle vier Denker außer Frage, dass der Inhalt des Korans letztlich auf Gott zurückgeht. Aber sie hinterfragen, wer die Formulierung des koranischen Wortlauts vorgenommen hat – Gott, die Engel oder Muhammad selbst – und erfragen, wie genau die Verkündigung vonstatten gegangen ist. Abu Zaid versuchte diese theologische Frage mit Hilfe moderner sprachwissenschaftlicher Ansätze zu ergründen, Fazlur Rahman hat sie aufgeworfen und Soroush und Shabestari haben wieder eigene Zugänge entwickelt.

Die hier vorgestellten Ansätze haben eines gemeinsam, was sie von anderen zeitgenössischen Herangehensweisen innerhalb des Reformislams unterscheidet: Im Zentrum steht der Koran selbst. Dieser ist als der Referenztext der islamischen Kultur das einzige, worüber sich alle Muslime einig sind, was man beispielsweise über die Hadithe nicht sagen kann. Deswegen sind die hier vorgestellten Denker der Auffassung, dass jede Reform ihren Ausgang am Koran nehmen muss. Ohne eine koranische Legitimation hat sie keine Aussicht auf Erfolg. Das bedeutet allerdings nicht, dass eine neue Lesart des Korans oder eine brillante neue Idee bezüglich seines Wesens eine Reform hervorbringen kann. Dazu bedarf es mehr als das.

Dass sie den Koran ins Zentrum ihres Ansatzes stellen, war also ein Kriterium, warum gerade diese Denker und Denkerinnen ausgewählt wurden. Das zweite war die Originalität ihrer Gedanken sowie deren Wirkung, die sie auf verschiedenen Ebenen und in unterschiedlichem Rahmen entfalten, wie zu sehen sein wird. Die hier vorgestellten Denker und Denkerinnen haben noch etwas gemeinsam: Was sie erlebten und wie sie den Koran sehen, ist nicht voneinander zu trennen. Beides greift ineinander. So ist das Ziel dieses Buches, nicht nur Ideen zu präsentieren, sondern auch die Menschen, die sie formulieren.

Auf viele spannende Denker musste aus Platzgründen verzichtet werden. Das betrifft Asghar Ali Engineer und Riffat Hassan, aber auch Muhammad Iqbal, Sayyid Ahmad Khan, Chandra Muzaffar, Abdulaziz Sachedina, Abdelmadjid Charfi, Mohamed Talbi, Nurkholish Madjid, Ali Bulaç.

Sie sollen an dieser Stelle wenigstens durch eine namentliche Erwähnung gewürdigt werden. Viele weitere werden im ersten Kapitel kurz, andere etwas ausführlicher behandelt, um die unterschiedlichen Ansätze insgesamt deutlich zu machen und das Spektrum des hier vorgestellen Reformislams etwas zu erweitern.

Ein Wort zur Begrifflichkeit: Wie die Bezeichnungen «liberaler Islam», «progressiver Islam» oder «islamische Aufklärer» sind auch die Begriffe «muslimische Reformdenker» oder «Reformislam» umstritten. Auf einer Fachkonferenz, die im Jahr 2005 in Berlin stattfand, äußerten viele der Anwesenden ihr Unbehagen bezüglich der Bezeichnungen. Ebrahim Moosa schlug als Alternative «critical traditionalism» vor, Abu Zaid plädierte für «muslim reform discourses» und ʿAbdullahi An-Naʿim wiederum verteidigte den Terminus «progressive thinking», wählte für sein Buch aber *Toward an Islamic Reformation*. Als *Progressive Muslims* bzw. *Progressive Muslim Union* bezeichnet sich eine Gruppe islamischer Intellektueller, die sich nach 9/11 zusammengefunden hat, um den fundamentalistischen Tendenzen in ihrer Glaubensgemeinschaft entgegenzuwirken. In der Schweiz hat sich das *Forum für einen fortschrittlichen Islam* gegründet.

Es gäbe viel über den Sinn und Unsinn dieser Bezeichnungen zu sagen, über die Ab- und Ausgrenzung, die sie mit sich bringen, über die Herkunft aus anderen Kontexten, anderen Milieus, über das Problem des Fortschritts an sich ebenso wie das der Reform. So hat die dem Reformbegriff immanente Idee der Verbesserung dazu geführt, dass viele Muslime das Wort Reform für den Islam prinzipiell ablehnen. Der Islam sei vollkommen, eine Verbesserung nicht nötig. Vertreter islamischer Verbände sehen in dem Begriff und der Idee des «Reformislam» sogar den Versuch nicht-muslimischer Einmischung in innerislamische Angelegenheiten. In einer Stellungnahme des Zentralrats der Muslime in Deutschland heißt es: «Dem Islam droht die Gefahr, auf Grund des politischen und staatlichen Drucks gespalten zu werden in zwei ‹Konfessionen›: den Islam und den Reformislam» (Zentralrat 2003).

Für eine längere Diskussion über Begrifflichkeiten ist hier nicht der Ort – zumal es weniger um Bezeichnungen gehen sollte als um Inhalte und vor allem um das allen Progressiven, Aufklärern, Reformern, kritischen Traditionalisten gemeinsame Bedürfnis, sich unleugbar vorhandenen Problemen zu stellen. Die Wahabiten hätten nicht nur die Gräber der Prophetenfamilie in Saudi-Arabien mit ihren Bulldozern überrollt, sondern ebenso das islamische Denken, schreibt Omid Safi zu Recht in seiner Einleitung zu einem Buch, das führende Denker der *Progressive Muslims* herausgegeben haben. Einige vorherrschende muslimische Positionen zu Toleranz, Recht, Gleichberechtigung und Meinungsfreiheit sind – das kann nicht übersehen werden – mit den Prinzipien des freiheitlichen demokratischen Rechtsstaates nicht vereinbar. Darum geht es hier, nicht um Begriffe: Die hier versammelten Autoren wollen sich – wie viele weitere in der islamischen Welt und anderswo – diesem Problem stellen.

Inzwischen haben sich die Bezeichnungen Reformdenker und Reformislam eingebürgert, in unseren Schulen und im Internet sind die Begriffe dank der Bundeszentrale für Politische Bildung, die das Kleine Islam-Lexikon von Ralf Elger online gestellt hat, eingeführt (http://www.bpb.de/nachschlagen/lexika/islam-lexikon/21634/reformislam). Deshalb werden die Termini auch in diesem Buch da benutzt, wo es um die Geschichte und die Vorväter geht.

Was den Titel des vorliegenden Buches angeht, habe ich mich allerdings für eine andere Bezeichnung entschieden; sie ist neu und somit vielleicht unschuldiger. Wenigstens zwei der hier vorgestellten Denker benutzen sie zudem für sich selbst. Und wäre es keine persische, hätten vielleicht mehr von ihnen sie gewählt: *Den Islam neu denken* geht nämlich auf das persische *nouandishi-ye eslami* zurück, was im Deutschen als *Islamisches Neudenken* nicht gut klingt; ins Englische kann es dagegen mit *Islamic Newthinking* recht gut übertragen werden. Und die Menschen, die sich dem *nouandishi-ye eslami* widmen, werden im Persischen als *nouandishan-e eslami* bezeichnet, als *den Islam neu Denkende* (wörtlich: Islamische Neudenker).

Als erklärungsbedürftiger Begriff erscheint ferner «Dschihad», ein Wort, das bei Nichtmuslimen ungerechtfertigterweise negative Assoziationen weckt. In seiner ursprünglichen Bedeutung bezeichnet Dschihad (in der englischen Transkription *Jihad*) nämlich das «sich Mühen auf dem Wege Gottes» (*dschihad fi sabil Allah*). Aus dem Koran geht nicht eindeutig hervor, ob es sich dabei um einen universellen Kampf gegen Andersgläubige handelt oder ob dieser Kampf nur defensive Ziele verfolgt. Gemeinhin wurde der Begriff in den Anfangsjahren des Islams durchaus im Sinne einer kriegerischen Auseinandersetzung zur Ausweitung des islamischen Herrschaftsgebiets verstanden.

Diese kriegerische Interpretation sollte sich im Laufe der Jahrhunderte jedoch wandeln. Das spätere islamische Recht verstand unter Dschihad nicht mehr die Pflicht zum Krieg, sondern das individuelle Bemühen darum, ein gottgefälliges Leben zu führen. Was genau das Mühen auf dem Wege Gottes ausmachte, war von Person zu Person unterschiedlich: So verstand der Mystiker sein Ringen um Gotteserkenntnis genauso als Dschihad wie der Prediger seine Missionstätigkeit. Gerade von Modernisten wird der Begriff sehr weltlich verstanden. In Tunesien beispielsweise wurde die Bekämpfung des Analphabetismus als Dschihad deklariert, und als mit dem Ende des iranisch-irakischen Krieges in Iran die Wiederaufbauphase begann, nannte man sie *dschehad-e sazandegi*, Aufbaukampf.

Auch Reformdenker bezeichnen heute das, was sie tun, als Dschihad. So schreibt beispielsweise Omid Safi, einer der Begründer der *Progressive Muslims,* über deren Rechtsauslegung: «Dieser progressive Idschtihad ist unser Dschihad» (Safi 2003, 8); und neben Amina Wadud, die ihr Buch *Inmitten des Gender Dschihad (Inside the Gender Jihad)* nannte, beschrieb Riffat Hassan ihren Einsatz für Frauenrechte in Pakistan als «Dschihad auf dem Wege Gottes: Die Glaubensreise einer Frau von Kampf zu Kampf zu Kampf» (Jihad Fi Sabil Allah: A Muslim Woman's Faith Journey from Struggle to Struggle to Struggle). So lautete der Titel eines ihrer Aufsätze aus dem Jahr 1991. Vielleicht ist es kein Zufall, dass vor allem Frauen ihren Einsatz für die Rechte ihrer Geschlechtsgenossinnen als Dschihad bezeichnen. Der Begriff birgt eine koranische Legitimation für ihren Kampf.

Auf jeden Fall kann kein Buch über den Reformislam ohne die Stimmen von Frauen auskommen und muss sich der Frauenfrage stellen. Abu Zaid bezeichnete sie einst als den Lackmustest für den Islam in der modernen Welt, und Asghar Ali Engineer meint:

> Muslimische Intellektuelle, Aktivisten und Akademiker müssen heute erkennen, dass sie eine große moralische Verantwortung haben. Sie müssen eine aktive Rolle dabei spielen, die Rechte der Muslime als Kollektiv zu verteidigen, aber ebenso die Rechte des Individuums innerhalb dieses Kollektivs. Deshalb ist für immer der wirkliche Test, wie diese Intellektuellen sich der Frauenfrage stellen. Solange sie das nicht als eine wichtige Sache ansehen – vielleicht die wichtigste von allen –, kann man sie nicht als engagierte Intellektuelle bezeichnen. (Engineer 2002, 34)

Es geht in diesem Band also darum, neue Ansätze einer muslimischen Theologie aufzuzeigen. So werden neue Lesarten und neue Herangehensweisen beschrieben. Vielleicht ist an dieser Stelle dem Vorwurf zu begegnen, heraus käme dabei eine eklektizistische Lesart oder eine Hermeneutik, die dem Koran Gewalt antut. Dazu ist Folgendes zu sagen: Natürlich kann man anmerken, dass sich die hier vorgestellten Denker und Denkerinnen einen Islam basteln; einen Islam, der weichgespült ist, angepasst an die Forderungen einer nichtmuslimischen Mehrheitsgesellschaft oder einer verwestlichten Minderheit. Aber erstens sind Demokratie und Menschenrechte und ihre Vereinbarkeit mit dem Koran nicht nur das Bedürfnis einer kleinen Minderheit, sondern das Streben der Mehrheit der Muslime. Davon bin ich überzeugt. Und zweitens erfolgt das Neulesen des Islams in guter Absicht, und sie, die *niya*, zählt im Islam. Religionen werden schließlich gar nicht so sehr durch das bestimmt, was die Texte den Menschen vorgeben, sondern eher durch das, was die Menschen aus ihnen machen. Ob die im Folgenden vorgeschlagene Lesart des Korans die richtige ist, kann ohnehin niemand sagen. *Wa allahu a'lam.* Gott ist Wissender. Mit dieser Formel schlossen klassische Korankommentare, die folgendermaßen aussahen: In der Mitte der Seite wurde die Sure XY notiert. Um sie herum wurde in einem Kreis die Auslegung bzw. der Kommentar zu ihr geschrieben. In weiteren Kreisen erschienen dann weitere Kommentare. Als *hashiye* bezeichnet man im Persischen diese den Jahresringen von Bäumen ähnliche Struktur. Manchmal waren es Dutzende Kommentatoren, deren Ansicht für wiedergebenswert befunden wurde; Ansichten, die sich sehr voneinander unterscheiden konnten und oft genug einander komplett widersprachen und dennoch Auslegungen ein- und derselben Sure waren. Am Ende, oft unten in einer Ecke, stand der Satz *Wa allahu a'lam*, mit dem gemeint war: Letztlich weiß es doch nur Gott. Wer wollte dem widersprechen?

1 Auf dem Weg in die Moderne

Die Tradition des Reformislams

Schon im 19. Jahrhundert plädierten Jamal ad-Din al-Afghani (1838/39–1897), Muhammad ʿAbduh (1849–1905) und Rashid Rida (1865–1935), die heute als die Gründungsväter des islamischen Reformismus gelten, für eine innere Reform des Islams. Ausschlaggebend für ihr Bestreben war, dass man sich dem Westen unterlegen fühlte. Für alle drei hatte die Rückständigkeit der islamischen Welt ihre Ursache ausschließlich in einem statischen, unflexiblen Islamverständnis und der blinden Nachahmung der Vorväter. Deshalb forderten sie eine moderne, den veränderten Umständen angepasste Interpretation des Korans bzw. des islamischen Rechts. Dieser Ansatz hat im Wesentlichen heute noch Bestand, und das Gleiche gilt für die grundsätzliche Frage, die mit seiner Hilfe beantwortet werden soll: Wie kann der Muslim gleichzeitig modern und authentisch sein?

Seit dieser Zeit entwickelte der Reformislam die unterschiedlichsten Spielarten. So ging der islamische Modernismus ebenso aus ihm hervor wie der Islamismus, das heißt der islamische Fundamentalismus, führten die Überlegungen ʿAbduhs, Afghanis und Ridas zu einem islamischen Gesellschaftsentwurf doch auch zur Ideologie des Islamismus als einer geschlossenen Weltanschauung. Immerhin vertraten sie die Ansicht, dass der «reine» und «unverfälschte» Islam alle Antworten auf die Fragen der Moderne bereithalte. Die Versöhnung von Islam und Moderne sollte deshalb mit einer Rückbesinnung auf den Koran und die Prophetentradition sowie mit der inneren Erneuerung der Gläubigen einhergehen. Hier konnten Fundamentalisten wie Modernisten anknüpfen – wenn sie auch unterschiedliche Schlussfolgerungen zogen. Vor allem Muhammad ʿAbduh gilt als der geistige Vater beider Formen islamischen Neudenkens.

Muhammad ʿAbduh wuchs in einer unterägyptischen

Bauernfamilie auf und studierte an der Universität al-Azhar in Kairo. 1871 lernte er Jamal ad-Din al-Afghani kennen. Der Iraner Jamal ad-Din nannte sich Afghani, um zu verhindern, dass seine Reformideen von vornherein als schiitisch gebrandmarkt und abgelehnt wurden. Seine Ausbildung erhielt Afghani zuerst in Teheran, anschließend in den Zentren der schiitischen Lehre im Irak. Nach verschiedenen Zwischenstationen verschlug es ihn 1870 nach Istanbul. Dort fand er schnell Anschluss an reformorientierte Kreise. 1871 ging er nach Kairo. Als er die Gelegenheit bekam, beim osmanischen Vizekönig Tawfiq Pascha vorzusprechen, schlug Afghani diesem vor, das Volk an der Regierung zu beteiligen. Ägypten solle eigene staatliche Institutionen aufbauen, um sich der britischen Verwaltung zu entledigen. Eine Verfassung sollte der Willkür der Regierenden Grenzen setzen. 1879 wurde Afghani wegen dieser Ideen des Landes verwiesen, er ging nach Indien und von dort aus 1882 nach Europa.

Zwar gilt Afghani als einer der maßgeblichen Erneuerer des Islams, doch hat er sich vor allem auf dem praktischen Feld der islamischen Agitation hervorgetan und kaum Werke verfasst. Zu Lebzeiten wurde er von der Orthodoxie angefeindet, weil er sich um die Wiederbelebung der rationalistischen Strömung im Islam bemühte. Nach seinem Tod wurde er zum Helden des islamischen Modernismus, des Panislamismus und des antikolonialen Widerstands stilisiert. Zwei zentrale Themen durchziehen Afghanis Denken: die islamische Einheit und die Forderung nach einem reformierten und modernisierten Islam, der sich westliche Technologie und Wissenschaft zu eigen macht und sich mit ihrer Hilfe der politischen und wirtschaftlichen Abhängigkeit vom Westen erwehrt.

Afghanis Ideen wurden von seinem berühmtesten Schüler Muhammad ʿAbduh weiterentwickelt. Dieser leitete zusammen mit Rashid Rida das Zeitalter nationalistischer und religiöser Reform in Ägypten ein. ʿAbduh übernahm von Afghani die Ansicht, dass sich Muslime vom wahren Islam der Vorväter entfernt hätten und dass dies der Grund für ihre Rückständigkeit im Verhältnis zum Westen sei. Außerdem wurde ʿAbduh von seinem Lehrer an die europäische Literatur, Philosophie und Theologie herangeführt und erkannte, angeregt durch Afghani, den technischen und wissenschaftlichen Fortschritt des Westens an. Die westliche Lebensweise lehnte er jedoch für die islamische Welt ab. Höhere Bildung und richtig gelebte Religiosität sollten Ägypten in die Moderne führen.

1876 schloss ʿAbduh sein Studium ab und wurde 1878 Professor für Geschichte an der Kairiner Hochschule Dar al-ʿUlum, «Haus der Wissenschaften». Als Gastkommentator schrieb er für die Zeitung *al-ahram* und rief zu Bildungsreformen auf. Wegen seiner Kritik an den Briten musste er 1879 das Land verlassen, durfte aber ein Jahr später zurückkehren. Er wurde Herausgeber einer Regierungszeitung, die sich unter seiner Führung zum Sprachrohr reformistischer Ideen entwickelte. Sie forderte die Befreiung der Muslime von europäischer Hegemonie und die Erneuerung des Islams aus eigener Kraft.

Nachdem er 1882 beim ʿUrabi-Aufstand gegen die Regierung und für die Oppositionellen Partei ergriffen hatte, musste er Ägypten erneut verlassen. In Paris traf ʿAbduh auf seinen alten Lehrer al-Afghani. Gemeinsam gaben sie die reformistische Zeitschrift *al-urwa al-wuthqa* (Das stärkste Band) heraus. Darin propagierten Afghani und ʿAbduh ihren Reformislam, der den Idschtihad, ein Mittel zur Rechtsfortbildung, nutzte, um neue Antworten auf aktuelle Fragen zu geben. Angesichts der Gefahr, mit der die islamische Welt durch den europäischen Kolonialismus konfrontiert sei, müssten sich die Muslime vereinen. Stark für den Kampf würden sie durch die Praktizierung eines richtig verstandenen Islams. Auch hier geht es also nur um ein Thema: zur wahren Religion zu finden und durch sie gestärkt den Kolonialmächten Widerstand zu leisten.

Nach Aufenthalten in Tunis und Beirut kehrte ʿAbduh 1889 wieder nach Kairo zurück und fand dort eine Anstellung als Richter. 1899 wurde er zum Großmufti von Ägypten ernannt. Dieses Amt übte er bis zu seinem Tod aus. ʿAbduh erstellte Rechtsgutachten, die einen praktischen Bezug zum

Leben der Muslime im modernen Ägypten hatten. Er widmete sich beispielsweise der Frage, ob ein Muslim Fleisch essen dürfe, das aus dem nicht-muslimischen Ausland importiert wird. In seiner Funktion als Großmufti verfasste er jedoch auch eine Reihe von theologischen Schriften und begann die Arbeit an einem umfassenden Korankommentar. Als dieser in der Zeitschrift *al-manar* (Der Leuchtturm) veröffentlicht wurde, löste er zwar einen Sturm der Entrüstung aus, machte ʿAbduhs Ideen jedoch weithin bekannt. Muhammad ʿAbduh starb am 11. Juli 1905 in Ägypten.

Beide Denker, ʿAbduh und Afghani, waren Verfechter einer rationalen Deutung des Islams. Deshalb wollte ʿAbduh die islamische Ausbildung reformieren; er forderte die stärkere Einbeziehung moderner Wissenschaften. Grundlegend für seine Islaminterpretation war die Überzeugung, dass der Islam allen Anforderungen der Moderne gewachsen ist, weil er in erster Linie eine rationale Religion ist. Richtig gedeutet sei der Islam nicht nur vereinbar mit Vernunft und Fortschritt, sondern schreibe sie sogar vor. Die allgemeine Schwäche der Muslime seiner Zeit führte ʿAbduh auf zwei Probleme zurück: zum einen die Unkenntnis über die eigene Religion beziehungsweise einen falsch verstandenen Glauben und zum anderen den Despotismus der muslimischen Herrscher. Diese zentralen Probleme können, so ʿAbduh, nur durch eine Rückbesinnung auf die wahre Religion gelöst werden: vor allem durch eine Verbesserung des Bildungssystems und die Neuinterpretation der religiösen Texte. ʿAbduh lehnte es ab, die Interpretationen und den Konsens früherer Generationen von Rechtsgelehrten als einzig wahre Interpretation von Glaubensfragen zu akzeptieren, und war gegen die blinde Nachahmung früherer Generationen (*taqlid*).

In seinem wichtigsten Werk *Traktat über das Einheitsbekenntnis* (*risalat at-tauhid*) beschäftigte sich ʿAbduh mit den Dogmen des Glaubens. Den Islam beschreibt er in diesem enthusiastischen Programm als einen weltaktiven, universellen Vernunftglauben. Weil er, so ʿAbduh, eine rationale Religion ist, kann der Gläubige auch in der modernen Welt ein frommer Muslim bleiben. Das islamische Recht wird dazu im Lichte der aktuellen Probleme unter Anwendung des Idschtihads neu interpretiert. Basis seiner Neuinterpretation ist die Unterscheidung zwischen den veränderlichen und den konstanten Teilen der Religion, zwischen den sozialen Lehren und den grundlegenden Doktrinen. Unveränderlich sind die Dogmen des Islams: der Glaube an Gott, die Offenbarung, den Propheten Muhammad, moralische Verantwortung und Vernunft. Im Gegensatz dazu ist das islamische Recht wandelbar; es ist nicht mehr als die Anwendung von Prinzipien, die im Koran enthalten sind. Diese Prinzipien werden immer nur auf bestimmte, sich ständig verändernde Verhältnisse angewendet. Ändern sich die Umstände, so wandeln sich auch die Gesetze. Dies ist der grundlegende, bis heute bestehende Ansatz des Reformislams. Allerdings besteht Uneinigkeit darüber, was genau als konstant anzusehen ist und was nicht. Deshalb wurde dieser Ansatz vielfach als unzureichend verworfen oder modifiziert.

Säkularismus und Islamismus

Die bekanntesten Schüler ʿAbduhs, Rashid Rida und ʿAli ʿAbd ar-Raziq (1888–1966), entwickelten seine Ideen ganz unterschiedlich weiter: In seinem Buch *Der Islam und die Grundlagen der Herrschaft (al-islam wa usul al-hukm)* schreibt ʿAbd ar-Raziq 1925, dass es keinesfalls notwendig ist, sich um eine Wiederherstellung des 1924 von der neu gegründeten Türkischen Republik abgeschafften Kalifats zu bemühen – dies sollte durch einen Kongress, der 1925 in Kairo tagte, geschehen. Nach ʿAbd ar-Raziq zeigt die Geschichte vielmehr, dass das Kalifat nicht nur entbehrlich, sondern sogar schädlich ist. Skandalös an diesem Buch war für seine Zeitgenossen allerdings weniger die Ablehnung des Kalifats als vielmehr der Versuch, anhand der Biographie des Propheten nachzuweisen, dass im Islam von Anfang an politische Herrschaft und religiöse Botschaft getrennt waren. Der Prophet hat nach ʿAbd ar-Raziq keine Herrschaft *(hukm)*, sondern nur eine prophetische Sendung *(risala)* ausgeübt. Zudem hat sich seine Verkündigung ausschließlich mit der Sphäre des Himmlischen beschäftigt.

Dieser Gedanke ʿAbd al-Raziqs wurde von Rashid Rida, dem anderen bedeutenden Schüler ʿAbduhs, verworfen: Rashid Rida, der aus einer frommen Dorffamilie in der damaligen osmanischen Provinz Beirut stammte, erhielt bereits in seiner Schulzeit eine moderne Bildung und kam durch Gespräche mit christlichen Intellektuellen und Missionaren in Beirut mit westlichem Gedankengut in Kontakt. Er lernte zudem die von al-Afghani und ʿAbduh herausgegebene Zeitschrift *al-urwa al-wuthqa* kennen, die ihn stark beeinflusste. 1897 wanderte Rida nach Ägypten aus und schloss sich Muhammad ʿAbduh als Schüler an.

Von 1898 bis zu seinem Tod gab Rida die Zeitschrift *al-manar* heraus, die als Sprachrohr der Reformbewegung diente und großen Einfluss ausübte. Sie analysierte die Situation der muslimischen Welt und die Frage, warum der Westen dem Orient militärisch und wissenschaftlich überlegen war. Ab 1900 veröffentlichte Rida darin den modernistischen Korankommentar Muhammad ʿAbduhs, der auf seinen Aufzeichnungen der Vorlesung ʿAbduhs an der Azhar-Universität beruhte. Nach dessen Tod führte Rida den Korankommentar selbständig weiter.

Nach der Entmachtung des osmanischen Kalifen legte Rida in einer Schrift dar, dass der ideale Kalif aller Muslime der führende *mudschtahid*, das heißt der zum Idschtihad befähigte Rechtsgelehrte, sei. Das ist insofern interessant, als dieser Gedanke große Ähnlichkeit mit dem schiitischen Konzept der *velayat-e faqih* (Herrschaft des obersten Rechtsgelehrten) aufweist, das in den 1970er Jahren von Ayatollah Ruhollah Khomeini (1902–1989), dem Staatsgründer der Islamischen Republik Iran, entwickelt und später zur Grundlage des iranischen Systems wurde. Außerdem erklärte Rida, dass die Nichtanwendung der Scharia zur Folge haben könnte, dass der Herrscher für ungläubig erklärt wird. Das war ein neuer Gedanke, der von anderen Islamisten aufgegriffen werden sollte.

Durch die Auseinandersetzung mit Säkularisten wie ʿAli

'Abd ar-Raziq zog sich Rida auf konservativere Positionen zurück. Damit beeinflusste er maßgeblich den ägyptischen Grundschullehrer Hasan al-Banna (1906–1946), den Gründer der Muslimbruderschaft. Im Gegensatz zu seiner früheren Einschätzung hielt Rida nun die Wahabiten für die wahren Verfechter eines reinen Islams.

Ridas Ideen gewannen an Zustimmung, nachdem die konkurrierenden Bewegungen des Panislamismus, des Panarabismus und des arabischen beziehungsweise islamischen Sozialismus gescheitert waren. Denn nach dem Sechs-Tage-Krieg geriet der arabische Nationalismus mehr und mehr in eine Krise und musste dem Islamismus weichen. Die nationalistischen Panarabisten kamen durch Nassers Niederlage in Erklärungsnot. Das verschaffte den Islamisten Aufwind. Während die PLO in die Defensive geriet, wurden die Muslimbrüder immer populärer, was letzten Endes zur Gründung der Hamas führte. Dasselbe Schicksal widerfuhr nach dem Sechs-Tage-Krieg auch dem Arabischen Sozialismus, einer Variante des sogenannten Dritten Weges zwischen Kommunismus (Sozialismus) und Kapitalismus. Nach der Niederlage von 1967 verlor der Arabische Sozialismus aus demselben Grund an Boden wie der Panarabismus: Er hatte als Ideologie versagt, weil er eine Niederlage der arabischen Militärs im Sechs-Tage-Krieg nicht hatte verhindern können.

Islamische Fundamentalisten fassten den Grund dafür in einem Satz zusammen: Sie, «die Juden», hätten sich auf die Religion besonnen und gewonnen; man selbst hätte sich von der Religion entfernt – und verloren. Folglich müsste man sich auch auf die Religion rückbesinnen, um zu alter Größe zurückzufinden. Die weitere Entwicklung dieses Phänomens, des Islamismus, ist in besonderer Weise mit der Muslimbruderschaft verknüpft, die 1928 von Hasan al-Banna gegründet wurde. Als Reaktion auf den westlichen Kolonialismus und die westliche Vorherrschaft setzte al-Banna auf religiöse Erneuerung sowie auf soziale Reformen, mit denen er zu den Normen des frühen Islams zurückkehren wollte. Al-Banna beschreibt im Detail, was zu tun sei, um die Gesellschaft zu verändern:

Dies sind die wichtigsten Ziele der auf den wahren Geist des Islams gegründeten Reform: Erstens: Auf dem Gebiet von Politik, Justiz und Verwaltung:

1) Beendigung des Parteienwesens und Orientierung der politischen Kräfte der Nation in einer Richtung als einer einzigen Front.

2) Reform des Rechts in dem Sinn, dass es mit der islamischen Gesetzgebung in allen ihren Ableitungen in Einklang steht. [...]

Zweitens: Auf dem Gebiet des Sozialen und der Bildung:

1) Gewöhnung des Volkes an die Respektierung der öffentlichen Sitten; Aufstellung diesbezüglicher Instruktionen unter dem Schutz des Gesetzes und Verschärfung der Strafen für moralische Vergehen.

2) Die Frage der Frau muss in einer Weise gelöst werden, die ihre Förderung und ihren Schutz gleichermaßen gemäß den Lehren des Islam gewährleistet. [...]

3) Unterbindung der öffentlichen und heimlichen Prostitution; Ansehen jeder Art von Unzucht (zina) als ein Verbrechen, dessen Täter die Strafe der Auspeitschung erhält.

4) Unterbindung aller Arten von Glücksspiel [...].

5) Bekämpfung des Alkohols und aller Rauschmittel, deren Verbot die Nation von den verderblichen Folgen erlöst.

6) Erziehung der Frauen in den Regeln weiblichen Anstandes, um das flirt- und gefallsüchtige Verhalten zu unterbinden. (Meier 1994, 180–181)

Viele der Ideen al-Bannas wurden später von Sayyid Qutb (1906–1966) zu einer Art islamischer Befreiungstheologie verdichtet. Qutb kam 1906 in einer bürgerlichen Familie zur Welt. Er besuchte eine staatliche Schule und lernte bereits mit zehn Jahren den Koran auswendig, weil er, wie er in seinen Kindheitserinnerungen schreibt, als Schüler der staatlichen Grundschule die Überlegenheit seiner modernen Ausbildungsstätte gegenüber der traditionellen Koranschule beweisen wollte.

Qutb hat seine Kindheit in einem autobiographischen Roman beschrieben. *Kindheit auf dem Lande* heißt er in deutscher Übersetzung. Gerade weil er von einer normalen Jugend erzählt, ist der Roman interessant. Qutb war kein armer, gebeutelter Underdog; nicht aus Rache für die eigene gesellschaftliche Benachteiligung wurde er zum Radikalen. Hin und wieder klingen in dieser Autobiographie die Themen an, für die er später den politischen Kampf aufnahm: Ausbeutung der Bauern, Willkür der Soldaten. Die Geschichte der Jugend dieses Islamisten informiert nicht nur höchst aufschlussreich über einen Denker, der das Weltgeschehen bis heute bestimmt, sondern ist auch wegen ihrer literarischen Qualität eine angenehme Lektüre.

Qutb besuchte die Hochschule Dar al-ʿUlum in Kairo, die als moderne Alternative zur Azhar-Universität gegründet worden war. In den sechzehn Jahren nach seinem Abschluss arbeitete er für das Bildungsministerium. Er entwickelte zahlreiche Reformvorschläge zur Verbesserung des Erziehungswesens, die jedoch ignoriert wurden. Außerdem schrieb er für verschiedene Zeitungen, machte sich einen Namen als Literat und Literaturkritiker und brachte es als Schriftsteller zu einigem Renommee.

1948 wurde Qutb im Auftrag des Bildungsministeriums in die Vereinigten Staaten geschickt, wo er das Bildungssystem studieren sollte. Seine Vorgesetzten spekulierten darauf, dass er als begeisterter Anhänger des American Way of Life zurückkehren würde, was sich allerdings nicht erfüllte. Vielmehr erlebte er einen Kulturschock oder zumindest eine demütigende Enttäuschung angesichts der amerikanischen Moderne. So leitete sein Aufenthalt in den USA einen radikalen Sinneswandel ein. Nach seiner Rückkehr Anfang der 1950er Jahre empfand Qutb nur noch Abscheu gegenüber dem Westen. Die sexuelle Promiskuität, der Rassismus, die Rassentrennung, die auch ihn als Ägypter traf, und der Materialismus radikalisierten ihn. Er trat den Muslimbrüdern bei und stieg schnell zu ihrem wichtigsten Ideologen auf.

Nachdem sich infolge von Meinungsverschiedenheiten sowie des Attentats auf Nasser die Beziehung zum ägyptischen Regime massiv verschlechtert hatte, wurde Sayyid Qutb 1954 verhaftet und zu fünfundzwanzig Jahren Zwangsarbeit verurteilt. Die Jahre im Gefängnis waren seine produktivste Zeit. Hier verfasste er seinen umfassenden Koran-Kommentar *Im Schatten des Korans (fi zilal al-qur'an)*. Vor allem aber schrieb er *Wegmarken (ma'alim fi t-tariq)*, den wohl einflussreichsten Text des radikalen Islamismus, der wegen seiner nachhaltigen Wirkung oft als Mao-Bibel der islamischen Revolution bezeichnet wird. Erste Entwürfe von *Wegmarken* wurden 1962 einem größeren Kreis bekannt, 1964 wurde das Buch veröffentlicht, kurz danach von der Zensur verboten, wieder zugelassen und nach der fünften Auflage erneut verboten.

Qutb wurde 1964 nach der Intervention des irakischen Präsidenten aus der Haft entlassen, während dieser auf Staatsbesuch in Ägypten weilte. Als das Regime Nassers beschloss, einige unliebsame Kritiker zu liquidieren, wurde auch Qutb zum Tode verurteilt und am 29. August 1966 hingerichtet.

Der Islam war für Qutb eine Ideologie, eine Lebensanschauung, die auch in der Gegenwart ihre Gültigkeit bewahrt hat, denn der Islam ist nicht nur Glaubenslehre, sondern ein vollständiges System zur Lebensgestaltung. Er passt sich den jeweiligen Umständen und den Erfordernissen der Gesellschaft an. Durch die Ideologisierung wird die Religion für Qutb zu einer motivierenden Kraft. Der Islam wird hier als ein System verstanden, das durchaus in der Lage ist, mit den beiden anderen Systemen, die die Welt beherrschen, dem Kapitalismus und dem Kommunismus, zu konkurrieren.

> Der Islam musste auftreten, um ein gesellschaftliches, wirtschaftliches und politisches System zu errichten [...]. Der Islam ist eine Bewegung des aktiven Aufbruchs zur Befreiung des Menschen auf der Erde durch Mittel, die für jeden Aspekt der menschlichen Realität passend sind und je nach der Phase, in der sich die Bewegung befindet, neu gestaltet werden. (Meier 1994, 201–202)

Der Islam wurde damit zu einer Ideologie des dritten Weges. Er war für Qutb die universale Befreiungsdeklaration des Menschen, der niemandem zum Gehorsam verpflichtet ist außer Gott. Qutb formulierte eine radikalisierte islamistische Ideologie, die sich gegen die tyrannischen Regime richtet, die eine Ordnung geschaffen haben, die der Zeit der *jahiliya* entspricht. Darunter versteht der Koran die Zeit der Unwissenheit oder des Heidentums vor dem Sieg des Islams, als die Araber noch ihre Stammesgottheiten verehrten.

Diese heidnische Gesellschaft wollte Qutb durch eine ersetzen, die das islamische Recht anwendet. Eine Gesellschaft ist für ihn nicht islamisch, nur weil die in ihr lebenden Menschen fromm sind. Die spirituelle Frömmigkeit reicht als Kriterium für die wahrhaft islamische Gesellschaft nicht aus. Demnach sind alle Gesellschaften seiner Zeit, eingeschlossen seine eigene und die anderen, die sich als islamisch bezeichnen, ketzerisch. Das Gesetz Gottes ist nicht nur in den Moscheen gültig, sondern ebenso in Staat und Gesellschaft. Es gilt nicht erst im Jenseits, sondern hier und heute, so die Kernaussage Qutbs. Durchgesetzt werden sollte dieses neue Programm von einer revolutionären Elite.

Der Islam kennt nur zwei Arten von Gesellschaft: Die islamische Gesellschaft und die heidnische Gesellschaft.

Die islamische Gesellschaft ist diejenige Gesellschaft, in welcher der Islam in allen seinen Dimensionen praktiziert wird: in Glaubenslehre, Kultus, Scharia, politischem System, Moral und ethischem Verhalten. Die heidnische Gesellschaft ist die Gesellschaft, in welcher der Islam nicht praktiziert wird, welche weder durch seine Glaubenslehre und begrifflichen Grundlagen, seine Werte und Kriterien, seine politische Ordnung und seine Gesetze, noch seine moralischen und ethischen Maßstäbe regiert wird.

Die islamische Gesellschaft ist nicht diejenige, die Menschen umfasst, die sich selbst Muslime nennen, ohne aber dass die Scharia das Gesetz dieser Gesellschaft ist – mögen sie auch beten, fasten und zum Hause Gottes pilgern. Ferner ist die islamische Gesellschaft nicht diejenige, welche

für sich selbst einen Islam aus sich selbst heraus kreiert –
anstelle dessen, was Gott bestimmt hat, und was sein Prophet detailliert bestimmt hat. Dies nennen sie zum Beispiel
«den fortschrittlichen Islam». (Meier 1994, 203)

Breiten Raum nimmt in *Wegmarken* die Kritik an Demokratie, Liberalismus und Kapitalismus ein. Ein Beweis für die
Ungerechtigkeit der Demokratie ist für Qutb die Tatsache,
dass der Siegeszug des Liberalismus und Kapitalismus in der
westlichen Welt zu gesellschaftlicher Ungerechtigkeit geführt
hat. Dagegen ist für ihn nur die Herrschaft des göttlichen
Rechts in der Lage, Gerechtigkeit herzustellen. Zentral in
seinem Denken ist also die Gottesherrschaft, die mit der Gel-
tung der Scharia gleichzusetzen ist.

Qutbs Idee vom Islam als Ideologie wurde von dem Iraner
ʿAli Shariʿati (1933–1977) aufgenommen. Seine revolutionären Ideen beeinflussten eine ganze Generation von Studenten
und wurden deshalb maßgeblich für die Revolution von
1978/79. Shariʿati gilt als der Ideologe der Revolution, der
mit seinen Aussagen über das revolutionäre Potential von Religion weit mehr junge Menschen erreichte als der eigentliche
Revolutionsführer Ayatollah Ruhollah Khomeini (1902–
1989). Auch bei diesem spürt man allerdings Qutbs Einfluss:
Ihm dürften Qutbs *Wegmarken* ebenfalls bekannt gewesen
sein. In Khomeinis Hauptwerk *Der islamische Staat* (*al-hu-
kuma al-islamiya*), das auf einer 1970 gehaltenen Vorlesung
beruht, finden sich seine Grundgedanken über die Weisungen
des Islams, zum islamischen Staat, zur Notwendigkeit, einen
solchen Staat zu schaffen, seiner Führung, Zielsetzung und
Aufgabenstellung. In weiten Teilen lesen sich seine Ausführungen allerdings wie eine anti-imperialistische Kampfschrift.
Die einzig wahre iranische Identität ist für Khomeini die islamische, deshalb könne nur die Rückbesinnung auf den Islam
das Land vor dem Untergang retten. Für die Probleme Irans
macht Khomeini den Westen, die Juden und beider Handlanger, den Schah, verantwortlich: Er kaufe Flugzeuge, während
das Volk hungere, und er lasse die Juden ins Land, die den
Islam zerstören und die Weltherrschaft erlangen wollten.

Über Seiten hinweg attackiert Khomeini zudem die Geistlichen, die sich von der Politik fernhalten. In seinen Augen vertreten sie einen falschen Islam, der wahre Islam dagegen sei politisch. Die Achtung, die den Geistlichen entgegengebracht wird, haben diese nicht verdient, denn sie lehnen sich nicht gegen Unterdrückung und Ungerechtigkeit auf, wie es ihnen eigentlich geboten ist. Die meisten Gelehrten haben eine kolonialistische Haltung angenommen und glauben, so Khomeini, inzwischen selbst, was die Ausbeuter, Unterdrücker und Kolonialisten ihnen weismachen wollen: dass man Islam und Politik trennen soll.

Mit dem Sieg der Revolution und der Etablierung der Islamischen Republik Iran machte Khomeini Ernst mit der Devise, der Islam sei die Lösung. Er meinte, der Islam beinhalte als ein allumfassendes System alle Gesetze und Bestimmungen, um vollkommene und tugendhafte Menschen hervorzubringen. Aber da der Mensch in Unwissenheit lebe, wie es auch schon Qutb ausdrückte, müsse er eben durch die Geistlichen auf den rechten Pfad geführt werden – zur Not auch mit Zwang und Gewalt. Ansonsten laufe er Gefahr, dem negativen Einfluss der Atheisten und der Feinde der Religion anheimzufallen.

2 Islamische Reformer heute

Post-Islamismus

Gerade gegen diesen Zwang jedoch wenden sich heutige iranische Reformdenker wie der Mullah Mohsen Kadivar (geb.
1959) und erklären, der Mensch könne nicht in Ketten ins
Paradies geschleppt werden. Denker wie er weisen Khomeinis Islamverständnis zurück und versuchen stattdessen, die
Vereinbarkeit von Islam und Demokratie zu begründen.

Kadivars Hauptthese, die ihn als post-islamistischen Intellektuellen klassifiziert, kann man folgendermaßen zusammenfassen: Die Menschen erwarten zwar, dass ihnen die
Religion Prinzipien und Werte an die Hand gibt, aber die
praktischen Angelegenheiten gehören eher in den Bereich der
sogenannten menschlichen Erfahrungen, eine Formulierung,
die ein Code sein dürfte für säkulare Normen.

In seinen Schriften beschäftigt sich Kadivar zum Beispiel
mit der Frage der Religionsfreiheit. Bei einem Vortrag, den er
im Jahr 2001 beim *International Congress of Human Rights
and the Dialogue of Civilizations* in Teheran hielt, kritisierte
er das Regime folgendermaßen:

> Obschon die gemeinhin wahrgenommene Interpretation
> des Islams in vielen Fällen nicht die Ideen der Religions-
> und der Glaubensfreiheit widerspiegelt, existiert eine an-
> dere Interpretation des Islams, die auf den ursprünglichen
> Quellen des Islams basiert und die in Einklang ist mit der
> Freiheit der Religion und des Glaubens, wie sie in der All-
> gemeinen Erklärung der Menschenrechte festgelegt wor-
> den ist. (Kadivar 2006, 142)

Die nicht-kompatible Islamdeutung nennt Kadivar traditionellen Islam, die kompatible ist dagegen der Reformislam,
der, wie es im Persischen heißt, neugedachte Islam, *eslam-e
nouandish*. Kadivar schreibt:

Wir kommen also zu dem Schluss: Traditioneller Islam und Demokratie sind [...] nicht vereinbar, während neugedachter Islam und Demokratie [...] vereinbar sind. (Kadivar 2009, 79)

Es war der Ansehensverlust, den der Islam durch den real existierenden Islamismus in der iranischen Theokratie erlitten hatte, der viele iranische Reformdenker dazu brachte, Widerstand zu leisten. Der Geistliche Mohammad M. Shabestari (geb. 1936) beispielsweise legte aus Protest sogar seinen Turban ab und erklärte: «Mir passt in dieser Islamischen Republik kein Turban mehr.» Shabestari sagt pointiert:

Die richtige Frage ist nicht: Sind Islam und Demokratie vereinbar oder nicht? Die Frage ist: Sind die Muslime heute bereit, diese Vereinbarkeit entstehen zu lassen? (Dernbach 2007)

Und weiter:

Das Christentum hat sich gewandelt, das Judentum auch. Warum dürfen die Muslime ihre Religion nicht reformieren? (Dernbach 2007)

Shabestari hat die Wissenschaft der Hermeneutik in Iran eingeführt und im iranischen Diskurs über die Religion hermeneutische Prinzipien etabliert: Jeder Lesende hat ein Vorverständnis und ein Erkenntnisinteresse, das für das Verstehen des Texts ausschlaggebend ist. Wer den Koran im Sinne der Demokratie deuten will, kann es also auch. Und er tut dem Text damit nicht mehr Gewalt an als der, der aus ihm eine Theokratie als Gottes Idealvorstellung herausliest oder die Notwendigkeit, die rigiden Vergeltungsmaßnahmen des islamischen Strafrechts anzuwenden.

Auch der iranische Geistliche Hasan Yusefi Eshkevari etwa (geb. 1950) betont den Kontext bei seiner Koraninterpretation. Ein Beispiel: «Kämpft gegen sie, bis keine Versuchung mehr besteht und die Verehrung Gott gilt!», heißt es im Koran (Sure 2:193). Die Sure klingt kämpferisch und könnte so verstanden werden, als hätten die Muslime auf immer und ewig die Pflicht, gegen die Ungläubigen zu kämpfen und alle zum Islam zu bekehren. Eshkevari argumentiert hingegen, dass sich diese Sure ausschließlich auf ein bestimmtes historisches Ereignis bezieht, nämlich auf die Schlacht von al-Hudaybiya. Im Jahr 630 brach der Prophet Muhammad einen Waffenstillstand, den er zwei Jahre zuvor geschlossen hatte, und marschierte in Mekka ein. Laut Eshkevari geht es in der Sure nur um diese konkrete politische Situation: Die heidnischen Mekkaner sollten bekämpft werden, weil sie sich zuvor an der Gemeinde des Propheten versündigt hatten. Sie hatten seine Anhänger vertrieben und ihn selbst töten wollen. Deshalb bedeute die Sure also nicht, dass bis in unsere Zeit hinein alle Menschen bekämpft werden sollten, bis sie den einen Gott verehren.

Eshkevari wendet eine Methode an, die die Koranwissenschaft bereits seit Jahrhunderten kennt. Ein Zweig der Koranwissenschaft beschäftigt sich nämlich mit den sogenannten «Gründen für die Offenbarung» *(asbab an-nuzul)*. Auch die damaligen Gelehrten gingen also von einer dialektischen Beziehung zwischen Text und Adressat aus. Allein die Tatsache, dass es diese Wissenschaft schon so lange gibt, zeigt, wie widersinnig das Argument vieler Islamisten ist, jede Aussage des Korans müsse wörtlich genommen werden und sei allzeit gültig.

> Der Koran ist eine Schrift, die zwischen zwei Buchdeckeln versteckt ist. Er spricht nicht. Es bedarf eines Übersetzers, und wahrlich, es sind die Menschen, die ihn zum Sprechen bringen. (Abi Talib 1972, 386)

Mit diesen Worten hat sich ʿAli, der erste Imam der Schia, im 7. Jahrhundert zur Deutbarkeit des Korans geäußert. Seit Jahrhunderten wird der Koran interpretiert. Das ist durch eine reichhaltige exegetische Literatur und eine Vielzahl von Auslegungsmöglichkeiten belegt. Es gibt mystische, philosophische und rationalistische Korankommentare, deren Aussagen sich stark voneinander unterscheiden. Die islamische Kultur hat diese Vielfalt meist als belebend und selbstverständlich, selten als bedrohlich empfunden. Thomas Bauer hat kürzlich in seiner hervorragenden Studie *Die Kultur der Ambiguität* gezeigt, dass die islamische Welt sich historisch gesehen gerade dadurch auszeichnete, dass sie viele Wahrheiten nebeneinander bestehen lassen konnte. So gab es beispielsweise den Weinpokal und das Weinverbot, die Malerei und das Bilderverbot. Die islamische Kultur, so Bauer, war geprägt durch eine extrem hohe Ambiguitätstoleranz. Man schätzte Pluralität und lebte sie – eine Tatsache, die heutzutage von islamischen Fundamentalisten wie Islamkritikern gleichermaßen negiert wird.

Dass eine allgemeingültige Interpretation festgelegt wird, ist also ein Phänomen der Moderne. Erst in jüngerer Zeit beanspruchen manche Gruppen und Personen ein Monopol auf die einzig gültige Auslegung des Korans. Diese ist dann – und das folgt zwangsläufig aus der Art und Weise ihres Zustandekommens – meist sehr restriktiv.

Islamischer Feminismus

Die Freiheit der Interpretation bietet, neben der nicht zu leugnenden großen Gefahr des Missbrauchs, weitreichende Chancen. So gibt es heute Frauen und Männer, die beispielsweise zu geschlechtergerechten Interpretationen hinsichtlich der Stellung der Frau gelangen. Sie weisen darauf hin, dass es vor allem Männer waren, die den Koran interpretierten. Es liege eben nicht an der Rechtsquelle, dem Koran, dass Frauen in einigen islamischen Gesellschaften nur wenig Rechte hätten, sondern am männlichen Monopol auf die Koranauslegung. Viele Frauen machen Männern deshalb heute dieses Monopol streitig und versuchen, sie mit ihren eigenen Waffen zu schlagen.

Ziba Mir-Hosseini (geb. 1952) beispielsweise: Als ihr Mann ihr die Scheidung verweigerte, fand sie unfreiwillig das Thema, das sie in den nächsten Jahren nicht nur persönlich, sondern auch wissenschaftlich beschäftigen sollte. Fast fünf Jahre lang stritt sie vor einem iranischen Gericht für ihre Scheidung. Nach geltendem iranischem Gesetz, das sich auf das islamische Recht beruft, ist es für Frauen ohne die Einwilligung ihres Mannes fast unmöglich, sich scheiden zu lassen. Doch nach vielen Jahren hatte Mir-Hosseini schließlich Erfolg. Sie setzte ihre Scheidung durch, indem sie den Richter davon überzeugte, dass es ihr islamisch verbrieftes Recht sei, sich scheiden zu lassen. Ein weiteres Ergebnis ihrer «Feldforschung» in Sachen Scheidung ist neben einigen Aufsätzen über das iranische Scheidungsrecht der Film *Divorce Iranian Style (Scheidung auf iranisch)*, ein bewegendes Dokument zur Situation iranischer Frauen.

In der Auseinandersetzung mit der iranischen Gerichtsbarkeit und im Kontakt mit Frauen, die für das gleiche Ziel kämpften, machte Mir-Hosseini eine ganz grundsätzliche Beobachtung: Viele dieser Frauen hatten, wie sie selbst auch, das Gesetz zu ihrem eigenen Vorteil genutzt, um ihr Ziel zu erreichen. Die Frauen beriefen sich vor Gericht gerade auf das islamische Recht, um ihren Anspruch gegen diejenigen durchzusetzen, die ihnen im Namen des Islams die Scheidung verweigerten. Ziba Mir-Hosseini machte noch eine weitere interessante Entdeckung. Als sie für ihr Buch *Islam and Gender* eine Reihe von führenden Vertretern der Reformfraktion sowie zahlreiche konservative Geistliche in Iran interviewte, stellte sie fest, dass deren Ansichten in der Frauenfrage nicht notwendigerweise mit ihren anderen politischen Meinungen korrelieren. Mir-Hosseini fand zum Beispiel heraus, dass ein Befürworter der Trennung von Religion und Staat und großer Demokratieverfechter wie ʿAbdolkarim Soroush in Bezug auf Frauenfragen ähnlich konservativ denkt wie Ayatollah Javadi Amoli, der einer der größten Anhänger der iranischen Theokratie ist. Machismo ist also nicht auf konservative Gläubige beschränkt.

Dennoch hatte Soroush für den islamischen Feminismus in Iran sein Gutes: Die iranischen Frauenrechtlerinnen wandten einfach seine grundsätzliche Argumentation, nämlich seine These von der Wandelbarkeit der religiösen Erkenntnis, auf ihre Belange an. Sein Ansatz wurde besonders von dem Kreis der islamischen Feministinnen um die Frauenzeitschrift *zanan* übernommen. Ziba Mir-Hosseini schreibt, Soroush habe es ihnen damit ermöglicht, ihren Glauben mit ihrem Feminismus zu versöhnen: «Erst sein Zugang zu heiligen Texten befähigte die *zanan*-Frauen, für Gender-Gleichheit zu argumentieren» (Mir-Hosseini 1999, 238).

Das Veränderungspotential der islamischen Religion wird auch von denen gesehen, die eher unter säkularen Vorzeichen für einen Wandel in Bezug auf die Situation der Frau kämpfen. Nawal El Saadawi (geb. 1931) gilt nicht gerade als islamische Feministin, doch auch sie sagt:

> So etwas wie eine beständige Religion gibt es nicht. Sie wandelt sich mit den politischen Umständen und auch durch die Neuinterpretation der Verse. Das gilt doch für alle Religionen, für das Judentum, das Christentum, den Islam. Nehmen wir diese Bewegung in Europa und den USA, die sich Befreiungstheologie nennt. Sie interpretiert die Bibel neu, sagt beispielsweise, Jesus war eine schwarze Frau. Und genauso gibt es in der islamischen Welt Strömungen, die den Islam liberal und aufklärerisch deuten. (Saadawi, Interview 1999)

Zudem hat Saadawi selbst im Sinne des islamischen Feminismus gewirkt: Sie hat über die großen Frauengestalten der frühislamischen Geschichte geschrieben und von ihrer Unabhängigkeit, ihrem Mut erzählt: Aisha, die zweite Frau des Propheten, bekämpfte ihre Gegner mit dem Schwert, und Khadija, seine erste Frau, war eine wohlhabende, einflussreiche Händlerin, die selbstbewusst genug war, Muhammad die Ehe anzutragen. Saadawi beschreibt auch, wie der Prophet, an dem sich alle Muslime ein Beispiel nehmen müssen, mit Frauen umging. Muhammad gestand seinen Frauen das Recht zu, sich gegen ihn zu erheben. Sie durften ihn rügen und ihn auf seine Fehler und Schwächen aufmerksam machen. Zudem schildert sie, wie und wieso es dazu kam, dass den Frauen diese Rechte in der Folgezeit vorenthalten wurden. «Was die Haltung gegenüber Frauen anbelangt, so traten die Nachfolger Muhammads nicht in seine Fußstapfen», stellt Saadawi trocken fest (Saadawi 2002, 54).

In ihren Schriften erklärt Saadawi immer wieder, dass viele der heute geltenden Vorschriften nicht aus dem Koran ableitbar seien.

Das Problem in unserer Region liegt nicht in der Religion und ebensowenig in der Kultur begründet; es rührt nicht vom Islam her. Alle Religionen besitzen die Fähigkeit, sich anzupassen, und tendieren dazu, sich gemeinsam mit politischen Systemen zu wandeln. Das Christentum des Mittelalters ist nicht identisch mit dem Christentum von heute. Die feudale Kirche unterscheidet sich in vielerlei Hinsicht von der kapitalistischen Kirche. Der wahabitische Islam in Saudi-Arabien ist völlig verschieden vom Islam in Tunesien, im Irak, in Syrien oder in Ägypten. Die Situation der Frauen in Saudi-Arabien ist völlig anders als jene der islamischen Frauen in anderen politischen Systemen, wo der Islam Staatsreligion ist. Religion kann so ausgelegt werden, dass sie Frauen und armen Menschen hilft, und sie kann gegenteilig interpretiert werden als ein Mittel, das die Unterdrückung schürt. (Saadawi, Interview 1999)

Weil die Unterdrückung der Frau nichts mit dem Islam an sich zu tun habe, so Saadawi, stützten sich heute die Frauen bei ihrem Kampf für mehr Freiheit und Menschenrechte gerade auf den Islam. Dass dies im Westen als Widerspruch wahrgenommen wird, kann sie nicht nachvollziehen, und hält den Westen in dieser Hinsicht für ignorant. Saadawi geht jedoch auch mit der These vom Kulturrelativismus hart ins Gericht:

Eine post-moderne Feministin schrieb, ich glaube an Multikulturalismus und an Diversität. Ich respektiere kulturelle Unterschiede und deshalb kann ich nicht über die Beschneidung von Frauen urteilen. Ich bin damit nicht einverstanden. Wenn ich nach Amerika komme und sehe, dass Frauen zu Tode gesteinigt werden, im Namen der Ehre oder wegen irgendetwas anderem, dann würde ich nicht sagen, okay, das ist deren Kultur. Denn das wäre gegen die Menschlichkeit. Wir sind alle Menschen, also kann auch ich richten. Ich kann nicht einfach sagen, das ist Multikulturalismus. (Saadawi, Interview 1999)

Das ist nicht die einzige Kritik Saadawis am Westen, der in den Reformern der islamischen Welt oft Verbündete sieht, die dieselben Werte hochhalten – etwa Demokratie und Menschenrechte. Dass den muslimischen Intellektuellen diese Werte schlicht als universell, vernünftig und deshalb als übernehmenswert erscheinen und keineswegs, weil sie sich dem Westen zugehörig fühlen, wird dabei übersehen. Auch als Verbündete möchten Intellektuelle wie Saadawi nicht gerne wahrgenommen werden, denn dazu sehen sie den Westen meist viel zu kritisch oder sogar negativ.

Der Westen, die USA haben die fundamentalistischen Bewegungen finanziert, damit muslimische junge Männer in Afghanistan gegen die Sowjetunion kämpfen. Sie haben Bin Laden geschaffen, al-Qaida und die Taliban, um den Kommunismus zu bekämpfen. Jetzt, nach dem Kollaps des Kommunismus, brauchen sie sie nicht mehr, jetzt wollen sie sie aus dem Weg räumen. Es ist alles nur ein politisches Spiel. (Saadawi, Interview 1999)

Weit mehr noch als Saadawi hat sich Fatima Mernissi mit dem Propheten Muhammad beschäftigt, auf den sich Reformer und Islamisten gleichermaßen beziehen, um ihre Positionen zu begründen. Die 1940 im marokkanischen Fes geborene Mernissi wuchs in einem Harem auf. Nach dem Studium der Politikwissenschaft und Soziologie an der Sorbonne in Paris promovierte sie 1973 in den USA an der Brandeis University zum Thema Sexualität, Ideologie und Islam.

Die Anfänge ihrer Karriere dürfte Mernissi der nationalen Unabhängigkeitsbewegung verdanken: 1947 setzte der damalige König Muhammad V. ein Signal: Er entschleierte seine Tochter, Prinzessin Aisha, und ließ sie eine Rede über dringend notwendige Veränderungen in Marokko halten. So kam es in wohlsituierten Familien in Mode, Töchtern eine gute Ausbildung angedeihen zu lassen. Fatima Mernissi gehörte zu den ersten, die diese Chance wahrnehmen konnten.

1974 wurde sie die erste und über Jahre hinweg einzige Professorin Marokkos. Bis 1981 lehrte sie an der Universität Rabat, heute ist sie vornehmlich als Buchautorin tätig. Ihre Publikationen behandeln Geschlechterrollen, weibliche Macht in der islamischen Geschichte, die Auswirkungen der Moderne in der marokkanischen Gesellschaft und die Schicksale marokkanischen Frauen. Mernissis erstes Buch, *Beyond the Veil (Jenseits des Schleiers)*, 1975 veröffentlicht, wurde zu einem Klassiker. Zu den islamischen Feministinnen wird sie jedoch aufgrund der Publikation von *The Veil and the Male Elite: A Feminist Interpretation of Islam* gezählt, auf Deutsch erschienen unter dem Titel *Der politische Harem. Muhammad und die Frauen*. Das Werk ist eine quasihistorische Studie über die Rolle der Frauen des Propheten und wurde 1987 auf Französisch veröffentlicht. An einigen prägnanten Beispielen stellt die Autorin dar, in welchem Kontext die Suren des Korans, die das Verhältnis von Männern und Frauen betreffen, zu sehen sind, und wie sie durch die Interpretation teilweise stark verfälscht wurden.

Vor allem aber hat Mernissi auf eine Fülle von Prophetenüberlieferungen hingewiesen, die sich gegen Gewalt in der Ehe und für eine Gleichstellung von Mann und Frau aussprechen. Dass diese es nicht in den Kanon geschafft haben, hat für die Marokkanerin nur einen Grund: Männer haben es verhindert. Mernissi wurde stark angefeindet, weil sie viele frauenfeindliche Überlieferungen als ungenau und missverstanden entlarvte und dabei auch vor einer Kritik der kanonischen Überlieferungssammlungen nicht zurückschreckte.

Aber auch Männer unterstützen islamische Feministinnen in ihrem Kampf gegen eine männliche Deutungshoheit. In seinem Buch *Speaking in God's Name: Islamic Law, Authority, and Women* formuliert der aus Ägypten stammende US-Amerikaner Khaled Abou El Fadl (geb. 1963) seine Kritik an Muslimen, die versuchen, ihre Legitimität auf Kosten der Frauen zu stärken: Die neurotische Abwehr einer Gleichbehandlung der Geschlechter sei zum Symbol der Verteidigung des Islams hochstilisiert worden, um die eigene kulturelle Niederlage nicht eingestehen zu müssen. Abou El Fadl kritisiert in seinem Buch daher vor allem die wahabitische Jurisprudenz, die sich mit den abenteuerlichsten Argumentationsmustern in die profansten Kleinigkeiten des alltäglichen Lebens einmischt. Er polemisiert gegen frauenfeindliche saudi-arabische Rechtsgutachten, die beispielsweise beinhalten, dass Männer sich nicht auf Stühle setzen dürften, bevor sich der Duft der zuvor dort gesessenen Frau verflüchtigt habe. Solche Aussagen nennt er unhaltbar und nicht aus dem Islam ableitbar. Mit seinem Buch begründete er seinen Ruf als engagierter Feminist. Dabei ist ihm das Thema Frauen eigentlich nur ein Aufhänger: Ihm geht es vor allem darum, selektive Wahrnehmung, Unterdrückungsstrategien und Manipulationsmöglichkeiten im islamischen Recht nachzuzeichnen.

Der Südafrikaner Farid Esack (geb. 1957) argumentiert anders, aber ebenfalls mit dem Ziel, etwas für Frauen zu bewirken: Esack erklärt, gemessen an den vorislamischen Verhältnissen auf der arabischen Halbinsel habe der Koran die Situation der Frauen, zum Beispiel im Erbrecht, verbessert. Doch was der Koran hinsichtlich der Frauen festlegt, sei nicht als Schlusspunkt zu verstehen. Archaische Gebräuche der Stammesgesellschaft, die Frauen und Sklaven nicht die gleichen Rechte zuerkennen wie freien Männern, seien nur deshalb nicht sofort verändert worden, weil die Gesellschaft dies damals nicht mitgemacht hätte. Aufgabe der Muslime heute sei es, die vom Koran auf den Weg gebrachte Reform kontinuierlich fortzusetzen. Dann würde man im Geiste des Korans, nämlich im Geiste von Gerechtigkeit und Pluralismus, handeln.

Esack legt den Finger in viele Wunden, wenn er die Stellen im Koran anspricht, in denen diskriminiert und ausgegrenzt wird: Juden, Andersgläubige, Nichtaraber. Zudem distanziert er sich von den Reformversuchen vieler seiner Kollegen und Kolleginnen: Es bringe nichts, meint Esack, sich mit Hilfe einer historischen Lesart einen ethisch akzeptablen Koran zu konstruieren. Man müsse stattdessen die dem Text eingeschriebenen Machtansprüche als solche wahrnehmen und kritisch angehen. Dazu schreibt er:

Ich habe immer argumentiert, dass der Koran ein historisches Dokument ist. Seine Sprache ist eine menschliche Sprache, sein Kontext ein menschlicher. Er wurde einem Propheten herabgesandt, der zu einer bestimmten Zeit und in einer bestimmten Gesellschaft lebte. Davon ausgehend muss man herausfinden, was für diese spezielle Zeit relevant war und was nicht. Und anstatt auf die spezifischen Anweisungen im Koran zu achten, muss man seinen Blick auf die ihnen zu Grunde liegenden Prinzipien richten. So würde man im Koran ein Muster entdecken, das in Richtung Emanzipation, Befreiung und Gleichheit deutet. Und wenn man dieses Muster anwendet und überträgt, braucht man sich um die spezifischen Vorschriften nicht mehr zu kümmern. Das ist für mich der Wille Gottes in unserer Zeit. (Esack 2002)

Ähnlich kritisiert der ebenfalls aus Südafrika stammende, aber heute in den USA lehrende Ebrahim Moosa (geb. 1957) bestimmte Lesarten des Korans, die er als Textfundamentalismus bezeichnet. Dieses Textfundamentalismus machten sich nicht nur die gerne gescholtenen Islamisten schuldig, sondern ebenso einige Modernisten. Sich direkt an die islamischen Feministinnen wendend, meint er, dass sie sich in hermeneutischer Akrobatik und in einer «Hermeneutik des

Wunschdenkens» (Moosa 2003, 125) verfingen. Seiner Meinung nach ergibt es überhaupt keinen Sinn, einen Text wie den Koran nach modernen Werten wie Gleichberechtigung abzusuchen. Einen solchen Anspruch könne man an einen Text des 7. Jahrhunderts nicht stellen. Nachdem er sich selber einige Zeit dieser Interpretationsmethode bedient habe, schreibt Moosa, halte er sie heute für unzulänglich und unbefriedigend. Sinnvoller sei es, der Geschichte und der performativen Rolle der Offenbarung eine größere Bedeutung in einem interpretativen Schema zu geben. Denn die anderen Interpretationsversuche suchten ausschließliche Autorität in einem Gründertext. Dabei hätten sich schon die frühen Juristen stark von dem Text gelöst.

> Textfundamentalismus hält die Fiktion aufrecht, dass der Text die Normen liefert und wir sie lediglich «entdecken». Die Wahrheit aber ist, dass wir die Normen «schaffen» im Gespräch mit dem offenbarten Text. (Moosa 2003, 125)

Ein weiteres Beispiel für eine modernistische Deutung des Korans, die gerade der Verbesserung von Frauenrechten nützt, liefert Muhammad Shahrour. 1938 in Damaskus geboren, lehrte er nach einem Ingenieurstudium in Moskau und der Promotion an der University of Dublin bis zum Jahre 2000 Bauwesen an der Universität von Damaskus. Seit 1967, also seit dem Jahr der vernichtenden Niederlage der Araber im arabisch-israelischen Krieg, befasst sich der religiöse Laie mit der Koranexegese. Geprägt von naturwissenschaftlicher Methodik und beeinflusst von philosophischer Dialektik, veröffentlichte er 1990 seine Analyse *Das Buch und der Koran – eine zeitgenössische Interpretation* (al-kitab wa ’l-qur’an – qira’a mu‘asira), die innerhalb von drei Monaten in Damaskus ausverkauft war und in Saudi-Arabien verboten wurde.

Shahrour betont in seinen Schriften, dass der Demokratie in den arabischen Ländern eine religiöse Reform vorangehen muss, weil dort die Religion eine normative Kraft sei. Zur Demokratie gehöre die Wahlfreiheit, der Islam aber unterdrücke in seiner traditionellen Lesart diese Freiheit. Shahrour geht es deshalb in seiner modernen Lesart des Korans um die Freiheit. Seine Freiheitstheorie gründet auf der sogenannten «Theorie der Grenzen». Laut Shahrour setzt Gott dem Menschen im Koran Grenzen. Wenn es beispielsweise im Koran 5:38 heißt, einem Dieb müsse die Hand abgehackt werden, so sei damit gemeint, dass das Abhacken der Hand die Höchststrafe darstellt – es ist jedoch nicht die alternativlos vorgeschriebene Strafe. Genauso gut könnte der Dieb zu einer ehrenamtlichen Tätigkeit verurteilt werden. Alles, was zwischen diesen beiden Grenzen liegt, ist zulässig und eine Frage von Gesetzen, über die ein Parlament abzustimmen hat. Von hier aus spannt Shahrour den Bogen zur Demokratie, denn sobald die Idee der Wahlfreiheit verinnerlicht ist, folgt alles andere von selbst. Shahrour betont dabei, dass in seiner Lesart die Befürworter der Todesstrafe ebenso im Recht sind wie ihre Gegner. Welche Rechtsprechung letztlich angewandt werden soll, ist dann Sache eines demokratisch gewählten Parlaments. Bezüglich der Bekleidungsvorschriften für die Frau besagt die «Theorie der Grenzen», dass die Obergrenze bei der Verhüllung des gesamten Körpers liegt, die Untergrenze bei der Unterwäsche. Somit ist alles zulässig, was zwischen der Totalverschleierung einerseits und dem öffentlichen Herumlaufen in Unterwäsche andererseits liegt.

Im Zentrum der Kritik Shahrours steht dabei der Gelehrte und Begründer der gleichnamigen Rechtsschule ash-Shafi'i (767–820). Dieser habe die freie Entscheidungsfindung beendet, weil er sämtliche Fragen durch Analogien zu Muhammads Leben beantwortete. Besonders fatal schließlich war, so Shahrour, dass er das Verbotene, *haram*, in den Vordergrund rückte. Dieser Geist wurde vor über 1200 Jahren in einer reaktionären Epoche begründet und lebt bis heute fort. An jeder Straßenecke gibt es einen Scheich, der Schuldgefühle verbreitet. Die religiösen TV-Kanäle trichtern den Menschen täglich ein, dass sie Sklaven Gottes sind. Gottes Wort und somit das absolute Gesetz aber lautet: Du bist frei zu wählen. Aus dem Kampf dafür besteht für Shahrour heute der echte Dschihad. Wie schwierig das ist, scheint ihm bewusst zu sein, wenn er schreibt:

> Ich hatte Glück, dass ich in Syrien lebe. Wenn nicht, hätte mir vielleicht passieren können, was anderen Denkern in anderen islamischen Ländern geschehen ist; wie Nasr Abu Zaid, der im Exil lebt. Vielleicht wäre mein Schicksal noch schlimmer gewesen. Ich bin von der Ausbildung her Ingenieur und ich weiß, dass es einfacher ist, einen Wolkenkratzer zu bauen oder einen Tunnel unter dem Meer, als die Menschen zu lehren, das Buch Gottes mit ihren eigenen Augen zu lesen. Sie haben sich seit hunderten von Jahren daran gewöhnt, es mit den Augen anderer zu lesen. (Shahrour, The Divine Text)

Wie gefährlich eine Reform werden kann, musste beispielsweise Mahmoud Muhammad Taha erfahren. Der 1909 oder 1911 im Sudan geborene Gelehrte, Politiker und Sufi, der als Inbegriff eines moderaten Islams gilt, wurde wegen des Vorwurfes, vom Islam abgefallen zu sein, zum Tode verurteilt und 1985 erhängt.

Tahas moderne Interpretation des Korans tritt für Demokratie und die rechtliche Gleichstellung von Mann und Frau ein. Die Argumentation des gelernten Wasserbauingenieurs bezieht sich auf die Tatsache, dass der Koran Muhammad in zwei Phasen offenbart wurde, zuerst in Mekka und dann in Medina. Taha schreibt nur den in Mekka offenbarten Suren überzeitliche Bedeutung zu. Die Suren aus Medina hingegen hält er für zeitbedingt und nur für das 7. Jahrhundert gültig. Die beiden Phasen unterschieden sich dadurch, dass die mekkanischen Suren in einer Zeit offenbart wurden, als der Prophet und seine Anhänger als bedrängte Minderheit lebten. In Medina hingegen etablierte der Prophet eine Herrschaft und lebte unter Andersgläubigen und Heiden. Die mekkanischen Suren sind deshalb, so Taha, an die ganze Menschheit adressiert. Sie sind getragen vom Geist der Freiheit und der Gleichheit. Für Taha präsentieren sie den Islam in seiner perfekten Form, wie der Prophet ihn lebte: durch Ermahnung und Ermunterung zum Glauben rufend, und nicht durch Drohungen. In seinem wichtigsten Buch *Die zweite Botschaft des Islams* (*ar-risala ath-thaniya min al-islam*), das 1967 erschien, schreibt er, das Leben der frühen Muslime in Mekka sei der erhabenste Ausdruck ihrer Religion gewesen. Es bestand aus Anbetung, Güte und der friedlichen Koexistenz mit anderen Völkern. In Mekka habe der Prophet Toleranz, Gleichheit und individuelle Verantwortlichkeit unter allen Frauen und Männern gepredigt, ohne Diskriminierung aufgrund von Rasse, Geschlecht oder sozialer Herkunft.

Als der Prophet und seine Anhänger verfolgt und gezwungen wurden, Mekka zu verlassen, veränderte sich die Botschaft. Während in Mekka Verse von friedfertiger Überredungskunst überwiegen, sind die medinensischen Verse voller Regeln, Zwang und Drohungen und enthalten auch die Pflicht zum Dschihad. Sie waren, so Taha, eine Anpassung an die Lebenswirklichkeit in einem islamischen Staat des 7. Jahrhunderts, in dem es kein Gesetz gab außer dem des Schwertes.

Die medinensischen Verse, die sich nicht nur an Muhammad richteten, sondern auch an die Gemeinschaft der frühen Gläubigen, wurden zur Basis der Scharia, wie sie von den Rechtsgelehrten in den folgenden Jahrhunderten entwickelt wurde. Sie wird von Taha als die erste Botschaft des Islams bezeichnet. Doch aus seiner Sicht war die Erhebung der medinensischen Verse zur gesetzlichen Richtschnur nicht für immer gedacht. Gott wollte, dass die Verse aus mekkanischer Zeit, die das wahre Ideal der Religion repräsentieren, wiederbelebt werden, wenn die Menschheit ein Entwicklungsstadium erreicht hat, in dem sie in der Lage ist, sie zu akzeptieren und zu verwirklichen. Dann werde sie einen erneuerten Islam einführen, der auf Freiheit und Gleichheit basiert. Diese zweite Botschaft ist, so Taha, höher und besser als die erste, die im 7. Jahrhundert von einem Botschafter überbracht wurde, der aus der Zukunft kam.

Taha glaubte, dass jetzt, im 20. Jahrhundert, die Zeit für die Muslime gekommen war, diese zweite Botschaft zu erhalten. Damit eröffnete Taha, der der Auffassung war, dass die

Freiheit ebenso wie die vollkommene Gleichberechtigung zwischen Männern und Frauen zu den grundlegenden Prinzipien des Islams gehört, einen Weg der Koraninterpretation, der aus der Krise des modernen Islams herausführt. Der von ihm vorgeschlagene Weg erlaubt es den Muslimen, ihren Glauben zu bekräftigen, ohne mit den inhumanen Gesetzen leben zu müssen. Allerdings konnte sich Taha nicht mit dieser Idee durchsetzen und musste mit dem Leben für sie bezahlen.

Seine Ideen sind nicht mit ihm gestorben, sondern werden heute von dem an der juristischen Fakultät der Emory University in Atlanta lehrenden ʿAbdullahi An-Naʿim (geb. 1946) weiterentwickelt, der in den 1980er Jahren aus seiner Heimat Sudan floh, nachdem sein Lehrer und Weggefährte Taha getötet worden war. Im Sudan hatte er als Exekutivdirektor von Human Rights Watch für Afrika gewirkt. In den Fußstapfen Tahas, dessen Werk er ins Englische übersetzte, bemüht er sich um eine Reform des herrschenden Scharia-Verständnisses. In seinem Buch *Toward an Islamic Reformation* tritt An-Naʿim für eine Neufassung der Scharia ein, die mit den Ansprüchen des Internationalen Rechts und der Menschenrechte vollständig kompatibel ist. Zu diesem Zweck versucht er eine moderne Rekonstruktion der Scharia herzustellen, indem er ihre Quellentexte neu interpretiert. Ihm gilt die Scharia als ein Rechtskorpus, der lange sehr progressiv war. Erst im 19. Jahrhundert habe er mit der Realität nicht mehr Schritt halten können. Aufgabe der Muslime sei es daher heute, sich auf die verlorengegangenen humanistischen Ideale der Scharia zu besinnen.

Nach Auffassung von an-Naʿim müssen zudem Staat und Religion getrennt sein, sei der Staat doch seinem Wesen nach säkular und ein islamischer Staat daher ein Widerspruch in sich. Politik und Religion hingegen ließen sich nicht trennen. 2009 nach Berlin geladen, um die alljährliche Carl-Heinrich-Becker-Vorlesung, benannt nach dem großen Orientalisten und preußischen Kulturminister, am Wissenschaftskolleg zu halten, wandte sich An-Naʿim gezielt an die Säkularfundamentalisten der europäischen Islamdebatten, um sie zu belehren, dass die Trennung von Staat und Religion keine westliche Errungenschaft sei. Wer erkläre, Aufklärung, Modernität und Individualismus seien westliche Errungenschaften, stelle den Muslimen eine Falle. Man rede ihnen ein, dass sie nicht modern werden könnten, ohne ihre Identität preiszugeben. Dies sei die Denkungsart des Kolonialismus.

Warum ein islamischer Staat ein Widerspruch in sich ist? Weil das Prinzip des Islams, so An-Naʿim, dem Wesen nach individualistisch ist: Nur der einzelne Gläubige kann Gottes Gebote befolgen, der Staat kann nicht religiös sein. Die staatliche Kodifizierung der Scharia verformt das Religionsgesetz, ist doch religiöser Gehorsam nicht staatlich sanktionierbar, ohne den Sinn der Religion zu untergraben. An-Naʿim verwirft den islamischen Staat kategorisch: Die islamistische Parole der Einheit von Staat und Religion sei nicht abgesichert durch die Traditionen der islamischen Rechtslehre.

Islam in und für Europa

Die wohl schillerndste Figur des europäischen Islams ist Tariq Ramadan (geb. 1962). Er ist ebenso umstritten wie populär. Vor allem jungen Muslimen gilt er als Vorbild. Manche sehen in ihm die Idealbesetzung des Reformers, andere halten ihn für einen Wolf im Schafspelz. Entsprechend widersprüchlich ist das Verhalten offizieller Stellen ihm gegenüber: Ein Strategiepapier der britischen Regierung zog ihn als Anführer einer islamischen Reformation in Europa in Erwägung, die katholische Notre Dame University in Indiana berief ihn 2004 auf den Lehrstuhl für Religion, Konflikt- und Friedensforschung. Doch dann zog die amerikanische Heimatschutzbehörde das bereits erteilte Visum mit dem Argument zurück, seine Präsenz gefährde die nationale Sicherheit. Die von Ramadan seit 2007 ausgeübte Tätigkeit als Gastdozent an der Erasmus-Universität Rotterdam sowie sein Wirken als Berater der Stadt Rotterdam in multikulturellen Fragen wurden von beiden Institutionen im August 2009 mit der Begründung fristlos gekündigt, dass Ramadan als Moderator in einem weitgehend vom iranischen Staat finanzierten Sender aufgetreten sei. Seit Oktober 2006 ist er Sheikh Hamad Bin Khalifa Al Thani Professor of Contemporary Islamic Studies am St. Antony's College der Oxford University.

Vielen gilt Ramadan schon als Bedrohung, weil er der ist, der er ist, nämlich der Enkel Hasan al-Bannas, des Gründers der Muslimbruderschaft. Tariq Ramadans Vater Said war ins Exil in die Schweiz geflohen und hatte in Genf ein Islamisches Zentrum gegründet. Dort wurde Tariq Ramadan 1962 geboren. In den letzten Jahren ist er durch zahllose Vorträge, Debatten und Bücher zu einer führenden Stimme des französischen Islams geworden – als unabhängiger Intellektueller, ohne den Muslimbrüdern anzugehören oder ihnen etwa hörig zu sein, wie seine Kritiker unterstellen. Von seinem Großvater hat er vor allem die charismatische Ausstrahlung als Redner geerbt. Zudem ist er aufgrund seiner Herkunft in den Augen vieler Muslime mit einer großen religiösen Legitimitätsaura ausgestattet. Die Teilnahme am Europäischen Sozialforum 2003, eine von ihm angezettelte Kontroverse mit jüdischen Intellektuellen in Frankreich, denen er Kommunitarismus, also Parteilichkeit – nämlich für Israel – vorwarf, und schließlich im November 2003 seine TV-Debatte mit dem damaligen französischen Innenminister Nicolas Sarkozy über das Kopftuch machten ihn endgültig zum internationalen Medienstar.

Ramadan sucht sein Publikum einerseits bei der verweltlichten muslimischen Jugend in den Vorstädten von Lyon, Paris und Marseille, andererseits bei linksliberalen Intellektuellen und Globalisierungsgegnern sowie nicht zuletzt in der arabischen Welt. Es ist dieser extreme Spagat, der ihm eine schillernde Note verleiht. Dabei ist er nicht der reaktionäre Islamist, als den ihn linksliberale Stimmen seit einiger Zeit abstempeln. Ramadan will durchaus Veränderung, aber er schlägt sich im innerislamischen Kulturkampf der zwei Reformgeschwindigkeiten auf die Seite der vom Wandel überforderten muslimischen Einwandererschicht. Sie hält eher am Herkömmlichen fest und ist von einer traditionellen Denkart geprägt. Ramadan schreibt:

Was sollen wir tun, um auf eine Veränderung des Denkens hinzuwirken? Die schriftlichen Quellen verdammen – und von der islamischen Welt nicht mehr angehört werden? Eine sogenannte moderne Meinung aufzwingen – und dafür als «verwestlicht» im Handeln oder, schlimmer noch, Überläufer zur Sache des «Feindes» angesehen werden? Vom Westen gehört werden um den Preis, das Gehör der islamischen Welt zu verlieren? Sich in seiner angenommenen Modernität gefallen um den Preis, keine Rolle mehr in einem Universum zu spielen, das in Unterdrückung und scheinheiligster religiöser Rechtfertigung versinkt? (Ramadan 2004, 22)

Reformismus beginnt für Tariq Ramadan da, wo es als notwendig erkannt wird, den Koran mit menschlicher Vernunft auszulegen und veränderten Gegebenheiten anzupassen. Dabei will er aber seinem Geist treu bleiben. Auch Ramadan will den Koran in seinem historischen Kontext betrachten, um die Grundsätze zu erschließen, die eine Anwendung auf andere Zeiten und Räume möglich machen. Seiner Ansicht nach gibt es jedoch keinen Spielraum der auslegenden Vernunft, wenn es um die *ibadat* geht, die kultischen Pflichten. Sie gelten Ramadan als überzeitlich. Dafür ist der Spielraum umso größer bei den *mu'amalat*, den gesellschaftlichen Angelegenheiten. Hier gilt der klassische Grundsatz: Alles ist erlaubt, was der Text nicht ausdrücklich verbietet. Das eröffnet viel Raum für Fortschritt und Reform, also für die Rechtsfortbildung, die mit der Zeit geht und die Umstände vor Ort berücksichtigt.

Ramadan hat sich einen Namen gemacht mit seinem Europakonzept: In seinem Buch *Die Muslime im Westen (Musulmans d'Occident: Construire et contribuer)* fordert er, dass Muslime am gesellschaftlich-politischen Leben ihrer neuen Heimat partizipieren, dass sie die nicht-islamischen Länder, in denen sie nun leben, als Heimat sehen. Das ist nicht selbstverständlich, traditionellerweise ist Muslimen der Aufenthalt in nicht-islamischen Staaten nur übergangsweise erlaubt. Doch den Muslimen in Europa sagt Ramadan stattdessen: Übernehmt hier, wo ihr seid, Verantwortung für euer politisches und gesellschaftliches Schicksal, bringt euch ein. In seinem Buch *Muslimsein in Europa (Western Muslims and the Future of Islam)* schreibt er, dass es gelte, die Haltung der Abkapselung zu vermeiden, die Politik als Raum für den Ausdruck kommunitärer Interessen begreift. Fordernd erklärt er:

> Es geht heute nicht mehr um die Frage, welchen *Platz* die Muslime in Europa einehmen oder einnehmen werden. Die Frage, die uns jetzt interessiert, lautet vielmehr, welchen Beitrag sie in ihren jeweiligen Gesellschaften leisten werden. (Ramadan 2001, 277)

Seinen Zuhörern und Lesern versucht er eine positive Haltung zu Europa zu vermitteln:

> Die Muslime können sich mitunter im Westen sicherer fühlen – was die freie Ausübung ihrer Religion anbelangt – als in einigen sogenannten muslimischen Ländern. Diese Analyse könnte in Abhängigkeit von den Kriterien der Sicherheit und des Friedens zu dem Schluß führen, daß die Bezeichnung dar al-islam, also Haus des Islams, auf nahezu alle westlichen Länder anwendbar ist, während sie für die Mehrheit der muslimischen Länder kaum mehr Gültigkeit besitzt. (Ramadan 2001, 158)

Um die Loyalität muslimischer Bürger zu den westlichen säkularen Demokratien, in denen sie leben, rechtlich zu verankern, behilft sich Ramadan mit einer vorläufigen Konstruktion. Die bloße Präsenz in Europa impliziere nach schariarechtlichen Vorstellungen bereits einen moralischen Pakt. Deshalb verpflichtet er die Muslime dazu, die je geltende Verfassung und das je geltende Recht zu respektieren. Das ist das Mindeste, immerhin – lässt aber zu wünschen übrig: Denn in westlichen Demokratien ist es nun einmal so, dass dem von Menschen in Parlamenten gemachten Recht ein Geltungsvorrang zukommt vor dem offenbarten Gottesrecht. Damit sind wir beim heikelsten Punkt. Denn genau dieses Zugeständnis möchte Tariq Ramadan nicht machen: Für ihn ist die Scharia nun einmal göttliches Recht. Man findet darum bei ihm keine prinzipielle Herabstufung der Scharia zur bloßen moralischen Richtschnur, sondern nur gewisse Zugeständnisse an den Geltungsvorrang säkularen Rechts. Deshalb spricht er beispielsweise von der Aussetzung der Steinigung, aber nicht von ihrer Abschaffung.

Für diesen Vorschlag hat er viel Schelte bekommen. Man hat ihm vorgeworfen, er würde sich nicht richtig distanzieren. Man will von ihm, dass er die Scharia aus vollstem Herzen ablehnt. Doch das kann er nicht – und das ist nicht so unverständlich, ist die Scharia doch göttliches Recht, und kein Muslim kann sagen, das ist nicht so. Deshalb will er sich nicht von der Scharia distanzieren – jedenfalls nicht so, wie das von ihm gefordert wird. Ramadan will aber Mittel und Wege finden, dass diejenigen Bereiche, die den Menschenrechten und der Demokratie widersprechen – die Körperstrafen, die Sühnestrafen, die ungerechten Bestimmungen hinsichtlich der Rechte von Frauen – keine Anwendung finden. Das Moratorium, das Ramadan vorgeschlagen hat, ist eine sinnvolle Hilfskonstruktion.

Das mag vielen nicht weit genug gehen: Ein Denker wie Farid Esack beispielsweise plädiert hier für ein viel radikaleres Vorgehen. Andererseits sollte man sich fragen, ob man die Muslime in Europa nicht besser dort abholen sollte, wo sie stehen, als sie mit westlichen Modernisierungsvorstellungen zu überfordern und dadurch eventuell zu verlieren.

Kritik als Selbstkritik

Tatsache ist: Dass eine Reform stattfinden muss, davon sind viele islamische Intellektuelle heute wie damals überzeugt. In den islamischen Ländern wie auch unter den Muslimen in Europa, Südafrika und den USA werden Debatten über den Islam in der modernen Welt geführt. Es wird heftig gerungen um eine moderne Interpretation der Quellen und um einen kritischen Zugang zur eigenen Tradition. Anstatt dem Westen die Schuld für alle Fehlentwicklungen zu geben, wird dabei auch viel Selbstkritik geübt. Dafür ist der 1934 geborene Sadiq al-ʿAzm das beste Beispiel. Als Sohn einer bekannten Familie in Syrien aufgewachsen, deren Ruf und Stellung ihn oft geschützt hat, begann al-ʿAzm 1963 nach seinem Studium und der Promotion an der Yale University seine Unterrichtstätigkeit an der amerikanischen Universität von Beirut.

Nach der arabischen Niederlage 1967 gegen Israel rief al-ʿAzm die arabischen Staaten zur Selbstkritik auf und legte ein Jahr später eine *Kritik des religiösen Denkens* (*naqd khitab ad-dini*) vor. Bekannt wurde er zudem für seine Kritik an Edward Saids Orientalismus-These und wegen seines Eintretens für Salman Rushdie. Al-ʿAzm verfasste Kommuniqués, sammelte Unterschriften und versuchte, *Die satanischen Verse* arabischen Lesern nahezubringen. Dabei musste er feststellen, dass nur eine Minderheit unter den Intellektuellen bereit war, sich für die Freiheit der Kunst einzusetzen. Die Gründe dafür sind vielfältig: eine tief sitzende Wut gegen den Westen, der für die politische Misere in der arabischen Welt verantwortlich gemacht wird, sowie eine gewisse Bewunderung für die iranische Revolution, die die Großmacht USA herausforderte.

Al-ʿAzms Buch *Selbstkritik nach der Niederlage* (*al-naqd adh-dhati baʿda al-hazima*, 1968), eine Analyse der Auswirkungen des Sechs-Tage-Krieges auf die arabischen Nationen, brachte ihm zugleich Ruhm und Anfeindungen ein. In dem Buch übt er heftige Kritik an der arabischen Welt, ihrer Autoritätshörigkeit, dem religiösen Dogmatismus und der Rolle, welche die arabischen Regime den Frauen zuweisen. Es gebe keine kritische Masse, die die Gesellschaften wirklich verändern könne. Im Gegensatz zu der vorherrschenden Meinung, dass der Westen großen Anteil am Stillstand der arabischen Welt hat, sind nach Ansicht von al-ʿAzm Kolonialismus, imperialistische Ausbeutung und Palästina nur Ausreden für die arabischen Regime, um sich selbst zu erhalten, ihre repressiven Methoden weiter anzuwenden und den Reichtum der Region zu verschleudern.

Sadiq al-ʿAzm bezeichnete seine arabischen Landsleute einmal als «Hamlet des 20. Jahrhunderts», weil sie seit der arabischen Renaissance im 19. Jahrhundert zwischen Tradition und Moderne, zwischen Islam und Säkularismus schwanken. Nach mehr als 150 Jahren sind sie immer noch nicht zu einer Entscheidung gelangt, welchen Weg sie gehen wollen. Und dieses Drama führt – wie bei Hamlet – von einer Tragödie zur nächsten.

Ein ähnlich streibarer Kritiker war der Algerier Mohammed Arkoun (1928–2010), der 1928 in der Großen Kabylei in eine Berberfamilie hineingeboren wurde. Als er mit neun Jahren in ein Dorf bei Oran, in dem französische Siedler lebten, zog, erlebte er einen Schock. Ihm wurde bewusst, dass er als Berber nicht nur einer unterprivilegierten Minderheit angehörte und nicht dieselben Rechte wie ein Araber hatte. Darüber hinaus konnte er sich in seinem eigenen Land nicht verständigen. Hierzu musste er erst Arabisch und Französisch lernen.

Arkoun wurde stark durch seinen Onkel geprägt, der dem mystischen Islam verbunden war. Von 1941 bis 1945 besuchte er eine von Mönchen geleitete Schule, in der er die lateinische Kultur und Literatur kennenlernte und sich mit den Kirchenvätern Augustinus, Cyprianus und Tertullian beschäftigte. Danach studierte er in Algier arabische Literatur, befasste sich jedoch auch mit Jura, Philosophie und Geografie. Mitte der 1950er Jahre schrieb sich Arkoun an der Pariser Sorbonne ein. Das Leben in Frankreich war nicht einfach für ihn. Muslimischen Intellektuellen wurde häufig pauschal unterstellt, den Westen abzulehnen. In ihrer algerischen Heimat hingegen galten sie als fünfte Kolonne des Feindes, als Vertreter des imperialistischen Westens. Arkoun blieb in Frankreich, wo er 1971 an der Sorbonne eine Professur für Islamische Ideengeschichte erhielt.

Arkoun kritisiert, dass die Entwicklung des islamischen Denkens seit dem 13. Jahrhundert zu einer Reihe von Tabus geführt habe. Der Begriff des «Ungedachten» spielt in seinem Werk eine große Rolle. Die Aufgabe, die sich Arkoun gestellt hatte, bestand darin, dieses in den islamischen Kulturen bisher Ungedachte zu denken und zur Sprache zu bringen. Denn das Ergebnis dieses Nicht-Denkens seien erstarrtes Denken und festgefahrene Überzeugungen, die eine Kritik notwendig machten. In seinem zentralen Werk *Kritik der islamischen Vernunft* (*Pour une critique de la raison islamique*) versucht sich Arkoun daher an einer eigenen Deutung der Quellen. Dazu wendet er Erkenntnisse und Methoden der modernen Sozial- und Geisteswissenschaften an. So lässt er Strukturalismus, Semiotik, strukturale Anthropologie, Diskursanalyse und Poststrukturalismus in seine eigene Theorie über den Islam und die islamische Vernunft einfließen. Arkoun fordert eine fundamentale Kritik zentraler Begriffe, sogenannter theologischer Konstanten, wie etwa «das Wesen des Korans» oder «die Essenz des Islams», die von orthodoxen islamischen Gelehrten als sakrosankt verteidigt würden.

Sein wissenschaftliches Engagement erschöpfte sich jedoch nicht darin, die islamische Tradition zu hinterfragen. Er wollte den Islam schlechthin neu denken, um die intellektuelle Starre zu überwinden, die er für die politisch-gesellschaftliche Misere verantwortlich machte:

Bis heute hat der Islam die freiheitlichen Errungenschaften des modernen kritischen Denkens regelmäßig zurückgewiesen. Er hat sich in dogmatischer Klausur verschanzt, mit einer aggressiven Haltung gegen jenen selbstsicheren, alles beherrschenden Westen, wie die Völker der muslimischen Welt ihn ja auch tatsächlich erlebt, wahrgenommen und interpretiert haben. Darin fand sich Nahrung genug für die blühenden Widerstandsfantasien in den Zufluchtsnestern einer an den Rand gedrängten Identität. (Mudhoon 2011)

Aus diesem Grunde strebte Arkoun eine radikale Re-Konstruktion von Geist und Gesellschaft in der zeitgenössischen islamischen Welt an. Er plädierte für einen Perspektivwechsel, forderte Bedeutungsvielfalt, um sie der herrschenden Einfalt und dem Dogmatismus entgegenzusetzen. Dabei war ihm vor allem die Politisierung des Islams und die Reduzierung seiner Botschaft auf Fragen des Rechts und der Macht ein Dorn im Auge. Wer heute behaupte, im Islam könne es keine Trennung zwischen der weltlichen und der geistlichen Sphäre geben, verkenne, dass dieser Status quo auf der verhängnisvollen Geiselnahme der Religion durch die Politik beruht.

Es gibt sie also zu Hauf: die Denker, die sich um einen neuen, kritischen Zugang zur eigenen Tradition bemühen. Auch Mohammed ʿAbed al-Jabri (1936–2010) setzte sich für ein neues wissenschaftliches Verhältnis zur islamischen Tradition ein, und das Ansinnen, den Koran so zu interpretieren, dass er zu Demokratie und Menschenrechten nicht im Widerspruch steht, oder die Erkenntnisse anderer Wissenschaften in die moderne Exegese einzubringen, ist auch nicht neu. Neben den beschriebenen sind weitere Denker zu nennen, die sich diesem Unterfangen schon früh gewidmet haben: Bereits in den 1970er Jahren hat Saʿid al-Ashmawi (geb. 1932) zwischen Religion und religiösem Denken unterschieden, Fuad Zakariya (1927–2010) hat die Relativität jeglicher Interpretation begründet, und auf die Geschichtlichkeit der Offenbarung wies Hasan Hanafi (geb. 1934) hin. Dass der Koran niemals losgelöst von seinem Empfänger betrachtet werden kann, sondern im Gegenteil in enger Beziehung zum Angesprochenen steht, hat bereits Muhammad Ahmad Khalafallah (einige Jahre vor 1916–1998) im Jahre 1952 in seinem Buch *Die Erzählkunst im Koran* (*al-fann al-qasasi fi l-qurʾan al-karim*) hervorgehoben; und dass es verschiedene Möglichkeiten gibt, die koranische Offenbarung zu interpretieren, beispielsweise auch die literarische, hat Aisha Abd ar-Rahman (1913–1998) nachgewiesen. Um die Wirkungsgeschichte des Koran erarbeiten und ihn in einen historischen Kontext stellen zu können, wollte schon Amin al-Khuli (1895–1967) zum Koranverständnis der ersten Hörer, das heißt der Zeitgenossen des Propheten, zurückkehren.

Die Auflistung zeigt, dass ein Thema die Intellektuellen in der islamischen Welt bewegt – und zwar schon lange: der Glaube in der modernen Welt. Es wird heftig gestritten um eine zeitgemäße Interpretation der Quellen und um einen selbstkritischen Zugang zur Tradition. Doch im Gegensatz zu radikalen Islamisten, die sich seit einigen Jahren in unser Bewusstsein bomben, erfahren jene Denker und Intellektuellen nur wenig Aufmerksamkeit.

3 Nasr Hamid Abu Zaid: Wer ist hier der Ketzer?

Ein geborener Sieger

Nasr Hamid Abu Zaid wurde 1943, zwei Jahre vor dem Ende des Zweiten Weltkriegs, in Tanta, einem kleinen Dorf im Nildelta, geboren. Sein Vater nannte ihn Nasr, «Sieg», weil er Optimist war. Er glaubte an den Sieg der Alliierten in diesem Krieg. Alle seine Freunde dagegen waren für die Achsenmächte, weil diese gegen die verhasste Besatzungsmacht England kämpften. Es waren einfache Verhältnisse, in die Abu Zaid hineingeboren wurde. Sein Vater hatte einen Laden, und weil er herzkrank war, musste der Sohn schon früh dort aushelfen.

In Abu Zaids Umfeld spielten die Muslimbrüder eine große Rolle. Sie waren im Dorf sehr populär, allerdings wurden sie von den Bewohnern weniger als politische Partei denn als religiöser und karitativer Verein wahrgenommen. Sie kümmerten sich um soziale Belange und die Ausbildung der Kinder. Weil sie nicht auf der Straße rumlungern, sondern etwas lernen sollten, schickten Eltern ihre Kinder zu den Muslimbrüdern. Dort wurde ihnen beigebracht, was Islam bedeutet. Religiöse Indoktrination war das nicht. Im Gegenteil: In seiner Autobiographie *Ein Leben mit dem Islam* erzählt Abu Zaid, wie religiöse Wertvorstellungen damals für sozialen Ausgleich sorgten und zum Beispiel verhinderten, dass jemand Hunger litt. Diese einfache Frömmigkeit und diese Sicht auf die Religion prägten ihn dauerhaft.

Bereits mit drei Jahren schickten seine Eltern ihn in die Koranschule. Neben dem Koran und dem Alphabet lernte man dort Rechnen, so dass die Kinder anschließend die Grundschule besuchen konnten. Mit acht Jahren schon beherrschte Abu Zaid den Koran auswendig. Deshalb fand in der Moschee seines Dorfes ein Festakt für ihn statt. Nach Abschluss der *kuttab* durfte er eine christliche Privatschule

Nasr Hamid Abu Zaid:
Der Koran darf nicht
Zuckerbrot und
Peitsche sein.
Foto: Arnaud Mooji

besuchen, da der Schulleiter Mitleid mit seinem Vater hatte und ihm das Schulgeld erließ. Das Miteinander verschiedener Religionen, auf das er dort traf, faszinierte Abu Zaid:

> Es war eine christliche Schule, die ich, ein Koranschüler, besuchte, in der mein muslimischer Arabischlehrer Herr «Jesus» hieß und wir Muslime einen eigenen Gebetsraum hatten.
>
> Heute wachsen viele unserer Jugendlichen in Saudi-Arabien oder Kuwait auf, weil ihre Eltern dort Gastarbeiter sind. In diesen Ländern ist die Vorstellung verbreitet, dass jeder Nichtmuslim ein *kafir*, ein Ungläubiger, sei. (Abu Zaid 1999, 30)

Nach der Mittelschule erwartete Abu Zaid, dass sein Vater ihn auf der Oberschule anmeldete, damit er das Abitur machen konnte. Er wollte später am arabistischen Seminar der Universität Kairo studieren. Doch dazu fehlte der Familie das Geld, und so schickte ihn sein Vater auf die Berufsschule.

Als er gerade vierzehn Jahre alt war, starb sein Vater. Schon vorher, in den langen Jahren der Krankheit des Vaters, trug Abu Zaid viel Verantwortung, nun war er der Alleinversorger seiner Mutter und seiner fünf jüngeren Geschwister. Nachdem er mit siebzehn Jahren eine Ausbildung zum Funktechniker abgeschlossen hatte, erhielt er 1961 eine Anstellung in der Abteilung «Polizeifunk» des Innenministeriums. Hier sollte er zwölf Jahre bleiben und das ganze Land bereisen. Seine Probezeit musste Abu Zaid in Kairo absolvieren, einer Stadt, die ihn als Dörfler vollkommen überforderte. Er fühlte sich einsam, fand sich nicht zurecht. Seine Schicht dauerte von acht Uhr abends bis acht Uhr morgens. Weil er kaum etwas zu tun hatte, las er viel, dachte über sich selbst nach und führte Selbstgespräche, um seine Gedanken zu ordnen. Nach sechs Monaten wurde er nach Mahella al-Kubra versetzt, eine Stadt, die seinem Heimatdorf ähnelte. Hierher holte er seine Mutter und die Geschwister nach. Sie blieben dort bis 1968.

1967, im Jahr der Niederlage gegen Israel, begann Abu Zaid, die Abendschule zu besuchen. Die Niederlage, schrieb er, habe er vorausgesehen, denn ein unfreies Volk kann nicht kämpfen. Sein Glaube an Nasser und die Revolution hatte damals schon gelitten. Das hing mit der wachsenden Unterdrückung und den Repressionen zusammen, die die Muslimbrüder erfahren mussten. Abu Zaid sah in ihnen fromme Männer, die von den Revolutionären um Nasser, der die Macht für sich alleine wollte, ausgebootet wurden. Auch das Todesurteil gegen Sayyid Qutb trug zu seiner Entfremdung vom Nasser-Regime bei. Abu Zaid wusste auch um die den Islamisten weniger bekannte Seite des Autors Qutb: Er hatte über die Poesie des Korans geschrieben. Er beschrieb den Koran als einen Text, der ethische, moralische, spirituelle und juristische Aussagen enthält, aber gleichzeitig ein poetisches Kunstwerk ist, das den Leser und den Hörer ästhetisch berührt. Qutb war von der romantischen Literaturtheorie beeinflusst und konzentrierte sich auf die psychologische Wirkung des Textes. Abu Zaid bewunderte ihn für diesen literarischen Zugriff auf den Koran, und die Hinrichtung des

Korangelehrten entsetzte ihn. Er machte Qutb zwar nicht dafür verantwortlich, dass dessen Buch *Wegmarken* zur Legitimierung eines bewaffneten Kampfes diente, Qutbs gesellschaftliches und politisches Modell jedoch lehnte er als totalitär ab.

Nach dem Abitur schrieb sich Abu Zaid am Seminar für Arabistik ein. Es gelang ihm sogar, nach Kairo versetzt zu werden. Sein Leben verbrachte er nun jahrelang zwischen Arbeit und Studium. Wenn er morgens arbeiten musste, ging er nachmittags in die Universität; wenn er nachmittags arbeiten musste, besuchte er sie morgens. Die Universität war für ihn kein gewöhnlicher Ort. «Als ich sie im März 1968 als Student betrat, habe ich geweint», schreibt er in seiner Autobiographie (Abu Zaid 1999, 94). Allerdings merkte er bald, dass sie anders war, als er es sich erträumt hatte: Universität bedeutete Massenabfertigung, der Lehrer las seine Aufzeichnungen ab, oftmals sein eigenes Buch, und die Studenten schrieben alles mit. Frustriert lernte Abu Zaid deshalb fortan ohne Lehrer. Er begann, Bücher über Textanalyse zu lesen, weil er mehr wollte, als nur die Inhalte der Gedichte referieren zu können. Im dritten Jahr kam er schließlich auf seine Kosten: Sein Lehrer wurde der Philosoph Hasan Hanafi, bei dem die Studenten über Texte debattieren durften. Hanafi und Abu Zaid wurden gute Freunde, auch wenn Abu Zaid den Philosophen später heftig kritisieren sollte. Dessen Zugang zum islamischen Erbe war ihm zu selektiv. Hasan Hanafi, schrieb Abu Zaid, analysierte die Tradition nicht, sondern strich sie mit seinen Vorstellungen neu an. Genau das machten auch die Islamisten, nur verwendeten sie eine andere Farbe.

Neben Hasan Hanafi wurde Abu Zaid noch durch zwei weitere ägyptische Gelehrte besonders geprägt. Der eine war Amin al-Khuli, der die literaturwissenschaftliche Koranexegese begründet hatte. Diese Methode sorgte 1947 für einen Skandal, als al-Khulis Schüler Muhammad Ahmad Khalafallah, der zweite Wissenschaftler, dessen Einfluss auf Abu Zaid maßgeblich war, al-Khulis Prinzipien zur Untersuchung des Korans in seiner Dissertation anwandte. Khalafallah wies darin nach, dass Gott im Koran keine historischen Fakten habe wiedergeben, sondern lediglich Prinzipien und Werte vermitteln wollen. Deshalb sei der Koran auch Literatur und weit besser zu verstehen, wenn man ihn mit den Mitteln der Literaturanalyse zu fassen versuche. Alle Instrumente der modernen Literaturwissenschaft seien anwendbar: linguistische, philologische, historisch-kritische und sogar psychologische.

Der Literatur galt damals Abu Zaids größtes Interesse. Er schrieb Gedichte, im Dialekt und auf Hocharabisch, und gewann sogar Preise damit. Gleichzeitig fesselte ihn die Sprache des Korans. Seine Beziehung zum Koran als literarischem Text, als Text, «dessen Ästhetik die Seele bewegen kann», hatte früh begonnen (Abu Zaid 1999, 100). Es war nicht die Botschaft des Korans, die ihn am meisten anzog, sondern die sprachliche Ordnung, seine innere Musik. Schon als Kind hatte Abu Zaid keine Gelegenheit ausgelassen, einem Rezitator bei seinem Vortrag des Korans zu lauschen. Er genoss eine Koranrezitation wie andere ein klassisches Konzert oder eine Opernarie. Als er dann ans Arabistische Seminar kam, stand für ihn bereits fest, dass er über die Ästhetik des Korans arbeiten wollte.

Seine Magisterarbeit schrieb Abu Zaid über die koranische Metapher bei den Mu'taziliten, also diejenige rationalistische Denkschule des 8./9. Jahrhunderts, die mittels des Begriffs der Metapher versuchte, scheinbare Widersprüche zwischen dem Korantext und der Vernunft aufzuheben. In der Folgezeit machte ihm die politische Situation in Ägypten immer mehr zu schaffen. Es war das Jahr 1977, das Jahr, in dem es infolge der vom Währungsfonds geforderten Subventionskürzungen für Grundnahrungsmittel zu Brotaufständen kam. Abu Zaid konnte sich keine Wohnung leisten, er konnte nicht heiraten. Als er von einem Stipendium erfuhr, das über seine Fakultät angeboten wurde, griff er zu und ging in die USA.

Ich wusste, dass ich Englisch lernen und die westliche Kultur kennenlernen musste, um meine wissenschaftlichen

Ziele zu erreichen. Außerdem meinte ich, in Kairo zu ersticken. Das Leben war mir unerträglich geworden, die Inflation schlug Purzelbäume, und der politische Druck nahm von Tag zu Tag zu. (Abu Zaid 1999, 112)

Afrika, Amerika, Asien

Abu Zaid kam nach Philadelphia, um an der University of Pennsylvania zu studieren. Zu seinen positiven Erfahrungen in den USA zählte, dass man dort auch von jemandem sein Recht einfordern konnte, der eine höhere Position innehatte als man selbst; zu den negativen gehörte, dass man in den USA nicht viel von Gastfreundschaft hielt. Zwei Jahre blieb er dort und hatte die Gelegenheit, sich in die Wissenschaft der Hermeneutik, der Textauslegung, einzuarbeiten. Er las Lévi-Strauss und de Saussure, vertiefte sich in den Strukturalismus und stieß auf das Werk Gadamers: Sofort merkte er, dass er gefunden hatte, wonach er gesucht hatte, aber auch, dass er zu wenig Vorkenntnisse hatte, um Gadamer zu verstehen. So studierte er die alten Griechen, Schleiermacher, Wilhelm Dilthey und Martin Heidegger.

Viele weitere Denker folgten, und plötzlich entdeckte Abu Zaid ihre Nähe zu Ibn ʿArabi (1165–1240), dem großen arabischen Mystiker. Er begann, dessen Hauptwerk, die *Mekkanischen Offenbarungen* (*al-futuhat al-makkiya*), in denen der Autor den Koran interpretiert, neu zu lesen. Abu Zaid, der Ibn ʿArabi zusammen mit den westlichen Hermeneutikern las, fand das gemeinsame Thema all dieser Bücher: die Beziehung zwischen dem Text und dem Leser. Er begriff, so schreibt er, dass Sprache nie nur ein neutrales Gefäß ist:

> Gadamer fragt, wo die Wahrheit ist. Ist sie im Ich oder in der Außenwelt, im Leser oder im Text? Oder ist sie in deren Interaktion? Das ist genau Ibn ʿArabis Fragestellung. Er sagt, dass sich die Wahrheit verändert, je nachdem, wer sie betrachtet. Manchmal meint Ibn ʿArabi mit der Wahrheit Gott selbst, der sich je nach Betrachtung verändert.

Was Gott «objektiv» ist, könne der Mensch nicht erkennen. Die menschliche Erkenntnis Gottes sei notwendig subjektiv, damit aber auch dynamisch und von Mensch zu Mensch unterschiedlich. (Abu Zaid 1999, 117–118)

Neben der Hermeneutik, die so entscheidend für sein wissenschaftliches Werk sein sollte, lernte Abu Zaid in Amerika einen damals nicht sonderlich bekannten japanischen Islamwissenschaftler kennen, der an der McGill University in Montreal lehrte und die Begriffswelt des Korans untersuchte, Toshihiko Izutsu. Izutsu analysierte die Semantik des Korans und zog daraus Schlüsse über die koranische Weltanschauung. Abu Zaid hatte immer geglaubt, so schrieb er in *Ein Leben mit dem Islam*, nur Araber könnten den Koran verstehen. Doch nun las er in den Vereinigten Staaten die englischen Bücher eines japanischen Gelehrten, der in Kanada lehrte, und staunte über dessen Sensibilität für die Eigenheiten der koranischen Sprache und die Präzision seines Denkens. Er fuhr eigens nach Montreal, um den Japaner kennenzulernen, doch dieser hielt sich gerade in Teheran auf. Izutsu war auch der Grund, warum Abu Zaid später nach Japan ging. Allerdings traf er ihn nie, der Gelehrte ließ den Brief, den Abu Zaid ihm schrieb, unbeantwortet.

Nach zwei Jahren kehrte Abu Zaid nach Kairo zurück, erfüllt von neuen Ideen, voller Sehnsucht nach seinen Schülern, «nach dem Hörsaal achtzehn» – und nach seiner Familie. Er mochte das Leben in den USA nicht sehr:

Ich hatte viele Freunde gefunden, und zwar weniger, weil die Amerikaner freundlich sind, sondern weil ich freundlich bin. […] Ich möchte immer, dass alle Leute mich gern haben. Also liebe ich sie und zeige ihnen auch meine Liebe. (Abu Zaid 1999, 121)

Nach seiner Rückkehr reichte Abu Zaid seine Doktorarbeit ein und begann wieder an der Universität zu lehren. Er heiratete auch, aber über seine erste Frau, von der er nach zwölf Jahren Ehe geschieden wurde, ist so gut wie nichts bekannt.

Als Anwar as-Sadat im September 1981 1500 Gegner seiner Politik verhaften ließ, darunter viele berühmte Intellektuelle und angesehene Professoren, mithin jeden, der verdächtigt wurde, ein Oppositioneller zu sein, musste auch Abu Zaid die Universität verlassen. Er wurde ins Sozialministerium versetzt, durfte allerdings nach einigen Monaten an die Universität zurückkehren, weil seine Beschwerde anerkannt wurde. Doch die Universität hatte sich inzwischen von Grund auf verändert. Die Studenten schienen plötzlich unfähig, zu diskutieren und etwas Neues aufzunehmen, sie hatten Angst, ihre Meinung zu sagen. Daher nahm Abu Zaid das Angebot an, im Sudan an der Universität Khartum als Gastprofessor zu lehren, wo er auf motivierte Studenten traf. Sie gaben ihm die Freude am Lehren zurück, weshalb er ihnen später sein Buch *Der Begriff Text* (*mafhum an-nass*) widmete.

1984 wurde Abu Zaid als Gastprofessor nach Japan eingeladen und nahm die Einladung ohne zu zögern an. Er hatte immer noch den Namen Izutsu im Kopf, und ihn reizte die Möglichkeit, eine neue Kultur kennenzulernen. Aus den geplanten zwei Jahren in Japan wurden vier. Vor allem den Umgang mit den Studenten schätzte Abu Zaid, an der japanischen Sprache allerdings scheiterte er. Das wiederum hinderte ihn nicht, die japanische Kultur zu erkunden. Er verbrachte Stunden in japanischen Theatern, weil er meinte, so die innere Bewegung der japanischen Kultur erspüren zu können.

Scheidung von der Heimat

1989 kehrte Abu Zaid nach Ägypten zurück. In den vier Jahren in Japan hatte er sein Buch *Der Begriff Text* fertiggestellt und den größten Teil der *Kritik des religiösen Diskurses* (*naqd al-khitab ad-dini*) geschrieben. In seiner Heimat hatte er inzwischen den Rang eines «assoziierten Professors» und leitete ein eigenes Fachgebiet innerhalb der Arabistik, die Koran- und Hadithwissenschaft. Während seiner Abwesenheit war die islamistische Bewegung in der Gesellschaft und besonders an den Universitäten erstarkt. Sie beherrschte den Studentenverband und war besonders im Fach Arabistik präsent. 1992 war gerade Abu Zaids kritische Auseinandersetzung mit Imam ash-Shafiʿi erschienen, dem Begründer der gleichnamigen Rechtsschule. Viele Studenten vertraten im Unterricht eine von ihrem Lehrer abweichende Meinung zu diesem Traditionalisten. Abu Zaid warf ash-Shafiʿi vor, wesentlich für die Erstarrung des islamischen Denkens verantwortlich zu sein.

1992, im Jahr seiner zweiten Verehelichung, erschien auch Abu Zaids Buch *Kritik des religiösen Diskurses*, mit dem er sich in die Auseinandersetzung zwischen der nominell säkularen ägyptischen Regierung und der islamistischen Opposition des Landes einmischte. Hier analysierte er kritisch die politische und gesellschaftliche Rolle der Gruppen und Personen, die sich als Sachverwalter der Religion betrachteten. Seine Kritik betraf sowohl den staatlich besoldeten Religionsgelehrten- und Predigerstand Ägyptens als auch die islamistische Opposition. Nach Ansicht von Abu Zaid verhinderte nicht nur der Einfluss, den die Islamisten in Ägypten ausübten, sondern auch die starke gesellschaftliche Stellung, die die traditionell orientierten, im Dienste des Staates stehenden Religionsgelehrten hatten, dass sich Diskussionen frei entwickeln konnten. Beide Gruppen hätten aus Machtinteresse ihre eigene Deutung des Korans zur einzig wahren erklärt und die Vernunft zum Schweigen gebracht. Mit ihnen, den Vertretern des religiösen Diskurses, geht er hart ins Gericht:

> Der religiöse Diskurs widerspricht schließlich dem Islam selbst, da er eine seiner wichtigsten Grundlagen, die Vernunft, negiert und meint, damit die Überlieferung zu bestätigen. Tatsächlich aber negiert er sie, indem er ihre erkenntnistheoretische Grundlage verneint. Im Gegensatz zu dem, was der zeitgenössische religiöse Diskurs propagiert, kann man nicht durch das Schiedsgericht der Texte, dessen Konsequenzen die islamische Geschichte belegt, zum Is-

lam zurückkehren, sondern nur, indem man der Vernunft ihren alten Stellenwert einräumt. (Abu Zaid 1996, 65)

Für Abu Zaid war es geradezu heidnisch, zu behaupten, es gebe eine einzige gültige Koraninterpretation, nämlich die eigene. Dieser Akt der Selbstvergottung, diese Absolutsetzung des eigenen Textverständnisses vertrage sich schlecht mit dem für den Islam zentralen Prinzip des Monotheismus. Diese Kritik führte zu lebhaften Diskussionen Abu Zaids mit seinen Studenten, vor allem den islamistischen, hatte aber zunächst keine weiteren Folgen. Doch 1993 wurde plötzlich seine Beförderung zum ordentlichen Professor mit der Begründung abgelehnt, er sei ein Ketzer.

Es gab drei Gutachten: Zwei befürworteten die Beförderung, doch die Universität folgte dem Minderheitenvotum von ʿAbd as-Sabur Shahin, das Abu Zaids Werk unverschämte Lügen, perverse Ideen, marxistisch-atheistische Gedanken und die abscheulichste Verachtung für die Grundsätze der Religion attestierte. Nachdem Shahin, ein Professor für Sprachwissenschaft und populärer Prediger, zudem in einer Freitagspredigt Abu Zaids angebliche Ansichten zum Islam wiedergegeben hatte, erschienen in der ägyptischen Presse wütende Artikel und Karikaturen. Eine zeigte einen dicken Mann, der in den Koran sticht, aus dem Blut fließt. Eine solche Karikatur ist in einer Gesellschaft, in der die Mehrheit nicht lesen und schreiben kann, fatal. Die ersten Drohbriefe kamen, die Angelegenheit eskalierte. Abu Zaid unterrichtete nur noch unter Polizeischutz.

Für Abu Zaid war all das symptomatisch: Die verweigerte Beförderung spiegelte den jämmerlichen Zustand der ägyptischen Universitäten wider. Die Ausbreitung des rückwärtsgewandten Islams beeinflusste die Lehre, plötzlich wurde der Lehrbetrieb von der Angst vor den Religiösen beherrscht. Das Universum war eingeteilt in Dinge, die von der Religion verboten waren, und solche, die erlaubt waren. Als er einmal in einer Vorlesung ein Liebesgedicht erörterte, erzählt Abu Zaid in seiner Autobiographie, stand plötzlich ein achtzehnjähriges Mädchen auf und sagte, dass Liebesgedichte im Is-

lam verboten seien. Statt die Struktur des Gedichtes zu erklären,

> musste ich plötzlich eine Legitimation von Poesie im Islam
> geben, musste ich die Aussagen, die gegen die Poesie an-
> geführt wurden, relativieren und in einen Kontext setzen,
> musste ich mich auf ein Niveau herabbegeben, das einer
> Universität nicht würdig ist – das Niveau von *erlaubt und
> verboten.* Und so sinkt man tiefer und tiefer und tiefer.
> Man kann sich vorstellen, was in meinen Korankursen ge-
> schah, wenn ich sagte: Der Koran ist ein Produkt seiner
> Kultur. (Abu Zaid 1999, 147)

Als Abu Zaid die Nachricht erreichte, dass Klage eingereicht
worden sei, seine Ehe mit Ebtehal Younes annullieren zu lassen, befand er sich gerade in Tunis. Beide konnten es nicht
glauben, und nachdem das Verfahren bereits in ihrer Abwesenheit begonnen hatte, meinten sie, die Sache werde sich mit
ihrem Erscheinen vor Gericht schnell erledigen. Alle Anwälte
bestärkten sie in dieser Meinung: Eine Zwangsscheidung sei
einfach nicht möglich, lachhaft. Doch es gab in Ägypten eine
rechtliche Grundlage für eine solche Eheannullierung: das
Prinzip der *hisba,* demgemäß jeder Muslim verpflichtet ist,
das Gute zu gebieten und das Schlechte zu verbieten – und
auf dieses Prinzip bezog sich der Kläger. Das Prinzip der *hisba* ermöglicht es einem Außenstehenden, der nicht persönlich von einem Fall betroffen ist, eine Klage vor Gericht zu
bringen, falls er das Interesse der Allgemeinheit berührt sieht.
Das Interesse der Allgemeinheit sei in diesem Fall berührt,
weil es nicht statthaft sei, dass ein Nicht-Muslim mit einer
Muslimin verheiratet ist. Wenn er ein Apostat ist, dann ist die
Ehe ein Verstoß gegen Gottes Gesetze und damit gegen das
Interesse der Allgemeinheit gerichtet.

Vielleicht hatte Abu Zaid sogar geahnt, was auf ihn zu-
kommen würde, als er 1992 seine Kritik am religiösen Diskurs Ägyptens veröffentlichte. «Gegen die Herrschaft von
Menschen kann man Widerstand leisten», heißt es dort,
«aber der Kampf gegen die Herrschaft der Theologen zieht,

indem er als Ungehorsam und Häresie gegen die Herrschaft Gottes deklariert wird, den Vorwurf des Unglaubens, des Atheismus und der Ketzerei auf sich» (Abu Zaid 1992, 81). Als der Wissenschaftler ein Jahr später als Abtrünniger vom Glauben angeklagt wurde, stellte er gegenüber der *Middle East Times* nicht ohne Galgenhumor fest: «Jeder Forscher ist glücklich, zu sehen, wie seine Ideen Realität werden» (Negus 1993).

Am 14. Juni 1995 wurde das Urteil gesprochen: Die Ehe von Ebtehal Younes, Professorin für Romanistik an der Universität Kairo, und Nasr Abu Zaid wurde annulliert. Zwar war der Schock groß, doch wenn Abu Zaid davon erzählte, berichtete er vor allem von der Unterstützung, die er erfuhr: vom Dekan seiner Fakultät, seinen Kollegen, seinen Studenten. Auch in den ägyptischen Medien erschienen Solidaritätsadressen. Eine Zeitung schrieb in Anspielung auf das ägyptische Scheidungsrecht, das es den Frauen schwer macht, sich scheiden zu lassen: Die einzige Frau in Ägypten, die bei ihrem Mann bleiben will, wird geschieden.

Das Paar beugte sich jedoch dem Scheidungsurteil nicht, sondern ging zusammen ins Exil. Im holländischen Leiden, dann in Utrecht wurde Abu Zaid eine Stelle angeboten. Seit 2004 hatte er den Ibn-Rushd-Lehrstuhl für Humanismus und Islam an der Universität Utrecht inne. Ägypten besuchte er nur noch als Privatmann, immer auf eine Entschuldigung von Seiten der Behörden wartend. Sie kam jedoch nie. Er lebte mit seiner Frau zusammen in Leiden. Hier schrieb er Bücher, unterrichtete westliche Studenten, äußerte sich zum Islam in Europa, besuchte Konferenzen und erhielt Preise. Vor allem aber vermisste er seine Heimat: «Ägypten, auf das ich so zornig bin, ist meine Heimat, ist meine Liebe, ist meine Mutter. Wieso hat sie das zugelassen?» (Abu Zaid 1999, 177). Einer merkwürdigen Ironie des Schicksals ist es zu verdanken, dass Nasr Hamid Abu Zaid dennoch am 5. Juli 2010 in seinem Heimatland starb.

Jeder Versuch, eine neue Hermeneutik des Korans zu entwickeln, wird bekämpft, hat Abu Zaid einmal gesagt und sich
selbst mit Mahmud Mohammad Taha verglichen. Das gelte
auch für seinen Versuch: Eine der zentralen Ideen in Abu
Zaids Werk ist, dass eine dialektische Beziehung zwischen
dem Korantext und seinen Adressaten besteht; nur wer den
historischen Kontext untersucht, in dem der Koran offenbart
wurde, kann seine Bedeutung verstehen. Erst dann lässt sich
entscheiden, ob es sich bei diesem oder jenem Vers um ein
allgemeingültiges Gebot handelt oder um eine Regel, die nur
in einer bestimmten Situation relevant war. In seinem Buch
Der Begriff Text präsentiert Abu Zaid deshalb einen textkri-
tischen Zugang zum Koran, indem er ihn untersucht wie alle
anderen Texte auch: mit den Mitteln der Semiotik, der
Sprachwissenschaft, der Hermeneutik. Seine Zielsetzung beschreibt er folgendermaßen:

> Ich will die Natur des Korans erkennen, die Struktur. Den
> historischen Hintergrund, um einen hermeneutischen An-
> satz einbringen zu können. Darum geht es mir in meiner
> Arbeit. Vielleicht können wir den Kontext erkennen. Den
> Kontext verstehen. Wir könnten lernen, wie wichtig der
> Kontext für die Interpretation ist. So wie man das schon
> immer in der Koraninterpretation getan hat. Und vielleicht
> führt das zu einem besseren Verständnis der Situation, in
> der wir Muslime leben. (Abu Zaid, Interview 1999)

Abu Zaid unterscheidet zwischen dem menschlichen Erleben
der göttlichen Offenbarung und den zu der Zeit herrschenden Umständen. Und er hebt den Unterschied zwischen Religion und religiösem Denken hervor. Viele Interpreten würden ihr religiöses Denken als die Religion an sich ausgeben:

> Die Religion ist eine Sammlung von historisch feststehen-
> den religiösen Texten, während das religiöse Denken aus
> den menschlichen Anstrengungen zum Verständnis dieser

69

Texte und ihrer Interpretation und der Extrahierung ihrer
Bedeutung besteht. (Abu Zaid 1992, 185)

Indem er den Koran wie einen literarischen Text liest und ihn
einer historisch-kritischen Lesart unterzieht, rüttelt Abu
Zaid an einigen Grunddogmen. Sein Verdienst besteht weniger darin, für eine bestimmte eigene Interpretation des
Korans zu werben, als dem Leser vor Augen zu führen, wie
nötig es ist, den Koran überhaupt zu interpretieren und zu
zeigen, dass es im Laufe der Geschichte bereits ganz unterschiedliche Deutungen gegeben hat.

Die entscheidende Frage dabei ist für Abu Zaid, wie man
dem Einfluss interessengeleiteter Koran-Exegesen entgehen
kann. In seinen jungen Jahren hatte er oft erlebt, wie die Bedeutung des Islams manipuliert wurde. In den 1960er und
1970er Jahren wurden ihm von den offiziellen Kanzeln des
Landes herab nacheinander ganz verschiedene, miteinander
unvereinbare Interpretationen des Islams eingetrichtert: In
den 1960er Jahren hob der herrschende religiöse Diskurs
hervor, dass der Islam eine Religion der sozialen Gerechtigkeit sei. Die prominenten Gelehrten der Azhar-Universität,
der maßgeblichen religiösen Instanz Ägyptens, sprachen in
ihren Predigten und Schriften nur noch über Islam und Sozialismus. Als die Regierung dann in den 1970er Jahren auf
eine liberale Wirtschaftspolitik umschwenkte, wurde der Islam plötzlich zu einer Religion umgedeutet, die das Privatei-
gentum schütze.

Dies veranlasste Abu Zaid dazu, sich näher mit den Interpretationsmethoden der traditionellen islamischen Theologie
zu beschäftigen. Er stieß auf die rationalistische Schule der
Mu'taziliten, die zu Beginn des 9. Jahrhunderts den Begriff
der Metapher in die arabische Rhetorik einführte. Die
Mu'taziliten interpretieren die Verse, die sie für mehrdeutig
oder unklar halten, metaphorisch. Als Abu Zaid den Streit
untersuchte, in den die Mu'taziliten wegen ihrer Methode
mit ihren Gegnern geraten waren, wurde ihm klar, dass der
Koran schon in den ersten Jahrhunderten des Islams
Schlachtfeld erbitterter intellektueller und politischer Kämp-

fe war. Denn die Lehre der Mu'taziliten hatte sich aus den gesellschaftlichen und theologischen Auseinandersetzungen zwischen unterschiedlichen Gruppierungen entwickelt. Während die Umayyaden-Kalifen ihre absolute Herrschaft mit der theologischen Idee einer göttlichen Prädestination legitimierten, kämpften die Mu'taziliten, die auf dem freien menschlichen Willen beharrten, mit ihrer Art der koranischen Interpretation gegen die Herrschaft der Umayyaden und ihre Lehre.

Die intellektuellen Gegner der Mu'taziliten waren Traditionalisten, die an der wörtlichen Interpretation aller Verse des Korans festhielten. Alle göttlichen Attribute, alle eschatologischen Bilder, von denen der Koran spricht, müssen wortwörtlich genommen werden. Ein Beispiel dafür ist die koranische Aussage, dass Gott auf einem Thron sitzt. Die Mu'taziliten hielten es für unzulässig, diese Aussage wörtlich zu nehmen, wäre das doch für sie ein Anthropomorphismus. Sie glaubten, die Menschen müssten kraft der ihnen von Gott auferlegten Pflicht, sich ihrer Vernunft zu bedienen, darüber nachdenken, was genau mit einer solchen Aussage gemeint sei. Allerdings nahmen auch viele Gegner der Mu'taziliten den sogenannten Thronvers oder andere Verse, in denen beispielsweise vom Antlitz Gottes, seinen Augen und seinen Händen die Rede ist, nicht wörtlich. Ibn Hanbal (780–855) etwa forderte, die Anthropomorphismen des Korans nicht zu interpretieren. Alle vermenschlichenden Ausdrücke müssten wörtlich für wahr gehalten werden, allerdings ohne nach dem Wie zu fragen.

Ein weiteres Beispiel für die Vielfalt der Koran-Interpretationen ist für Abu Zaid der Philosoph Ibn Rushd (1126–1198). Der im Abendland besser als Averroes bekannte Denker entwickelte das System der Mu'taziliten weiter. Laut Averroes hat der Koran drei Bedeutungsebenen: Die erste ist die äußere poetische Form, mit der die Massen angesprochen werden; die zweite ist die argumentative Form, die für die Theologen vorgesehen ist; die dritte ist die innere Dimension, die sich an die Philosophen wendet.

Diese Theorie wurde von Ibn 'Arabi fortgeführt, dem sich

Abu Zaid in seiner Dissertation widmet. Ibn ʿArabi, der Großmeister der mystischen Koranexegese und vermutlich der faszinierendste Hermeneutiker, den die klassische islamische Welt hervorgebracht hat, schrieb in seinen *Mekkanischen Offenbarungen*, dass ein jeder im Koran das finde, was er zu finden bestrebt sei. Der Koran habe jedem etwas zu sagen, egal ob Bauer oder Philosoph oder Mystiker. Ibn ʿArabi unterschied vier Bedeutungsebenen und umging so die traditionelle juristische Dichotomie von eindeutigen und mehrdeutigen Versen. Er selbst konzentrierte sich auf den inwendigen Sinn der Verse, der allerdings nur Eingeweihten zugänglich ist. An Ibn ʿArabi beeindruckte Abu Zaid die Einsicht in die Relativität aller menschlichen Erkenntnis.

Ihm wurde klar, dass die Interpretation des Korans niemals ein unschuldiges Unterfangen ist. Er war zunehmend davon überzeugt, dass man zunächst das Wesen des zu interpretierenden Textes bestimmen und die Regeln untersuchen muss, die das Studium leiten. Denn solange nicht klar ist, wie sich der Text zur Exegese eignet und wo die Grenzen der Interpretation liegen, kann der Text gezwungen werden, jeder Ideologie nach dem Munde zu reden.

> Für jede Deutung gilt, dass sie den Text in seinem ursprünglichen Zusammenhang zu verstehen suchen muss. Das ist nicht einfach. Wenn ich heute den Koran lese, dann trage ich das Erbe seiner ganzen Interpretationsgeschichte mit mir, vom Prophetengefährten Ibn Abbas bis zum Fernsehprediger Scheich Schaʿrawi. Den Koran von diesen angesammelten Schichten der Interpretation freizulegen, bedarf wissenschaftlicher Anstrengungen, die von vielen gescheut werden. Sie ziehen es vor, hier ein Zitat zu nehmen und dort einen Satz herauszupicken, um so mit dem Koran zu sagen, was sie ohnehin sagen wollten. (Abu Zaid 1999, 87–88)

Seinem Ansatz legt Abu Zaid natürlich das Dogma zugrunde, dass der Koran das Wort Gottes ist, das dem Propheten Muhammad in klarer arabischer Sprache über den Zeitraum von 23 Jahren offenbart wurde. Er schließt sich also jener Definition an, die von allen Muslimen jenseits ihrer theologischen und kulturellen Unterschiede während der gesamten Geschichte des islamischen Denkens akzeptiert wurde. Auch Abu Zaid weicht von diesem Dogma nicht ab, obwohl ihm dies von seinen Gegnern immer wieder unterstellt wurde. Innerhalb dieses Rahmens unterscheidet er allerdings drei Aspekte: das Wort Gottes *(kalam Allah)*, den Koran und die Offenbarung oder Inspiration *(wahy)*. Diese drei Aspekte werden, so Abu Zaid, im modernen islamischen Diskurs nicht voneinander unterschieden. In der klassischen Theologie gab es hingegen ein Bewusstsein dafür, dass jeder der drei Begriffe etwas anderes meint.

Von hier aus stellt sich Abu Zaid die Frage, was genau das Wort Gottes ist. Eine koranische Antwort findet er in Sure 18:109 und in 31:27. Hier wird betont, dass die Worte Gottes unendlich und unerschöpflich sind: Wenn auf Erden aus Bäumen Schreibrohre würden und wenn für das Meer, wenn es erschöpft ist, sieben Meere Nachschub brächten, so wären Gottes Worte unerschöpflich (31:27). Wenn aber das Wort Gottes nicht begrenzt werden kann, so folgert Abu Zaid, der Koran jedoch als Text nur von begrenztem Umfang ist, dann stellt der Koran offenbar nur eine spezifische Manifestation von Gottes Wort dar. Zwar spricht der Koran in vielen Passagen von sich selbst als Gottes Rede, und diese Aussage scheint zu bestätigen, dass Gott und das Wort, der Koran, eins sind. Allerdings, so Abu Zaid, schafft es viele komplizierte theologische Probleme, Gott als Sprecher zu betrachten. In welchem Sinne enthält also der Koran das Wort Gottes, und wie verhalten sich die sprachlichen Wendungen des Korans zu der von Muhammad empfangenen Botschaft von Gott?

Damit berührt Abu Zaid eine zentrale theologische Frage, vielleicht die wichtigste der islamischen Religion überhaupt. Sie ist auch für eine Reform des islamischen Denkens von elementarer Bedeutung. Schon die islamischen Theologen des Mittelalters haben über diese Frage Debatten auf sehr hohem Niveau geführt. Im 9. Jahrhundert führten die

Mu'taziliten den Disput darüber an, ob der Koran als Gottes
Wort in derselben Weise ewig ist wie Gott selbst oder ob er
von Gott erschaffen wurde. Die Mu'taziliten akzeptierten
die Idee von der Ewigkeit des Korans nicht. Sie bestanden
stattdessen auf dem Geschaffensein des Korans, denn es
kann keine zweite ewige Existenz neben Gott geben. Das
würde der Einheit Gottes (*tauhid*), dem wichtigsten islamischen Prinzip überhaupt, widersprechen. Die Mu'taziliten
verstanden Gott als absolut transzendent, als einen, der nur
in seiner Einheit, Einzigkeit und Ewigkeit der menschlichen
Vernunft zugänglich sein kann. Wie kann dann neben ihm
etwas zweites Ewiges existieren?

Zudem konnten sich die Mu'taziliten aus einem weiteren
Grund nicht vorstellen, dass Gottes Wort schon seit Ewigkeit
besteht, denn an wen sollte es sich gerichtet haben? Wenn
jemand spricht, spricht er zu Zuhörern; also konnte Gott erst
sprechen, nachdem er die Welt erschaffen und in Engeln und
Menschen mögliche Zuhörer gefunden hatte. Die Mu'taziliten
tendierten somit zu der Auffassung, dass der Koran erschaffen wurde, er also in dieser Welt und erst im Laufe der Zeit
entstand. Eine Zeitlang setzte der Kalif al-Ma'mun (786–
833) autoritativ die Lehre von der Geschaffenheit des Korans
durch. Trotzdem weigerten sich die Vertreter der Gegenmei-
nung, das Wort Gottes als etwas Geschaffenes zu begreifen.
Letztlich wurde der Konflikt politisch entschieden, und die
Lehre von der Ewigkeit des Korans wurde sunnitisch-islami-
scher Mainstream. Genau in diesem Punkt unterscheidet sich
Abu Zaid, der die Position der Mu'taziliten vertritt, von den
Sunniten – wie übrigens auch die Schiiten.

In *Mohammed und die Zeichen Gottes* zitiert er eine für
diese Debatte zentrale Koranstelle, Sure 43:2–4:

Beim klaren Buch!
Siehe, wir machten es zu einer Lesung auf Arabisch,
vielleicht begreift ihr ja.
Siehe, es ist im Urbuch bei uns,
wahrhaft erhaben, weise.

Was heute oft mit Urbuch übersetzt wird, heißt im Arabischen *umm al-kitab*, Mutter des Buches. Dieser Vers legt die Interpretation nahe, dass es eine Art Buch oder Gotteswort gibt, das ewig und bei Gott ist. So lesen die meisten Sunniten heute diese Stelle. Möglich ist es aber auch, sie metaphorisch zu lesen. Dann würde *umm al-kitab* «göttliches Wissen» bedeuten. Dieser Lesart folgt Abu Zaid.

Die Bedeutung des Ausdrucks *umm al-kitab* hängt mit der Frage zusammen, inwieweit der Koran überhaupt Gottes exakte Worte enthält. Auch dies ist eine viel disputierte Frage der frühen Theologie. Schließlich setzte sich die Meinung durch, dass es sich beim Koran um das in menschliche Sprache übersetzte Wort Gottes handelt beziehungsweise um das Wort Gottes, das von dem Engel Gabriel in die menschliche Sprache übertragen wurde.

> Allerdings gibt es bis heute, möglicherweise sogar vor allem heute, Gläubige, die den Koran in einem noch strikteren Sinne als Gottes eigenes Wort verstehen, nämlich als ob Gott genau diese Worte geäußert habe. So weit verbreitet diese Auffassung ist, so wenig zwingend ist sie. Man muss sich nur einmal die Konsequenz vorstellen: Hat Gott etwa Arabisch gesprochen? (Abu Zaid 2008, 71–72)

Dem widerspricht laut Abu Zaid vor allem eines: Wenn der Koran das Wort Gottes in dessen exaktem Wortlaut enthält, dann hätte Muhammad keine besondere Leistung vollbracht. Er hätte das Wort Gottes nur entgegengenommen und verkündet. Das entspricht jedoch nicht der muslimischen Vorstellung von Muhammads Leistung. Als Adressat von Gottes Wort hat Muhammad in die Offenbarung in vielfältiger Weise Eingang gefunden, was der Koran eindeutig belegt. Das muss wiederum, so meint Abu Zaid, die Vorstellung von dem ändern, was «Gottes Wort» bedeutet.

Was also hat Muhammad genau empfangen? Denn dass er etwas empfangen hat, steht für Abu Zaid zweifelsfrei fest. Die Tradition nennt das von Muhammad Empfangene nicht eine aus menschlicher Sprache bestehende Botschaft, sondern *wahy*. Die zweite entscheidende Frage, die sich Abu Zaid stellt, lautet also: Was genau ist *wahy*? Dieser Begriff hat für die meisten der hier behandelten Denker eine ganz zentrale Bedeutung:

Wahy wurde in der westlichen Islamwissenschaft mal mit Eingebung oder Inspiration übersetzt, mal weniger treffend mit Offenbarung. Tilman Nagel zufolge wird die Verbform gemeinhin mit »eingeben» oder «einflößen» übersetzt. Navid Kermani hat gezeigt, dass *wahy* zunächst grundsätzlich nicht mehr als eine Art Kommunikation bezeichnet, die weniger deutlich als die Alltagsrede ist. So kann die Inspiration des Dichters ebenfalls als *wahy* bezeichnet werden, was auf den vorislamischen arabischen Sprachgebrauch zurückgeht, der vielfältige Zusammenhänge kannte, von denen sich einige bis heute erhalten haben. In der vorislamischen Poesie findet sich *wahy* auch im Sinne von »Andeutungen machen» (zum Beispiel mit den Händen oder den Augen), aber auch als Synonym für «Schreiben».

Auch die koranische Verwendung von *wahy* ist vielfältig. Manche Korangelehrte haben es als «eine Art himmlisches (immaterielles) Gespräch» verstanden (Tabataba'i 1983, 85). Denn nicht nur Propheten erfahren *wahy*, sondern ebenso Engel, einfache Menschen, Tiere (16:68) oder sogar die Erde und der Himmel (99:5; 41:12). Die dämonische Einflüsterung des Satans ist ebenso eine Art von *wahy*.

Grundsätzlich gilt: Jede Kommunikation Gottes mit einem Menschen, gleich, ob sie direkt erfolgt oder indirekt über Engel, kann als *wahy* bezeichnet werden, also auch die Offenbarungen der Propheten vor Muhammad. Die Islamwissenschaftler Theodor Nöldeke und Friedrich Schwally haben bemerkt,

> dass die Muslime mit dem Worte Wahy, Offenbarung, nicht bloß den Qor'an bezeichnen, sondern jede Inspiration des Propheten, jeden göttlichen Befehl an ihn, auch wenn dessen Worte nie als qoranisch verkündigt worden sind. (Nöldeke/Schwally 1961, 21–22)

Damit spielen sie auf die *hadith qudsi* genannten Inspirationen Muhammads an, das heißt die außerkoranischen Gottesworte. Der Gelehrte Suyuti (gest. 1505) unterscheidet zwischen vier Arten von *wahy*: a) *Wahy* unter Glockengeläut, b) durch Eingebungen des Heiligen Geistes in Muhammads Herz, c) durch Gabriel in Menschengestalt, d) unmittelbar durch Gott, entweder im Wachen, wie bei der Himmelfahrt, oder im Traum. Andere Theologen fügen noch bis zu sechs weitere Arten hinzu.

Prinzipiell lassen sich aber zwei Grundformen ausmachen, die der Islamwissenschaftler Tor Andrae auditiv und visionär nennt. Auditiv sei eine Offenbarung, bei der eine Stimme in das Ohr oder in das Herz des Propheten spricht. So setzt das im Koran oft benutzte *qul* («sprich!») *wahy* durch das Gehör voraus. Der Koran erwähnt aber auch Visionen. Diese empfindet Tor Andrae als weniger eindeutig, ihr Sinn hat «oft eine geheimnisvolle symbolische Tiefe, welche die Seele mehr ahnt als klar erfasst» (Andrae 1932, 39).

Entweder gibt also Gott seine Botschaft direkt ein oder er offenbart sich dem Menschen indirekt über einen Boten. Auch für die direkte Offenbarung finden sich im Koran zwei Formen. Die erste ist diejenige, welche die Gelehrten *ilham* genannt haben. Sie vollzieht sich ohne Worte. Dies ist der Fall bei den Engeln und bei der Mutter Moses, der von Gott die Weisung eingegeben wurde, ihren Sohn zu stillen. Eine andere Form von direkter Offenbarung ist «die Rede hinter der Trennwand», wie sie Moses geschah, dem als einzigem Menschen das Privileg zukommt, dass Gott direkt mit ihm gesprochen hat.

Unstrittig ist unter den traditionellen Gelehrten, dass Gott mit Muhammad nicht direkt, sondern über einen Vermittler, den Engel Gabriel, kommunizierte. Gabriel bedient sich wieder des *wahy*, der nonverbalen Kommunikation, woraus man schließen muss, so Abu Zaid, dass *wahy* kein Synonym für das Sprechen Gottes ist. Daher kann *wahy* nicht mit dem Koran gleichgesetzt werden. Von dieser Gleichsetzung gehen heute allerdings viele muslimische wie nichtmuslimische Gelehrte aus.

Spricht Gott Arabisch?

Damit hängt für Abu Zaid die Frage zusammen, was es bedeutet, wenn der Koran wiederholt betont, dass er in «einfa-
chem Arabisch» offenbart wurde. Es könne kaum heißen,
dass Gott Arabisch spricht, denn laut Koran ist der Islam ein
und dieselbe Botschaft, die alle Propheten seit der Erschaffung der Welt gepredigt haben. Das bedeutet, dass Gott die
Sprache der Menschen berücksichtigt, zu denen er seinen Boten schickt. Deshalb heißt es im Koran Sure 14:4: «Wir sandten keinen Abgesandten, außer in der Sprache seines Volkes,
um ihnen Klarheit zu verschaffen.»

Es ist für Abu Zaid daher nicht sehr wahrscheinlich, dass
ausschließlich der Koran das Wort Gottes darstellt und dieses Wort an die arabische Sprache gebunden ist. Andernfalls
müsste man Arabisch für eine heilige Sprache halten.

Laut Abu Zaid muss zwischen den drei Aspekten des Korans unterschieden werden: seinem Inhalt, seiner Sprache
und seiner Struktur. Das Attribut des Göttlichen kommt dabei allein der Quelle des Korans zu. Das wird allein schon
durch seine Entstehungsgeschichte deutlich: Der Koran wurde ursprünglich mündlich überliefert. In der islamischen Literatur heißt es überall, dass Gabriel während jeder einzelnen Offenbarung dem Propheten zunächst Verse vermittelte,
die Muhammad dann später seinen Gefährten rezitierte. Diese Verse oder Passagen wurden zu Kapiteln zusammengefügt
und teilweise in eine schriftliche Form gefasst. Auch da sind
sich die islamischen Quellen absolut einig. Nach dem Tode
des Propheten wurden diese Kapitel schließlich gesammelt,
geordnet und in Buchform niedergeschrieben.

Wenn es heißt, der Koran sei das authentische Gotteswort,
dann sind, so Abu Zaid, auch linguistische Aspekte zu beden-
ken. Die damalige arabische Schreibweise unterscheidet sich
vom heutigen Arabisch, bei dem Punkte und Vokalzeichen
die Vokalisierung eines Wortes angeben und zu größerer
Klarheit und Eindeutigkeit bezüglich der Wortbedeutung
beitragen. Als der Koran zum ersten Mal schriftlich fixiert

wurde, wurden nur die Konsonanten wiedergegeben. Das erste, vom Kalifen Uthman in Auftrag gegebene Koranmanuskript war im Grunde ein nicht lesbarer Text – eher eine Notation, die beim Rezitieren als Gedächtnisstütze diente.

Um Missverständnissen beim Lesen vorzubeugen, hat man im Laufe der Zeit die Vokale in ihrer kurzen Form mit unterschiedlichen Zeichen über oder unter dem zugehörigen Konsonanten bezeichnet. Den so gewonnenen «Lesehilfen» kommt eine große Bedeutung zu, weil sie zwischen unterschiedlichen Varianten Klarheit schaffen. Im frühen Arabisch war dies allerdings noch nicht üblich, und so ist dieses Vokalisierungssystem erst nachträglich in den von Uthman erstellten Koran eingefügt worden. Dieses Problem erläutert Abu Zaid ausführlich in *Mohammed und die Zeichen Gottes*.

Ferner ist überliefert, dass es bereits in Muhammads früher Gemeinde Unstimmigkeiten gab, wie ein bestimmter Ausdruck gelautet habe. Der eine sprach sich für diese Vokalisierung aus, der andere für jene, woraufhin beide zu Muhammad gingen und ihn fragten, wer von ihnen denn nun Recht habe. Muhammad hörte sich die Fassung des einen an und bestätigte, dass sie richtig sei, und er hörte sich die Fassung des anderen an und erklärte, so stimme es auch. Daraufhin erklärte er: Es bleibt Gottes Botschaft, solange ihr nicht etwas Verbotenes zu etwas Erlaubtem erklärt und etwas Erlaubtes zu etwas Verbotenem. Abu Zaid zitiert hierfür den Historiker und Juristen at-Tabari (839–923), der dies in der Einleitung zu seinem Korankommentar beschreibt, weil die mehrdeutige Auskunft die Leute verwirrte. Für Abu Zaid ist damit das Prinzip klar: Inhaltlich sollte nichts umgeschrieben werden, aber bisweilen erlaubte es Muhammad, dass ein einzelnes Wort durch ein anderes ersetzt wurde, um das Verständnis zu erleichtern.

Indem der Koran Stück für Stück, nach und nach offenbart wurde, reagierte er auf die Bedürfnisse und Forderungen der Gemeinde. Weil er Antworten auf die Fragen der Gemeinde gab, entwickelte sich langsam der gesetzliche Charakter des Korans. Er spiegelte also das dialektische Verhältnis von Gottes Wort und menschlichen Interessen wider. Das ist ein weiterer zentraler Punkt Abu Zaids:

> In diesem sehr komplizierten Dialogprozess gibt es Überredungsversuche, Polemik und Widerspruch. Es ist im Koran selbst sehr offensichtlich, dass auch Muhammads gesamte Anhängerschaft dabei eine große Rolle spielte. Da gibt es Sätze wie: Sie haben Dich gefragt, Du sagst ihnen. Ich bin deshalb heute davon überzeugt, dass wir den Koran nicht einfach als einen Text betrachten dürfen, sondern als eine Sammlung von Reden. Wir müssen aber bei jeder Rede jeweils schauen, wer da gerade spricht. Und wer sind die Zuhörer? Um was für eine Art Rede handelt es sich? Es geht nicht nur darum, zum historischen Text zurückzukehren, sondern auch zu dessen komplizierter Struktur. Mit einem solchen Zugang zum Koran verstehen wir ihn und das, was damals eigentlich passiert ist, besser. Wichtig ist dabei nicht zuletzt die Frage, ob die Art und Weise der Rede unserer Zeit etwas offenbaren möchte oder ob sie einfach dem historischen Kontext der Offenbarung geschuldet ist. Diese Unterscheidung ist keine leichte Aufgabe, auch weil es gar nicht einfach ist, jeweils die einzelnen Reden zu identifizieren. (Orth 2008, 341)

Durch die Kanonisierung des Korans kam es zu einer neuen Anordnung der Verse und Kapitel, die nicht mehr der chronologischen Ordnung entspricht. Es wurden sogar verschiedene Reden, die zu unterschiedlichen historischen Anlässen offenbart wurden, zu einer zusammengefasst. So wurde aus dem rezitierten Koran ein Buch (*kitab*).

Auch das belegt für Abu Zaid, dass das ursprüngliche Wort Gottes in seiner unbegreiflichen Absolutheit, das heißt, bevor es auf Arabisch ausgedrückt wurde, heilig und göttlich ist; sein manifester Ausdruck ist es hingegen nicht. Gleichgültig, ob man der Doktrin der Muʿtaziliten von der «Erschaffung des Korans» folgt oder nicht – die Schlussfolgerung ist immer dieselbe: Der Koran, den wir lesen und interpretieren, ist nicht mit dem ewigen Wort Gottes identisch.

Der Koran, den die Menschen nun vor sich haben, sagt Abu Zaid, ist eine Botschaft, die Gott den Menschen durch den Propheten Muhammad, einen Menschen, übermittelt hat. Da aber Gott als der «Absender» des Korans nicht Gegenstand einer wissenschaftlichen Untersuchung sein könne, ist die Analyse des kulturhistorischen Kontexts des Korans der einzige Zugang zur Entdeckung seiner Botschaft.

Folglich muss der Koran, der im Licht seines historischen, kulturellen und sprachlichen Kontextes dekodiert wurde, unter Einbeziehung des heutigen kulturellen und sprachlichen Kontextes des Interpreten abermals neu gedeutet werden. So kommt es zu der interpretativen Vielfalt, die die islamische Geschichte ausmacht.

Gerade wenn die Botschaft des Islams für die gesamte Menschheit unabhängig von Zeit und Ort gültig sein soll, muss es eine Vielfalt von Interpretationen geben. Aber weil sie davon überzeugt sind, dass der Koran der exakte Wortlaut Gottes ist, stehen viele Muslime einer historischen Lesart des Korans ablehnend gegenüber. Doch das soll uns nicht abschrecken, sagt Abu Zaid:

> Mein Glaube an Gottes Offenbarung und an Muhammads Prophetentum wird doch kein bisschen dadurch erschüttert, dass ich im Koran eher das Ergebnis einer göttlichen Eingebung als den exakten göttlichen Wortlaut sehe. (Abu Zaid 2008, 76)

Weil Abu Zaid im Koran nicht den exakten göttlichen Wortlaut sieht, eröffnen sich durch seine Interpretation des Korans Möglichkeiten zu gesellschaftlichen und politischen Reformen, die er für bitter nötig hält. Der Koran muss dann nicht als Autorität für alles zu Befolgende und Verbotene herangezogen werden. Man muss ihn nicht mehr fragen, wie er zu Demokratie, Menschenrechten oder Pressefreiheit steht.

Das Verhängnis Politik

Abu Zaid bedauert, dass ein Dogma entstanden ist, wonach die Autorität des Korans über den Glauben hinausgeht und alle Bereiche der Gesellschaft und des Wissens erfasst. Für ihn steht dessen religiöse, spirituelle und ethische Dimension im Zentrum.

Das erläutert Abu Zaid anschaulich, wenn er von seinen persönlichen Erfahrungen mit der Religion berichtet. In seiner Kindheit, im Dorf, war der Glaube für die Menschen eine Motivation, gut und gerecht zu handeln. Er war der eigentliche Grund dafür, dass die Menschen sich verantwortlich fühlten und selbst so etwas wie einen sozialen Ausgleich schufen. Die Leute lebten den Glauben, ohne groß darüber zu reden. Heute dagegen, so Abu Zaid, redeten die Menschen permanent über die Religion, aber die Werte, die sie vermittelt, fehlten in der ägyptischen Gesellschaft:

> Im Dorf bestand der Glaube aus Riten und ethischen Normen, nicht aus Staat und Gesetz. [...] Das Prinzip, wonach die Leute handelten, war: «*ad-dînu 'ibâdât wa-mu'âmalat* – Die Religion besteht aus Gottesdiensten und Handlungen». [...] Gott mag eine Vernachlässigung der Pflichten vergeben, aber nicht die schlechten Taten des Menschen, es sei denn, dass derjenige, dem du unrecht getan hast, dir vergibt. Gott kann dir verzeihen, dass du nicht betest, aber Er verzeiht dir nicht, wenn du einen anderen bestiehlst. [...]
>
> Da für uns der Kern der Religion in den Handlungen des Menschen lag, war es im Dorf kein Skandal, wenn einer nicht betete. Man konnte ihn auslachen, Witze über ihn machen, aber niemand behauptete, er sei ein Ketzer. Wenn einer im Ramadan nicht fastete, fand man Entschuldigungen für ihn; man sagte, er arbeite schwer oder fühle sich nicht wohl. Man fand es nicht gut, aber man tolerierte es. Ungerechtes, betrügerisches Verhalten verzieh man hingegen nicht. Der Islam, wie ich ihn in meiner Kindheit

kennengelernt habe, besteht aus den religiösen Pflichten, die zu befolgen Privatsache ist, sowie den Handlungen des Menschen, die für die Mitmenschen und die Gesellschaft Auswirkungen haben und damit also keine Privatsache sind. (Abu Zaid 1999, 50–51)

Für Abu Zaid liegt das Problem darin, dass das Prinzip *ibadat wa-mu'amalat,* die Tatsache also, dass die Religion aus Gottesdiensten und Handlungen besteht, im 20. Jahrhundert nach und nach umgedeutet worden ist. Aus «Gottesdiensten und Handlungen» wurde in den 1940er Jahren bei Scheich Shaltut, dem berühmten Rektor der Azhar-Universität, Glaube und Gesetz *('aqida wa shari'a)*. Die Fundamentalisten interpretierten *ibadat wa-mu'amalat* dann als Religion und Staat *(din wa daula)* und behaupteten, der Staat sei nötig, um die Religion zu festigen. Deshalb konnte es für sie ohne einen islamischen Staat keinen Glauben geben.

Das Schlagwort vom Islam als Einheit von Religion und Staat entspricht jedoch weder den Lehren des Islams noch dem tatsächlichen Verlauf der Geschichte, betont Abu Zaid und zitiert dazu den Theologen al-Amidi, der im 12. Jahrhundert schrieb: «Wir wollen jetzt die Frage der Führung und des Kalifats behandeln, die nicht zu den Prinzipien *(usul)* des Glaubens gehört.» Die Wahl des Herrschers erfolgte nach den Regeln der Gesellschaft. Im Koran festgelegt sind sie nicht. Entsprechend war der Konflikt um die Nachfolge Muhammads ein politischer, kein religiöser. Abu Zaid ist sich sicher, dass es besser ist, wenn die Religion gerade nicht Staat ist:

Wo die Religion Staat ist, besteht die Gefahr, dass sie mit allen Unzulänglichkeiten [der Regierenden] oder – wie in Iran – mit den Verbrechen des Staates identifiziert wird. (Abu Zaid 1999, 56)

Religion soll mit Politik möglichst wenig zu tun haben. So habe auch das Fehlen der Demokratie in den islamischen Gesellschaften zwar viele Ursachen – soziale, kulturelle, gesellschaftliche, innen- und außenpolitische –, aber mit dem Islam habe all das nur wenig zu tun. Deshalb kritisiert Abu Zaid sowohl die Gegner als auch die Befürworter der Demokratie, die den Islam zur Rechtfertigung ihrer Ansicht benutzten. Beispielsweise verwiesen die muslimischen Demokraten darauf, dass der Islam die *shura*, die «Beratung», kenne, und zitieren Sure 42:38:

> die ihrem Herrn willfahren und das Gebet verrichten
> und deren Richtschnur gegenseitige Beratung ist
> und die von dem, womit wir sie versorgten, spenden

Wer die Demokratie will, sagt also, dass der Islam für die Demokratie sei, weil er die *shura* befürworte; wer sie nicht will, sagt, der Islam befürworte keine Demokratie, sondern eine *shura*. Jeder findet im Text, was er sucht, jeder benutzt den Koran als Steinbruch. Beiden Lagern wirft Abu Zaid vor, den Kontext und die Bedeutung des Verses zu ignorieren: Die *shura* sei weder identisch mit der Demokratie noch sei sie islamisches Gesetz; sie sei kein islamisches politisches System, sondern die Praxis der Stämme in vorislamischer Zeit, sei es doch damals üblich gewesen, dass sich der Oberste mit den Mitgliedern des Stammes berät. Wenn der Koran also von der *shura* spricht, so Abu Zaid, dann spricht er über etwas Bestehendes. Der Vers ist kein Gesetz, sondern eine Beschreibung.

> All das ist interessant, aber es beantwortet nicht die Frage, wie wir es heute zu einem demokratischen System bringen. Die *shûra* hilft uns, die wir nicht mehr im Verband eines Stammes leben, nicht weiter. Die Organisation des politischen Lebens, das soziale System, die Strukturen des Staates sind keine religiösen Angelegenheiten. Sie sind nach der Maßgabe unserer Erfahrungen, unserer Vernunft und dem Willen der Bürger zu regeln. Während ich das sage, weiß ich schon, wie der reflexartige Einwand lauten wird: Wer Religion und Politik trennt, trennt die Religion von der Gesellschaft. Aber das ist weder zwingend noch folge-

richtig. Der Einwand ist Ausdruck einer Konfusion, die bei manchen Muslimen und fast allen Islamisten herrscht. Sie setzen Staat und Gesellschaft gleich. (Abu Zaid 1999, 62)

Ein weiteres Missverständnis sieht Abu Zaid in der Annahme, dass heute die Existenz eines islamischen Staates mit der Durchsetzung der Scharia verknüpft wird. Der Koran verkündet Gesetze, erklären die Islamisten, und um sie anwenden zu können, bedarf es eines religiös definierten und ausgerichteten Staates. Die Tendenz geht also dahin, jenen kleinen Teil des Korans, der von juristischer Relevanz ist, als dessen eigentliche Botschaft anzusehen. Alle anderen Verse, bemängelt Abu Zaid, gerieten darüber in den Hintergrund. So verwandelt sich der Koran in einen Gesetzestext. Dabei sei er eine umfassende religiöse und spirituelle Verkündigung, die unter anderem eine Reihe juristischer Bestimmungen enthält, die keiner politischen Macht bedürfen, um zur Anwendung zu gelangen. Ihre Anwendung hängt von der Überzeugung der einzelnen Menschen ab. Keine Religion ist, so Abu Zaid, auf die Autorität des Staates und die Macht seiner Organe angewiesen, damit ihre Prinzipien und Normen durchgesetzt werden. Der Glaube ist eine Angelegenheit zwischen Gott und dem Individuum, sagt Abu Zaid, und widerspricht damit deutlich allen Islamisten. Wer den Glauben zu einer Sache des Staates mache, misstraue dem Individuum und letzten Endes Gott, der dem Menschen im Koran die Wahl gelassen habe, zu glauben oder sich von ihm abzuwenden. Er misstraue dem Vertrauen Gottes in das Individuum.

Auch hier unterscheidet sich Abu Zaid eklatant von zeitgenössischen Islamisten, die meinen, die Menschen sollten notfalls sogar mit Zwang dazu gebracht werden, islamische Vorschriften einzuhalten, und die ihnen keinerlei Wahlfreiheit im Glauben zugestehen. Es ist diese Betonung der individuellen Ebene zwischen dem Menschen und seinem Gott, die Abu Zaid für den Menschen vor den Islamisten retten will. Deshalb erachtet er auch die Verbindung von Staat und Religion nicht nur für nicht zwingend, sondern sogar für den einzelnen Gläubigen für gefährlich: Falls der einzelne Gläubige ein Verständnis von seiner Religion oder von Gott hat, das von dem Verständnis abweicht, das der Staat hat, dann kann dieser Gläubige seinen Glauben nicht ausüben. In einem solchen Staat, das befürchtet Abu Zaid – und Beispiele wie Iran belegen, wie berechtigt seine Sorge ist –, wird allein das religiöse Verständnis der Herrschenden akzeptiert. Alle anderen Lesarten und Ansichten werden dagegen zur Häresie erklärt. In einem solchen Staat verwandelt sich dieser in eine Kirche, was das Beispiel der Islamischen Republik ebenfalls deutlich vor Augen geführt hat. Die Islamisten, so beklagt Abu Zaid, wollen die Menschen bevormunden, um sicherzugehen, dass diese Gottes Gesetze befolgen.

> Dabei ist es die Verantwortung eines jeden Muslims, die Gesetze Gottes zu befolgen, und nicht die Verantwortung einiger weniger, die an der Macht sind. Vielleicht einigt sich die Mehrheit auf ein Gesetz, das der Scharia widerspricht. Vielleicht verständigt sich die Mehrheit auf eine Politik, die mit den Prinzipien des Islams nicht im Einklang ist. Das ist eine berechtigte Angst. Aber es ist nicht berechtigt, wegen dieser Angst den Menschen die Entscheidung abzunehmen. Es gibt keine eingeschränkte oder halbe Demokratie. (Abu Zaid 1999, 64)

Gerade weil Nasr Hamid Abu Zaid jede Unterdrückung der Meinungsfreiheit strikt ablehnt, hat er sich sogar für Shahin eingesetzt, jenen Gutachter, der mit seinem Häresievorwurf die ganze Kampagne gegen ihn auslöste und Ende der 1990er Jahre selbst dem Vorwurf der Ketzerei ausgesetzt war, weil er die koranische Schöpfungsgeschichte mit der Evolutionstheorie in Einklang bringen wollte.

Wenn Abu Zaid auf die Trennung von Religion und Politik Wert legte, dann bedeutet das nicht, dass er nicht auch als politischer Kritiker hervorgetreten wäre. Er fand deutliche Worte der Kritik an der ägyptischen Regierung unter Mubarak, die vorgab, die Islamisten zu bekämpfen. Die angebliche Demokratie in Ägypten hielt er für eine Farce: Die Wahlen waren nicht frei, die Parteien nicht gleichberechtigt, die Regierungspartei hatte ihre Legitimation allein dadurch, dass der Präsident ihr Mitglied war. Den ägyptischen Präsidenten Mubarak nannte Abu Zaid offen einen Diktator und fand es richtig, wenn die Islamisten ihn als einen Pharao beschimpften.

Auch mit Kritik am Westen sparte Abu Zaid nicht und ähnelt hierin den meisten Intellektuellen der islamischen Welt. So warf er dem Westen vor, die diktatorischen Regierungen der islamischen Welt zu unterstützen und dabei nur den eigenen Vorteil im Auge zu haben. Während einerseits der Militärputsch in Algerien gebilligt werde, werde andererseits kein Wort über Menschenrechtsverletzungen in Saudi-Arabien verloren, aber die ihm nicht hörigen Staaten Sudan und Iran angeprangert. Abu Zaid klagt den Westen an, das Spiel der diktatorischen Regierungen der arabischen Welt mitzuspielen; er unterstütze diese aus Angst vor dem Islam und sei so mitverantwortlich für die Zerstörung demokratischer Prozesse in der Region. Dieser Islam, den der Westen so fürchtet, sei jedoch eine Einbildung, ein Konstrukt.

Das Private ist politisch, ist Wissenschaft

Abu Zaid war ein Wissenschaftler, dessen persönliche Erfahrungen nicht von seiner Forschung zu trennen sind. Er sagte, dass er zum Beispiel nicht zwischen seiner persönlichen Haltung gegenüber Frauen, seiner Interpretation der koranischen Aussagen zur Frau, seinem Glauben an die Gleichberechtigung von Mann und Frau und der Persönlichkeit seiner Mutter trennen könne. Sie habe ihn gelehrt, an Gott als einen Schöpfer zu glauben, der keine Ungerechtigkeit zwischen den Geschlechtern duldet.

Wenn Abu Zaid über die Frauenfrage redete, bettete er sie stets in ihren sozio-politischen Kontext ein. So erklärte er, dass die Frauenfrage von den konservativen muslimischen Autoren im Zuge der Wirtschaftskrise und der wachsenden Arbeitslosigkeit aufgeworfen wurde: Zwar hatte die Revolution von 1952 den Frauen Zugang zu den Bildungseinrichtungen und zum Arbeitsmarkt gesichert, aber die anschließende Wirtschafts- und Entwicklungspolitik der Regierung war gescheitert. Anstatt die wahren Ursachen, nämlich die Fehler der Wirtschaftspolitik, zu benennen, wurde plötzlich behauptet, die Frauen seien schuld an der Arbeitslosigkeit, weil sie den Männern die Arbeitsplätze wegnähmen. Als Lösung schlug man vor, die Frauen wieder nach Hause zu schicken. Für ein politisch-ökonomisches Problem, so Abu Zaid, boten die muslimischen Denker also eine Lösung an, die eminent politisch war, von der sie aber behaupteten, sie stütze sich auf die Religion. Als ihm klar wurde, dass hier mit gezinkten Karten gespielt wurde, begann er, den Koran im Hinblick auf die Frauenfrage zu studieren, und stellte fest, dass eines der grundlegenden Anliegen des Korans die Befreiung der Frau ist. Gerade die mekkanischen Suren sind Manifeste für die Gleichberechtigung. Wenn es in der Schöpfungsgeschichte 4:1 heißt,

Ihr Menschen! Fürchtet euren Herrn,
der euch aus *einem* Wesen schuf
und der daraus sein Gegenüber schuf
und der aus beiden viele Männer und
Frauen entstehen ließ!

dann muss dies als Aufforderung an die Muslime verstanden werden, Gleichberechtigung zu schaffen. So sehr Abu Zaid den Koran auch als literarischen Text bezeichnet, er reduziert ihn nicht auf seine poetischen Elemente. Nach wie vor gilt ihm dieser als ein Buch der Rechtleitung, auch im Hinblick auf Gender-Fragen.

Was aber ist der Islam für Abu Zaid? Er ist für ihn sehr einfach und doch gleichzeitig eine Ordnung, die viel umfassender ist als alle Theologie und alle Rituale.

Muslim ist, vor dessen Hand und Zunge die Menschen sicher sind. Jeder ist Muslim, der mit seinen Mitmenschen und dem Universum sorgsam umgeht und sich bemüht, eine gute Spur zu hinterlassen. (Abu Zaid 1999, 207–208)

Vielleicht brachte ihn das zu dem Projekt *Libforall.* Die Kurzform steht für Liberty for All, also Freiheit für alle. Dieses transnational vernetzte Projekt wurde in Indonesien begründet. Es soll die Mystik stärken als einen Gegenpol zum Rechtsislam und zum orthodoxen wahabitischen Islam, der sich starr am Wortlaut des Korans orientiert, der zum Gesetz erklärt wird. Abu Zaid und seine Mitstreiter bei *Libforall* führen im Unterschied hierzu Koranverse, die gewalttätig und inhuman anmuten, darauf zurück, dass die Menschen den Koran und dessen Wahrheit nicht verstanden haben. In diesem Sinne formuliert auch *Libforall*:

> Die den Islam als eine Religion der Fanatiker sehen, kennen oft seine innere Dimension nicht, wie sie von den großen Mystikern enthüllt wird, die den Pfad der Liebe erleuchtet und traditionelle muslimische Gesellschaften mit ihrem Wissen und ihrer Toleranz inspiriert haben. Auch heute stehen mystisch orientierte Muslime an vorderster Front im Kampf gegen Ideologie. Sie haben keine Angst, sich dem Kidnapping durch jene entgegenzustellen, die behaupten, für Gott im Namen aller Muslime zu sprechen. (Libforall)

In Indonesien habe er gegen Ende seines Lebens das lächelnde Antlitz des Islams gesehen, sagte Abu Zaid kurz vor seinem Tod seiner Frau.

Als Mubarak im Februar 2011 gestürzt wurde, bedauerten viele Freunde Abu Zaids, dass er das nicht mehr miterleben konnte: eine gesamtgesellschaftliche Bewegung, die friedlich demonstriert und deren Parolen Freiheit, Mitbestimmung, Rechtsstaatlichkeit und Demokratie waren. Es werden viele seiner Studenten gewesen sein, die ganz vorne mitmarschierten. Die Saat, die Abu Zaid und andere ausgestreut hatten, ging mit der friedlichen Revolution auf – so zumindest empfanden es viele.

Abu Zaid fehlt den Ägyptern heute. Er hätte als wichtige Stimme bei der Organisation des Übergangs zu einer zivilen und demokratischen Gesellschaft wirken und seiner Überzeugung Ausdruck verleihen können, dass die Religion kein Hindernis für die Demokratie ist und die Menschenrechte auch ohne religiöse Legitimierung der ganzen Menschheit gehören.

4 Fazlur Rahman: Vom Koran zum Leben und wieder zum Koran

Ein traditioneller Gelehrter

Fazlur Rahman (eigentlich: Fazl ur-Rahman Malik), eine der wichtigsten Stimmen innerhalb der Diskussion um die Reform des islamischen Denkens im 20. Jahrhundert, wurde am 21. September 1919 in der Provinz Hazara geboren, die heute in Pakistan liegt. Sein Vater, Mawlana Shihab ad-Din, war ein ʿalim, ein religiöser Gelehrter. Von ihm erhielt Rahman eine Ausbildung in den klassischen Disziplinen der islamischen Wissenschaften, in *tafsir* (Exegese), Hadith (Überlieferung), *fiqh* (Jurisprudenz), *usul al-fiqh* (Grundlagen der Rechtswissenschaft), *kalam* (Theologie) und *falsafa* (Philosophie). Nach dem Abitur besuchte er die Punjab University in Lahore und erwarb dort einen BA und einen MA in arabischer Literatur.

Im Anschluss daran ging Rahman nach Oxford, wo er seine Dissertation über den persischen Philosophen Avicenna (980–1037) schrieb. Nachdem er seine Promotion abgeschlossen hatte, lehrte er von 1950 bis 1958 an der Durham University in Großbritannien islamische Philosophie. Schnell empfand er jedoch die Philosophen zwar als sehr klug in ihren Argumenten, «aber ihr Gott blieb ein blutleeres Prinzip – ein bloß intellektuelles Konstrukt ohne Kraft und Leidenschaft» (Moosa 2000, 5). Deshalb wandte er sich der Theologie und speziell den religiösen Denkern zu, die – wie al-Ghazali (1058–1111), Ibn Taymiya (1263–1328) und Shah Wali Allah (1703–1762) – eine Symbiose zwischen ihrer Expertise in Jurisprudenz und der Theologie herstellten. 1958 übernahm Rahman am Institut für Islamwissenschaft der McGill Universität in Kanada die Position eines Assistenzprofessors. Dort blieb er drei Jahre, bis er auf Betreiben von General Ayyub Khan, dem damaligen Präsidenten Pakistans, in sein Heimatland zurückkehrte. Ayyub Khan wollte ihn als Direktor des Islamic Research Institute haben, das laut Rahman gegründet worden war, um die Regierung in ihrer religiösen Politik zu beraten. Diese sollte auf islamischen Prinzipien gründen, von Rahman und seinen Mitstreitern jedoch interpretiert und an die sich verändernden Bedingungen in der modernen Welt angepasst werden.

Das Institut sollte vor allem dem Modernisierungsprojekt Ayyub Khans intellektuelle Unterstützung und Rückendeckung liefern. Pakistan, als Heimatland für Muslime gegründet, war von Anfang an zwischen dem traditionalistischen Islam der Bevölkerung und dem modernen Islam der intellektuellen und säkularen Elite des Landes zerrissen. Dem Präsidenten lag daran, die Modernisierung voranzubringen, ohne die Traditionalisten gegen sich aufzubringen. Mit seiner traditionellen islamischen Gelehrsamkeit und aufgrund seines langjährigen Kontaktes zum Westen schien Rahman einer der wenigen zu sein, der dieser Herausforderung gewachsen war.

In seiner neuen Position sah Rahman eine Möglichkeit, das religiöse Establishment zu reformieren, vor allem dessen Ausbildungssystem. Denn jede islamische Reform müsse mit der Bildung anfangen. So begann er, junge Akademiker darin zu trainieren, sich der islamischen Tradition von einer kritischen Perspektive aus zu nähern. In der Zeitschrift *Islamic Studies*, die das Institute for Islamic Research herausgab, äußerte sich Rahman zu allen aktuellen Fragen des islamischen Denkens, beispielsweise zur Position des Individuums oder den Auswirkungen der Modernisierung auf die Religion. Dabei nahm er durchaus auch Fragen auf, die von westlicher Seite an ihn herangetragen wurden. So schreibt er, dass der Islam im Westen als eine Religion gesehen werde, die die Gemeinschaft und nicht das Individuum betone. Immer wieder jedoch wandte er sich explizit an ein pakistanisches Publikum – vor allem an seine Gegner unter den Geistlichen. An sie gerichtet erklärte er, dass wenn der Staat Pakistan die Probleme, die sich zwischen Islam und Moderne ergeben, nicht löse, unweigerlich die Säkularisierung folge.

Ein wesentlicher Teil der ihm von Ayyub Khan übertragenen Aufgabe bestand darin, der Politik praktische Ratschläge bei jeder Art islamischer Fragestellung zu geben: Dabei reichte das Spektrum vom Zinsverbot bis zur Almosensteuer und dem Familienrecht. In all diesen Punkten nahm Rahman einen liberalen Standpunkt ein, was ihn schnell mit dem traditionalistischen religiösen Establishment in Konflikt brachte. Der heftigste Widerstand, der sich meistens gegen Frauenrechte und die Reform des Familienrechts richtete, kam von den Konservativen. Die Unzufriedenheit der politischen Gegner Ayyub Khans fand in Rahman eine ideale Zielscheibe, symbolisierte er für sie doch die schlimmsten Aspekte des Modernisierungsprojekts: die religiöse und soziale Reform.

So geriet der Gelehrte nicht nur zwischen die Fronten, er wurde sogar zum Faustpfand im Machtkampf zwischen dem Präsidenten und dem mächtigen religiösen Establishment. Um die Reformbereitschaft der Regierung zu attackieren, griff die Opposition den Architekten dieser Reform an und dämonisierte ihn. Der tief verwurzelte Traditionalismus und der Analphabetismus der Massen verschärften das Problem zusätzlich. Als es in einer von Hysterie geprägten Atmosphäre sogar zu Morddrohungen gegen Rahman kam, trat er schließlich von seinem Posten zurück.

Konkreter Anlass für die Drohungen war die Übersetzung seines Buches *Islam* ins Urdu gewesen. Ihm wurde vorgeworfen, behauptet zu haben, der Koran sei nicht göttlich – was so nicht stimmte. Als Reaktion auf den öffentlichen Aufschrei gaben Rahman und der Justizminister S. M. Zafar eine Pressekonferenz. Die Situation war so aufgeladen, dass der Justizminister, der während der Pressekonferenz dem Geschmähten seine vollkommene Unterstützung zugesagt und erklärt hatte, er finde *nichts Anstößiges* an dessen Formulierungen, die Journalisten danach dazu aufforderte, den Wortlaut *nichts Anstößiges* zu streichen. Für die Politiker war es eine Interessenabwägung: Politik versus Prinzipien. Rahman wurde der Politik geopfert.

Daraufhin verließ er mit seiner Frau und seinen Kindern Pakistan und nahm sein akademisches Leben im Westen wieder auf. Er folgte einem Ruf auf eine Professur für Islamisches Denken an der University of Chicago, wo er bis zu seinem Tod im Jahr 1988 blieb. Zu seinen Schülern zählt beispielsweise Michael Sells, der heute Professor für Islamische Geschichte und Literatur an der Divinity School der University of Chicago ist. Earle H. Waugh, ein weiterer Schüler, würdigte Rahmans Leben, Denken und Wirken sowie seine Bedeutung für den Islam in Amerika in einem Aufsatz und in einer Monographie. Laut Waugh war er für die amerikanische Universitätslandschaft ein vollkommen neues Phänomen, da er sich strikt gegen den neutralen Säkularismus der Wissenschaftler stellte. Über seinen Lehrer Rahman schreibt Waugh:

> Fazlur Rahman verfügte über eine Strenge des Denkens und des Herzens, gegen die man Einspruch erheben konnte, aber man konnte sich ihr nicht entziehen. Gleichermaßen entsetzt über schlampige Wissenschaft unter Muslimen wie unter seinen Studenten, war er ein unnachgiebiger muslimischer Gelehrter, der Selbstkritik über alles stellte. Er wäre sicher keine Kompromisse in den essentiellen Bereichen des islamischen Glaubens eingegangen, wie viele seiner Studenten bezeugen, aber er wandte nichts gegen die Behauptung ein, dass es andere Wege gebe für einen verbindlichen Islam als jene, die durch die islamische Geschichte für gültig erklärt worden waren. (Waugh 1999, 31)

In Chicago spielte er auch eine bedeutende Rolle bei der Ausbildung von muslimischen Doktoranden. Diese kamen vor allem aus der Türkei und Indonesien zu ihm, weshalb seine Ideen später besonders dort verbreitet wurden. Seine Studenten Mehmet Aydın, Mehmet Dağ und Alparslan Acıkgenc haben seine Gedanken in der Türkei durch Übersetzungen zugänglich gemacht. Abgesehen von der Türkei wird er bis heute vor allem in Indonesien rezipiert, in den arabischen Ländern und Iran hingegen weniger. Ins Türkische und Indonesische sind denn auch alle seine Hauptwerke übersetzt.

Rahman hatte maßgeblichen Einfluss auf die sogenannte Ankaraner Schule, die Mitte der 1990er Jahre an der Universität Ankara entstand und ab 1996 ihre Ideen über die islamwissenschaftlich-theologische Zeitschrift *Islamiyat* verbreitete. Die Initialzündung für das neue Denken an der Ankaraner theologischen Fakultät gaben neben den Veröffentlichungen seine regelmäßigen Türkeibesuche. Ein Vertreter dieser Schule ist zum Beispiel der seit 2007 in Frankfurt am Main lehrende Theologieprofessor Ömer Özsoy, den Felix Körner, der sich eingehend mit der Ankaraner Schule auseinandergesetzt hat, als Fazlur-Rahmanisten bezeichnet.

Dass Rahman in der arabischen Welt nur wenig rezipiert wurde, dürfte damit zusammenhängen, dass es vielen Arabern bis heute an Vertrauen in die Fähigkeiten nicht-arabischer Denker und Intellektueller mangelt. Obschon bereits in der Frühzeit der islamischen Geschichte gerade diese eine herausragende Rolle spielten – die Perser Tabari (839–923) und Zamakhshari (1075–1144) sind innerhalb der koranischen Wissenschaften nur die herausragendsten Beispiele –, ist man dort immer noch der Meinung, nur Araber könnten den Koran verstehen. Der Einfluss nicht-arabischer Gelehrter ist somit eingeschränkt, obwohl gerade von ihnen heute die innovativsten Ansätze islamischen Denkens ausgehen, wie Abu Zaid einmal selbstkritisch feststellte.

Auch die deutsche Islamwissenschaft, der Englisch nicht als Sprache gilt, in der Muslime über den Islam schreiben, hat Rahman bisher kaum rezipiert. Deshalb gibt es im deutschsprachigen Raum keine Dissertation über den pakistanischen Denker, obwohl die Qualität seines Ansatzes beispielsweise der von Muhammad Shahrour, über den in den letzten Jahren gleich drei Doktorarbeiten erschienen sind, sicherlich nicht nachsteht, sondern – wie manche meinen – weit darüber hinausgeht.

Viele seiner ehemaligen Studenten hatten später in ihren Heimatländern hohe akademische Positionen inne – so beispielsweise Nurcholish Madjid, der bis zu seinem Tod im Jahre 2005 in Yogjakarta als Professor für Islamwissenschaft lehrte und ähnlich wie Rahman aus einer muslimischen Motivation heraus die Wissenschaft mit dem Einsatz für und in der Gesellschaft verband. Auch in den USA wurden seine Ansätze übernommen und weiterentwickelt. Die berühmtesten Beispiele hierfür sind Amina Wadud und Asma Barlas, die seine Ideen im Hinblick auf eine geschlechtergerechte Interpretation des Korans anwenden. Andere bekennen sich leidenschaftlich zu seinem ideellen Einfluss auf sie. Das gilt zum Beispiel für den Reformdenker Farid Esack, der ihn als »einen der tiefgründigsten Denker des Jahrhunderts« bezeichnet (Esack 2002, 11), oder für Ebrahim Moosa, der schreibt:

> Obschon ich kein Schüler von Fazlur Rahman war, halte ich mich für jemanden, der ungemein von seinen Schriften und Ideen profitiert hat. (Moosa 2000, VI)

Anders als Abu Zaid, Soroush und Shabestari übernahm Rahman niemals bewusst analytische Ansätze westlicher Denker. Obwohl er den größten Teil seines akademischen Lebens im Westen verbrachte, galt sein Engagement und Interesse ausschließlich dem islamischen Denken. Sein Bezugsrahmen war immer die islamische Welt, und er sah es als seine Mission an, Tradition und Erneuerung einem vor allem muslimischen Publikum zu erklären. Hinzu kommt, dass Rahman, der auch Deutsch und Französisch las, der westlichen Islamwissenschaft, mit der er sich eingehend auseinandersetzte, sehr kritisch gegenüberstand. Von einigen Ausnahmen – Kenneth Cragg, Toshihiko Izutsu, Angelika Neuwirth und Josef van Ess – abgesehen, fanden vor seinen Augen nur wenige Wissenschaftler Gnade. Den meisten unter denen, die sich mit dem Koran beschäftigten, warf er vor, sich nur mit bestimmten Aspekten beschäftigt zu haben. Sie hätten ihn nie in seiner Gänze, in seiner Einheit gesehen und ihn nie unter seinen eigenen Bedingungen zu erforschen versucht – und ihn somit nicht verstanden.

Rahmans Schriften decken ein breites Spektrum ab und gehen über die islamische Philosophie, mit der er seine Karriere begonnen hatte, weit hinaus. Unter seinen zahlreichen Aufsätzen sind solche zur Reform der islamischen Ausbildung, zur koranischen Hermeneutik, zur Hadith-Kritik, zu den frühen Entwicklungen der islamischen intellektuellen Tradition, der Reform des islamischen Rechts und der islamischen Ethik. In seiner wissenschaftlichen Arbeit ging es ihm darum, eine Balance zwischen Vernunft und Offenbarung herzustellen und die Frage zu beantworten: Wie geht der Islam als ein kulturelles, religiöses, politisches und ethisches Erbe mit der sich modernisierenden und verändernden Welt um?

Der Niedergang der muslimischen Gesellschaften

Rahman war der Überzeugung, dass der Niedergang der muslimischen Gesellschaften nicht erst mit der Begegnung von islamischer und westlicher Welt im 19. Jahrhundert begonnen hatte, wie es meist von Muslimen gesehen wird, sondern viel früher. Ihm zufolge ist der sogenannte unberührte Islam durch die Formierung der Orthodoxie, die später als Sunnismus bekannt wurde, verloren gegangen. Obwohl der Sunnismus behauptet, der Originalislam zu sein, gilt er Rahman als eine Abweichung vom reinen Islam. Er datiert die, wie er sagt, traumatische Abkehr vom Koran auf den Zeitpunkt, als es zur Formierung der sunnitischen Orthodoxie kam, das heißt mit dem Aufkommen der umayyadischen Herrschaft. Seiner Auffassung nach hatte das Aufkommen einer dynastischen Herrschaft die allernegativsten Auswirkungen auf den Islam.

Der erste Schritt müsse daher in einer historischen Kritik der theologischen und rechtlichen Entwicklungen im Islam bestehen. Essentiell war für Rahman, die Verwerfungen zwischen den verschiedenen Bereichen der islamischen Wissenschaften – Theologie, Exegese, Jurisprudenz und der Weltanschauung des Korans – aufzuzeigen. Letztere habe nichts mit dem zu tun, was Erstere im Nachhinein aus ihr gemacht haben. Vor allem die Jurisprudenz und die politische Philosophie des Islams hätten ihre Verbindung zur Ethik des Korans, die für Rahman eine zentrale Bedeutung hatte, verloren. Das hätte zu Fundamentalismus und Stagnation geführt.

Der Sunnit Rahman war ein großer Freund der mu'tazilitischen Auffassung vom Prophetentum und von der Natur der Offenbarung, die – nach der Geschichte – die wichtigsten Komponenten seiner eigenen Hermeneutik des Korans ausmachen. Die Mu'taziliten hatten auf der Basis der Idee, dass Gut und Böse allein durch die Vernunft, das heißt ohne die Hilfe der Offenbarung, erkennbar seien, eine Theorie der rationalen Ethik entwickelt. Danach sind primäre oder generelle ethische Wahrheiten über Gut und Böse durch die intuitive Vernunft rational erkennbar. Lediglich für die Verpflichtung zu den sekundären ethischen Wahrheiten braucht die Menschheit laut Rahman Offenbarung.

An der Mu'tazila faszinierte ihn jedoch noch mehr. Er war überzeugt von ihrer Idee vom Geschaffensein des Korans und widersprach auch damit dem heutigen sunnitischen mainstream. Seine heftigste Kritik galt daher den ideologischen Gegnern der Mu'tazila, der theologischen Richtung der Ash'ariten. Vor allem die Prädestinationslehre dieser im 10. Jahrhundert begründeten Richtung hielt er für eine wahre Seuche. Man müsse hier und heute Verantwortung für seine Taten übernehmen, meinte er. Die Haltung der Ash'ariten galt ihm als Verunstaltung der koranischen Botschaft, die seiner Meinung nach den Menschen als freies und verantwortliches Individuum sieht.

Der Reformer Rahman hatte große Vorbilder. Er schätzte moderne islamische Erneuerer wie Muhammad 'Abduh und den Inder Ahmad Khan (1817–1898), weil sie ein Bewusstsein für die Notwendigkeit von Reform und Wandel entwickelt hätten, lobte aber auch Schlüsselfiguren des fundamentalistischen Islams wie Hasan al-Banna und Abu al-A'la Maududi (1903–1979). Diese hätten sich den Exzessen des islamischen Modernismus entgegengestellt und den Islam gegen den Säkularismus verteidigt. Allerdings kritisierte er sie dafür, keine Methode gehabt und ad hoc Lösungen für die bestehenden Probleme angeboten zu haben. Seiner Meinung nach seien die grundlegenden Fragen von Methode und Hermeneutik von den muslimischen Denkern nicht richtig adressiert worden.

Als Hauptproblem galt ihm der Niedergang des islamischen Intellektualismus. Um ihn zu überwinden, bedurfte es laut Rahman einer neuen Methode, den Koran zu interpretieren. Seiner Meinung nach war eine nochmalige Überprüfung der islamischen Methodologie im Lichte des Korans selbst die Voraussetzung für jede Reform des islamischen Denkens. Insbesondere ging es ihm um eine koranzentrierte Ethik, die auf zwei Pfeilern fuße: einer Theorie der Prophetie und der Natur der Offenbarung sowie dem Verstehen von Geschichte. Die Theorie der Prophetie sei Grundlage einer Theorie zur Koraninterpretation, welche aus zwei Schritten bestehe beziehungsweise einer doppelten Bewegung *(double-movement)*. Man müsse dazu zuerst den Kontext studieren, in den hinein der Koran verkündet worden sei; so könne man die ursprüngliche Botschaft verstehen. Daraus ließen sich dann in einer zweiten Bewegung die Prinzipien und Werte deduzieren, die der Koran als Norm propagiere. Die Frage sei also, wie diese Normen eine immerwährende Relevanz für die islamische Gemeinschaft haben könnten, ohne anachronistisch zu werden:

Beim Aufbauen eines genuinen und umsetzbaren Satzes von islamischen Gesetzen und Institutionen muss es eine zweifache Bewegung geben: Die erste muss sich bewegen von der konkreten Behandlung bestimmter Fälle im Koran – unter Einbeziehung der notwendigen und relevanten gesellschaftlichen Umstände jener Zeit – zu den generellen Prinzipien, in die die gesamten Lehren münden. Zweitens muss die Bewegung von diesem allgemeinen Level zurück zu der speziellen Gesetzgebung verlaufen – und hier muss sie die notwendigen und relevanten gesellschaftlichen Bedingungen einbeziehen, die jetzt herrschen. (Rahman 1982, 20)

Rahman kritisierte einen Ansatz der Exegese, der den Koran als eine Serie isolierter Verse betrachtete und somit kein Verständnis der koranischen Weltanschauung zu vermitteln vermochte. Die Muslime hätten nicht begriffen, dass der Koran eine Einheit sei, und seien stattdessen atomistisch vorgegangen. Zudem habe in der Moderne diese bruchstückhafte Behandlung des Korans noch zugenommen.

Deshalb wollte er eine islamische Metaphysik entwickeln, die fest auf dem Koran fußte. Nur wenn der metaphysische Part richtig verstanden werde, könne ein kohärentes Überdenken der moralischen, sozialen und rechtlichen Botschaft des Korans möglich werden. Rahmans Ziel war, den moralischen Kern zu bergen, um eine koranzentrierte Ethik zu formulieren. Er beklagte, dass muslimische Wissenschaftler sich nie an einer Ethik des Korans versucht hätten. Dabei könne sich kein eingehendes Studium des Korans seiner ethischen Leidenschaft entziehen. Seine Ethik sei seine Essenz, und sie sei auch die notwendige Verbindung zwischen Theologie und Gesetz. Der Koran neige zwar dazu, das Ethische zu konkretisieren, das Generelle in ein partikulares Paradigma zu kleiden und das Ethische in rechtliche oder quasi-rechtliche Vorschriften zu übersetzen. Aber es sei eben ein Zeichen seiner moralischen Leidenschaft, dass er sich nicht mit zu verallgemeinernden ethischen Vorschriften begnüge, sondern begierig sei, sie in wirkliche Paradigmen zu übersetzen. Der Koran erläutere immer die Ziele oder Prinzipien, die die Essenz seiner Gesetze sind.

Die Diktattheorie

Rahmans Theorie der Verkündigung ist eine radikale Abkehr von der für ihn unbefriedigenden orthodoxen sunnitischen Erklärung der Offenbarung, die er als Diktattheorie bezeichnet. Die Diktattheorie reduziere die Rolle des Propheten bei der Verkündigung auf die eines Empfängers der Botschaft von Gott, die er – einem Kassettenrekorder ähnlich – genauso weitergebe, wie er sie erhalten habe. Für Rahman jedoch war die Verkündigung (*wahy*) etwas komplexer: Dass der Prophet der Rezipient der letzten, verbalen Verkündigung

Gottes war, ist so weit unstrittig, aber er versucht darüber hinaus, den kreativen Vorgang nachzuzeichnen, der sich bei der Verkündigung im Geist des Propheten vollzieht. Ihm zufolge liegt die Quelle dieses kreativen Prozesses außerhalb dessen, was der Mensch verstehen kann. Andererseits spielt sich dieser Prozess in des Verkündigers Geist ab. So kommt er zu dem Schluss, dass es in einem gewöhnlichen Sinne sein Wort sei, insofern es den psychologischen Prozess betreffe. Aber es sei ebenso das offenbarte Wort, insofern, als diese Quelle außerhalb seiner Reichweite liege.

Da für Rahman «Wort» nicht gleich «Laut» ist, liegt kein wirklicher Widerspruch darin, dass der Koran sowohl das Wort des Propheten als auch das Wort Gottes ist. Seiner Meinung nach gibt es eine organische Beziehung zwischen Gefühlen, Ideen und Worten. Bei der Inspiration, sogar bei der poetischen Inspiration, ist diese Beziehung so vollständig, dass Gefühl – Idee – Wort ein Ganzes sind und ein absolutes Eigenleben haben.

Laut Rahman werden während des Vorgangs, der *wahy* genannt wird und – wie erwähnt – mit Offenbarung nur unzureichend zu übersetzen ist, die Ideen und Worte im Geist des Propheten geboren. Ihre Quelle allerdings, erklärt der Koran, kann nicht in seinem Geist liegen, weil diese Ideen und Worte so neu sind. Deshalb, so Rahman, müssen sie auf eine jenseitige Quelle zurückzuführen sein. Er will den Charakter des göttlichen *wahy* von poetischen, mystischen oder anderen Formen des kreativen Denkens oder der kreativen Kunst unterscheiden. Obwohl diese psychologisch ähnlich vonstatten gingen, habe der Koran hinsichtlich seines moralischen Gehalts einen vollkommen anderen Stellenwert.

Wahy ist für ihn das Ergebnis einer Begegnung von zwei Sphären, der geschaffenen und der ungeschaffenen Welt. Der Prophet sei zwar vom Göttlichen inspiriert gewesen, aber seine Welt habe sich deutlich in dem linguistischen Produkt dieser Begegnung niedergeschlagen. So würden im Koran die Erwartungen, Befürchtungen, Ängste des Propheten und seiner Gemeinde widergespiegelt. Man könne die Tatsache nicht ignorieren, dass die Offenbarung Dinge kommentiere, die den Propheten persönlich beträfen. Als Beispiel hierfür nennt er Sure 80:1–3, in der Muhammad von Gott für sein Verhalten kritisiert wird:

> Er blickte finster drein und wandte sich ab,
> dass der Blinde sich an ihn gewandt.
> Was lässt dich wissen, ob er sich vielleicht noch läutere.

Was Rahman hier «encounter» nennt, sollte Jahrzehnte später von Abu Zaid als die dialogische Beziehung zwischen Muhammad und seiner Umgebung bezeichnet werden. Diesen Aspekt der Verbindung zwischen dem Geschehen und dem Propheten sah Rahman in der islamischen Theologie vollkommen vernachlässigt. Die Offenbarung war von Gott, gleichzeitig war der Ort der Offenbarung das Herz des Propheten. Dass dem keine Bedeutung beigemessen wurde, hielt Rahman für einen großen Fehler.

Ihm zufolge habe man die Wissenschaft der *asbab an-nuzul* – mal mit «Gründe» und mal mit «Anlässe» für die Herabsendung übersetzt –, eine der ältesten koranischen Wissenschaften überhaupt, innerhalb der islamischen Jurisprudenz im Laufe der Zeit immer mehr vernachlässigt, damit man die koranischen Instruktionen auf so viele Situationen wie möglich anwenden konnte. Hier genau setzt Rahman an, zeugten doch die *asbab an-nuzul* von der engen Verbindung zwischen der Herabsendung und dem sozio-kulturellen Kontext, der wieder aufgezeigt werden müsse.

Der Koran als ethischer Leitfaden

Für Rahman war der Koran ohnehin kein Gesetzbuch. Dieser neuerdings unter Muslimen vorherrschenden Ansicht stand Rahman überaus kritisch gegenüber. Ihm galt der Koran als ein Leitfaden für die Menschen, und der Prophet als ein moralischer Reformer der Menschheit. Die Menschen sollten nach den ethischen Bestimmungen des Korans leben – und nicht versuchen, Gesetze aus ihm zu extrahieren. Die gesetzlichen Bestimmungen machten nur einen ganz kleinen Teil des Korans aus und bezögen sich eben auf eine bestimmte Situation, auf einen bestimmten Kontext.

Hinzu kommt, dass seiner Meinung nach die ethisch-rechtlichen Anweisungen des Korans auf zwei Ebenen funktionierten, der des Ideals und der des sogenannten Anteils: Das Ideal war das Ziel, auf das die Gläubigen grundsätzlich hinarbeiten sollten, das aber nicht notwendigerweise schon in der Zeit der Herabsendung erreichbar war. Was Rahman dagegen als Ebene des Anteils bezeichnete, war das schon seinerzeit Erreichbare. Die enge Verbindung mit seiner Umgebung und seinen zeitlichen Umständen implizierte, dass der Koran zwar spezifische Probleme in ihrer spezifischen Situation ansprach, aber andererseits auf das Ideal verwies. Das bedeutet konkret, dass der Koran zunächst zu ändern versuchte, was damals im Bereich des Möglichen war. Letztlich jedoch verfolgte er ein viel höher gestecktes Ziel.

Die zur Zeit des Propheten erlaubte Polygamie schaffte der Koran zum Beispiel nicht ab. Es wird jedoch betont, dass ein Mann nur eine Frau heiraten solle, wenn er nicht mehr als einer Frau Gerechtigkeit widerfahren lassen könne. Zudem heißt es, dass – ganz gleich wie der Mann sich auch bemühen werde – er nicht mehreren Frauen gegenüber gerecht sein könne. Laut Rahman hat der Koran damit ein Ideal, die Monogamie, postuliert, sich gleichzeitig jedoch an den Verhältnissen des 7. Jahrhunderts orientiert und daher die Polygamie weiterhin zugelassen. Die Gesetzgebung hatte keinen Ewigkeitsanspruch, sondern nahm die damals existierende Gesellschaft als Referenzpunkt. Letztlich wollte der Prophet, dass die Muslime sich auf das Ideal zubewegten und es in die Realität umsetzten. Allerdings wurden im Laufe der islamischen Geschichte, so Rahman, viele Aussagen des Korans für das Ideal gehalten, obwohl sie nicht normativen, sondern deskriptiven Charakter haben. Beispiele sind die *hadd*-Strafen, das heißt die Übertretungsstrafen wie das Abhacken der Hand, und das Familienrecht.

Was aber ist das Ideal? Für Rahman ist es eindeutig soziale Gerechtigkeit. Deshalb sollte in jeder Generation neu darüber nachgedacht werden, wie dieses koranische Ideal am besten umzusetzen sei. Rahman betont, dass alle Lehren des Korans als auf die Schaffung der Gleichheit unter den menschlichen Geschöpfen gerichtet gesehen werden sollten. Dementsprechend kann das Ziel des Islams nicht erreicht werden, solange es keine Freiheit von allen Formen der Ausbeutung – sozialer, spiritueller, politischer und ökonomischer – gibt.

Um das zu erreichen, sei demnach eine Ethik notwendig. Doch Ethik sei in der islamischen Geschichte keine Disziplin unter den koranischen Wissenschaften gewesen. Sämtliche Schriften über Ethik basierten ausschließlich auf griechischen und persischen Quellen. Für Rahman ist die Basis dieser zu entwickelnden Ethik *taqwa* (meist mit «Gottesfurcht» übersetzt, besser aber «Gottesehrfurcht» oder «Gottesbewusstsein»), worunter er die Fähigkeit und den Anspruch versteht, zwischen Gut und Böse zu unterscheiden. Dabei geht es nicht um die legalistische Frage, was geboten und verboten ist, auf die sich heutzutage viele Muslime kaprizieren, sondern um den moralischen Kern.

Die Leute des Buches

Der ganzheitliche Anspruch, den Rahman mit seiner Lesart vertritt, zeigt sich sehr deutlich bei seiner Behandlung der Frage, wie der Koran zu Andersgläubigen steht. Neben den Frauenrechten hielt er diese Frage für die zentrale Herausforderung des islamischen Denkens in der Moderne.

Bekanntlich finden sich im Koran Aussagen über Juden und Christen, daneben werden auch die sogenannten Sabier erwähnt. Ihre Religionen wurden in der islamischen Geschichte zwar als die «Buchreligionen» anerkannt, ein Begriff, der noch auf den Zoroastrismus und den Hinduismus erweitert wurde, deren Anhänger aber nicht als vollkommen gleichwertig akzeptiert wurden. Dies schlägt sich im Recht mancher islamischer Staaten bis heute dahingehend nieder, dass Juden, Christen und Zoroastrier ihre Religion frei ausüben dürfen, jedoch Staatsbürger zweiter Klasse sind. Eine Reihe von Rechten, die Muslime haben, bleibt ihnen verwehrt. So hält es beispielsweise die Islamische Republik Iran.

Hinzu kommt, dass in der islamischen Theologie bzw. im islamischen mainstream umstritten ist, wer im Koran mit den sogenannten *kuffar* (Ungläubige) gemeint ist. Während als solche in der islamischen Geschichte meist nur die Polytheisten galten, schließen heutige radikale Gruppierungen auch die Juden und Christen in den Begriff mit ein. Außerdem gibt es unterschiedliche Auffassungen darüber, wie genau der Koran theologisch zu den *ahl al-kitab* (Leuten des Buches), das heißt Juden, Christen und Zoroastriern, steht. Kommt ihnen ein Anteil an der göttlichen Wahrheit zu? Werden sie teilweise Erlösung finden? Sind sie verirrte Seelen, die auf den rechten Weg gebracht werden sollten? Oder sind sie eigentlich Muslime, wissen es aber nicht?

Diese Fragen versucht Rahman in seinem Buch *Major Themes of the Qur'an* zu beantworten. Dabei nimmt er eine sehr liberale Haltung ein. Seiner Meinung nach habe Muhammad zwar ursprünglich gewollt, dass die Juden und Christen ihn als Propheten akzeptierten, wie er ihre Propheten anerkannte, diesen Anspruch aber fallen gelassen, als er merkte, dass sie ihn nicht als solchen respektieren würden. Allerdings habe die Ablehnung der Juden Muhammad vor ein ernstes theologisches Problem gestellt. Das Bewusstsein der Existenz einer Vielzahl von Religonen, die eigentlich in ihrem Ursprung eins gewesen sein müssten, habe Muhammad jahrzehntelang gepeinigt.

Deshalb behandelt der Koran die Frage auf verschiedenen Ebenen. Die Tatsache, dass die Religionen als solche sich nicht nur voneinander unterscheiden, sondern auch noch verschiedene Untergruppen haben, wird immer wieder thematisiert. Aber, so Rahman, es werde auch eine Lösung im Koran angeboten: Die Menschheit war eine Einheit, aber diese Einheit wurde durch die Aufnahme der göttlichen Botschaft durch die Propheten aufgebrochen. Dass die Botschaft der Propheten eine Art Wendepunkt darstellt, ist für ihn ein göttliches Mysterium; denn wenn Gott gewollt hätte, hätte er die Menschheit auf einen Weg gebracht. Er zitiert Sure 2:213:

> Die Menschen waren eine einzige Gemeinde,
> dann schickte Gott als Freudenboten und als Warner
> die Propheten und sandte mit ihnen herab das Buch mit
> der Wahrheit, um zwischen den Menschen über das zu
> richten, worin sie uneins waren.
> Uneins sind nur die, denen das Buch gegeben ward,
> nachdem die Beweise zu ihnen gekommen waren,
> aus Hass und Neid untereinander.
> Da leitete Gott jene, welche glauben, zu jener Wahrheit,
> über die sie uneins waren, mit seinem Einverständnis.
> Gott leitet, wen er will, auf einen geraden Weg.

Und Sure 11:118:

> Hätte Gott gewollt, hätte er die Menschen zu einer
> einzigen Gemeinde gemacht,
> doch sind sie noch immer untereinander uneins.

Und Sure 10:19:

> Die Menschen waren nur eine einzige Gemeinschaft,
> doch dann wurden sie uneins.
> Und gäbe es nicht ein Wort von deinem Herrn,
> das schon gesagt ist,
> dann wäre zwischen ihnen schon entschieden,
> worin sie uneins waren.

Deshalb spreche der Koran in der mekkanischen Periode von Juden und Christen als Sektierern, später hingegen von den Gemeinschaften der Juden und Christen. Zwar würden sie weiterhin eingeladen, den Islam anzunehmen, aber nun als exklusive Gemeinschaften anerkannt. Rahman versucht hier also – gemäß seiner eigenen Methodologie – die Umstände der Verkündigung nachzuvollziehen. Er versetzt sich in den Propheten hinein: Dieser gab sein ursprüngliches Ansinnen auf und trat den jüdischen und christlichen Gemeinden mit einer neuen Haltung entgegen. Er erkannte sie an. Auch dies belegt Rahman mit dem Koran, mit Sure 2:113:

> Die Juden sprechen: «Die Christen gründen ja auf nichts.»
> Die Christen sprechen: «Die Juden gründen ja auf nichts.»
> Sie aber tragen das Buch vor.
> Ebenso sprechen die, die kein Wissen haben, genau das, was jene sagen.
> Doch Gott wird zwischen ihnen richten am
> Tag der Auferstehung in dem, worin sie uneins waren.

Und Sure 2:111:

> Sie sprechen: «Nur Juden oder Christen können in den Paradiesgarten kommen.»
> Das sind jedoch nur ihre Wünsche.
> Sprich: «Bringt doch euren Beweis herbei,
> wenn ihr die Wahrheit sagt!»

Und Sure 2:120:

> Die Juden werden nicht mit dir zufrieden sein,
> und auch die Christen nicht,
> bis du ihrer Glaubensweise folgst.
> Sprich: «Gottes Führung, das ist die rechte Führung.»
> Wenn du ihren Neigungen folgen wolltest,
> nach dem, was schon vom Wissen zu Dir kam,
> dann gibt es für dich, Gott gegenüber, weder Freund noch Helfer.

Die Antwort des Korans auf die exklusivistischen Ansprüche der Juden und Christen ist absolut unmissverständlich, so Rahman. Rechtleitung sei nicht die Aufgabe der Gemeinschaften, sondern die Aufgabe Gottes. Keine Gemeinschaft könne daher beanspruchen, einzig auserwählt und rechtgeleitet zu sein. Der gesamte Tenor des Korans sei gegen das Auserwähltsein. Dazu zitiert Rahman Sure 2:124:

Damals, als sein Herr Abraham auf die Probe stellte
Durch Worte, die er dann erfüllte.
Da sprach er: «Siehe, ich mache dich zu einem
Leitbild für die Menschen.»
Er sprach: «Und auch von meinen Kindeskindern?»
Er sprach: «Mein Bund erstreckt sich nicht auf jene,
welche freveln.»

Und Sure 2:134:

Das ist eine Gemeinde, mit der verging,
was sie begangen hat.
Doch euch kommt zu, was ihr begangen habt.
Ihr werdet nicht nach dem gefragt, was sie zuvor getan.

Ganz im Einklang mit dieser starken Zurückweisung von
Exklusivismus und Ausgewähltsein akzeptiert der Koran,
dass es auch in anderen Gemeinschaften gute Menschen
gebe.

Siehe, diejenigen, die glauben,
die sich zum Judentum bekennen,
die Christen und die Sabier –
wer an Gott glaubt und an den Jüngsten Tag und
rechtschaffen handelt,
die haben ihren Lohn bei ihrem Herrn,
sie brauchen keine Furcht zu haben und sollen
auch nicht traurig sein. (Sure 2:62)

Der Koran trifft diese Aussage sogar mehrfach:

Siehe, die glauben, und die Juden und die Sabier und die
Christen –
die an Gott glauben und an den Jüngsten Tag
und die rechtschaffen handeln,
die werden keine Furcht empfinden und sollen auch nicht
traurig sein. (Sure 5:69)

Besonders hier setzt sich Rahman von der traditionellen muslimischen Exegese ab. Die große Mehrheit der muslimischen Kommentatoren habe sich verzweifelt darum bemüht, die offensichtliche Bedeutung dieser Verse misszuverstehen; denn sie behaupteten, mit den Juden, Christen und Sabiern seien jene gemeint, die Muslime geworden seien, oder jene Juden, Christen und Sabier, die vor dem Auftreten des Propheten Muhammad gelebt hätten. Beide Interpretationen bezeichnet Rahman als Unsinn, besagten doch die Verse eindeutig, dass alle Menschen, die an Gott und die Auferstehung glaubten und Gutes täten, gerettet würden. Auf die Behauptung der Juden und Christen, dass nur ihnen das Jenseits zustehe, laute die Antwort des Korans sogar:

> O nein! Nur wer sich Gott ganz ergibt und dabei Gutes tut, der wird seinen Lohn bei seinem Herrn empfangen. (Sure 2:112)

Teil der Logik, dass alle anerkannt würden, die Gutes tun und an Gott und die Auferstehung glauben, sei allerdings auch die Anerkennung der muslimischen Gemeinschaft durch die Andersgläubigen. In Sure 5:48, so Rahman, gebe der Koran in diesem Zusammenhang seine endgültige Antwort auf die Problematik einer pluralistischen Welt:

> Und auf *dich* sandten wir herab das Buch
> mit der Wahrheit;
> Es bestätigt, was von dem Buch schon vorher da war,
> und gibt darüber Gewissheit.
> So richte zwischen ihnen nach dem, was Gott
> herabgesandt hat, und folge ihren Neigungen nicht,
> wenn es von dem abweicht, was von der Wahrheit
> zu dir kam!
> Für einen jeden von euch haben wir Bahn und Weg gemacht.
> Hätte Gott gewollt, er hätte euch zu einer einzigen
> Gemeinde gemacht –
> Doch wollte er euch mit dem prüfen, was er euch gab.

Wetteifert darum um das Gute!
Euer aller Rückkehr ist zu Gott,
er wird euch dann kundtun, worin ihr immer uneins wart.

Rahman beantwortet auch die Frage, warum es überhaupt so viele verschiedene Religionen und Gemeinschaften gibt. Der Wert dieses Pluralismus liege darin, dass sie miteinander um das Gute wetteifern sollen. Die übergeordnete Botschaft, die er demnach im Rahmen seiner Zwei-Bewegungs-Theorie aus dem Koran destilliert, ist, dass Vielheit gottgewollt ist.

Es hat ein jeder eine Richtung, nach welcher er sich wendet. Wetteifert daher um das Gute! (Sure 2:148)

Es geht wesentlich darum, Gutes zu tun. Das sagt für ihn auch Sure 2:177 aus:

Die Frömmigkeit besteht nicht darin,
dass ihr euer Angesicht gen Osten oder Westen wendet,
vielmehr ist Frömmigkeit,
an Gott zu glauben und an den Jüngsten Tag
und an die Engel, an das Buch und die Propheten;
und das Geld, auch wenn man's liebt,
für die Verwandten, die Waisen und die Armen
auszugeben und für den ‹Sohn des Weges› und
die Bittenden und für den Sklavenfreikauf;
und das Gebet zu verrichten und die Almosensteuer
zu entrichten.
Die den Vertrag einhalten, wenn sie ihn abgeschlossen
haben, und die geduldig sind in Not und Missgeschick
und Kriegszeit –
die sind es, die wahrhaftig sind,
die sind es, die Gott fürchten.

Die muslimische Gemeinschaft in Medina, die gelobt (2:144) und als die beste für die Menschheit gepriesen wird (3:110), hat dabei keine Garantie, «automatisch Gottes Liebling zu sein» (Rahman 1982, 167). Dazu muss sie erst gut handeln (22:41). In Sure 47:38 werden die Muslime sogar davor gewarnt, dass Gott ihnen seine Liebe entzieht:

> Ihr aber seid nun die, die zum Spenden für Gottes Weg aufgerufen sind.
> Unter euch gibt es manchen, der geizig ist.
> Doch wer geizig ist, der ist es nur zu seinem Nachteil.
> Gott ist der Reiche, und ihr seid die Armen.
> Wenn ihr euch abwendet,
> wird er euch durch ein anderes Volk ersetzen.
> Und das wird dann nicht so sein wie ihr.

Abgesehen von Christentum und Judentum äußert sich Rahman nicht konkret zu anderen Religionen. Leider wissen wir nicht, wie er theologisch über die Ahmadiyya dachte, die in seinem Heimatland Pakistan verfolgt wird. Die Ahmadis sehen sich selbst als Muslime an, was viele bestreiten; denn ihrer Auffassung nach war der Begründer der Glaubensgemeinschaft, Mirza Ghulam Ahmad (1835–1908), der sich selbst als Erneuerer sah, ein Häretiker, erhob er doch den Anspruch, der verheißene Mahdi der Endzeit zu sein.

Für die Muslime des indischen Subkontinents ist die Ahmadiyya-Bewegung die größte theologische Herausforderung. Doch wenn Rahman erklärt, entscheidend sei, dass man an Gott und die Auferstehung glaube und Gutes tue, hätten auch sie theoretisch seine Akzeptanz finden müssen. In den hier zitierten *Major Themes of the Qur'an* behandelt er sie nicht, da es sich von selbst versteht, dass post-islamische Religionen im Koran nicht auftauchen. Er hat aber das Verbot der Ahmadiyya in Pakistan (1974) kritisiert und es auf den um sich greifenden, negativen saudischen Einfluss zurückgeführt.

Das Thema Andersgläubige ist nicht das einzige, das Rahman für völlig missverstanden hält. Auch im Zusammenhang mit dem islamischen Strafrecht ist er davon überzeugt, dass die betreffenden Stellen im Koran bewusst falsch verstanden worden seien. Auch hier, so meint er, hätten die Juristen von

Anfang an eine Deutung vertreten, die dem Koran ganz und gar widerspreche. So sei mit dem Begriff *hadd* ein Limit gemeint. Es handle sich um eine Grenze, eine Schranke, die man nicht überschreiten solle, wie Sure 2:229–230 ganz klar zeige:

> Die Scheidung: zweimal.
> Dann jedoch: Festhalten nach Billigkeit
> oder Entlassung nach Gütlichkeit.
> Und es ist euch nicht erlaubt, dass ihr etwas von dem nehmt, was ihr ihnen gabt –
> Außer wenn beide fürchten, die Schranken Gottes nicht einhalten zu können.
> Doch wenn ihr fürchtet, dass die beiden die Schranken Gottes nicht einhalten können,
> dann liegt für beide keine Sünde in dem,
> womit sie sich freikauft.
> Das sind die Schranken Gottes.
> Überschreitet die Schranken Gottes nicht!
> Doch wer die Schranken Gottes überschreitet,
> das sind die Frevler!
> Wenn er sie entlässt, ist sie danach für ihn
> nicht mehr erlaubt,
> bis sie einen anderen als ihn zum Mann nimmt.
> Wenn dieser sie entlässt,
> dann ist es für beide keine Sünde, wenn sie wieder zueinander zurückkehren,
> sofern sie beide meinen, dass sie die Schranken Gottes einhalten können.
> Das sind die Schranken Gottes.
> Er macht sie den Menschen klar, die Wissen haben.

Im islamischen Recht jedoch werde mit diesem Terminus dann eine feststehende Strafe für Alkoholkonsum, Straßenraub etc. bezeichnet. Schon in der ältesten rechtswissenschaftlichen Literatur aus dem 2. Jahrhundert sei der Begriff im Sinne einer durch den Koran festgelegten Strafe überliefert. So steht auch hier wieder im Zentrum der Argumentation, dass der Koran missverstanden worden sei. Doch wie gelangt man zum richtigen Verständnis? Laut Rahman durch die Zwei-Bewegungs-Theorie. Und genau hier setzt die Kritik an Rahman an.

Rezeption und Kritik

Der 1961 geborene Mehmet Paçacı beispielsweise, der zur Ankaraner Schule gehört, unterzieht die Zwei-Bewegungs-Theorie einer kritischen Überprüfung. Wenn man, um den Koran zu verstehen, ihn im Kontext der Zeit Muhammads verstehen müsse, fragt Paçacı, wie könne man dann so sicher auf das Vergangene zugreifen? Wie könne man so sicher wissen, welche Norm sich hinter dieser oder jener koranischen Anweisung verbirgt? Könne man sicher sagen, dass sie heute so und nicht anders anzuwenden ist? Paçacı übernimmt zwar in seinem 1996 erschienenen Aufsatz «Der Koran und ich – wie geschichtlich sind wir?» Rahmans Charakterisierung des Korans als eines ethischen Handbuches und ebenso seine Zwei-Bewegungs-Theorie. Anders als dieser jedoch betrachtet Paçacı die Situation des Interpreten genauer. Ihm zufolge könne man nur bei korrekter Kenntnis der Gegenwart von korrekter Jetztanwendung sprechen. Da aber jeder Leser in einer bestimmten geschichtlichen und daher beschränkten Situation stecke, könne er die Gegenwart nicht vollkommen erkennen.

Deshalb führt Paçacı den Begriff des Vorverständnisses in die Methodik der Koranauslegung ein. Damit erkennt er im Unterschied zu Fazlur Rahman, der einen objektiven Zugriff auf die Geschichte für möglich hält, an, dass jede Betrachtung des Korans aus einer bestimmten Perspektive heraus erfolgt. Schließlich entwickelt er eine Synthese aus dem Denken Gadamers und Fazlur Rahmans, der selbst Gadamer abgelehnt und erklärt hatte, wenn dieser Recht habe, könne seine Zwei-Bewegungs-Theorie nicht funktionieren. Das sieht Paçacı anders: Wie Gadamer sieht er den Exegeten in einem Koordinatensystem von Raum und Zeit, doch mit

Fazlur Rahman entdeckt er trotzdem die allgemeinen Prinzipien, die dem Koran zugrunde liegen. Paçacı gibt Rahman nicht auf, wenn er Gadamer akzeptiert.

Die Ankaraner Schule hat Rahmans Ansatz also weitergedacht und mögliche Einwände gegen ihn aufgearbeitet. Ihre Mitglieder betreiben gerade keine avantgardistische Theologie im Elfenbeinturm ohne Breitenwirkung. Vielmehr sind die Theologen eine Schule auch insofern, als sie den theologischen Nachwuchs der Türkei ausbilden. Jährlich machen etwa hundert Studentinnen und Studenten an der Ankaraner Fakultät ihren Abschluss und werden danach als Religionslehrerinnen und -lehrer sowie Imame und Beamte der türkischen Religionsbehörde tätig.

Zudem ist die türkische Theologie gerade in den denkerischen Neuansätzen für den Islam weltweit bedeutsam. Ihre Ideen werden von Studierenden in Zentralasien und den Balkanländern rezipiert, die alle Türkisch lesen. In der persisch- und arabischsprachigen Welt treffen sie indes noch auf wenig Aufmerksamkeit, obwohl sie viel Spannendes und Neues zu bieten haben. Wie Abu Zaid anmerkte: Das Neue kommt von der Peripherie.

Mit dem Ruf nach einer Theologie wie im Westen hatten türkische Abgeordnete 1948 die Entwicklung in Gang gebracht. 1949 wurde eine theologische Fakultät mit modernem wissenschaftlichem Zuschnitt an der gerade gegründeten Universität Ankara ins Leben gerufen, die heute als die Mutterfakultät aller theologischen Hochschulen der Türkei gilt. Indem sie die Fakultät nicht nach der «Scharia» benannten und damit nicht mehr die ehemals große Bedeutung der Jurisprudenz ins Zentrum stellten, sondern sie wie im Westen üblich mit «Theologie» *(ilahiyat)* überschrieben, sandten ihre Gründer ein deutliches Signal. Sie wollten eine moderne Einrichtung, deren Professoren den Studenten nicht überliefertes Wissen weitervermitteln, sondern sie selbständiges Denken lehren sollten. Ab dem Ende der 1940er Jahre wurde muslimische Theologie im Verbund mit kritischen Disziplinen wie empirischer Psychologie, Soziologie und Geschichte betrieben. Auch Nichtmuslime wie Annemarie Schimmel unterrichteten hier Religionsgeschichte. Wichtige weitere Anstöße kamen von den heute emeritierten Professoren Mehmet Said Hatiboğlu und Hüseyin Atay. Außerdem sollten die Studenten während ihres Studiums eine gewisse Zeit in Europa oder den USA verbringen, um westliche Einflüsse aufzunehmen.

Islamische Theologie sollte also als Wissenschaft betrieben werden, so neutral und objektiv, dass Ömer Özsoy, der an dieser Fakultät groß wurde und heute entscheidend an der Etablierung einer islamischen Theologie in Deutschland beteiligt ist, immer noch zusammenzuckt, wenn er hört, dieses Fach solle nun als eine normative Wissenschaft aus der Binnenperspektive betrieben werden, das heißt gerade eine muslimische Subjektivität eingebracht werden.

Ömer Özsoy ist sicherlich stark beeinflusst durch Rahman, grenzt sich von diesem jedoch auch ab. So nimmt er, um das, *was* der Koran sagen will, davon zu unterscheiden, *wie* er es sagt, die Sunna stärker als Rahman in den Blick. Ähnlich wie Abu Zaid, der im Übrigen auch stark von der Ankaraner Schule rezipiert wurde, möchte er den Koran im Zusammenspiel mit der Wirklichkeit, das heißt mit der Geschichte seiner Ersthörer, sehen. Wer den Koran als Text liest, als in sich geschlossenes und aus sich selbst verständliches System, kann ihn laut Özsoy nur falsch lesen. Erst wenn man betrachtet, wie Muhammad und seine Umwelt auf die Offenbarungen reagierten und wie der Koran umgekehrt auf ihre Reaktionen eingeht, versteht man seine Botschaft. Denn er ist nicht Text, sondern – wie Özsoy im Anschluss an Paul Ricœur formuliert – «discours»: Rede. Damit bedient sich Özsoy eines Terminus zur Beschreibung der komplexen Realität, den auch Abu Zaid in seinen letzten Lebensjahren für angemessener hielt, um zu erfassen, was der Koran eigentlich ist.

Ömer Özsoy hält es zudem mit Fazlur Rahman ausdrücklich für möglich, eine vergangene Situation richtig zu deuten. Jede Deutung der eigenen Gegenwart jedoch hält er, wie Paçacı, für fehlerhaftet. Hier wird klar: Es ist nicht mehr Fazlur-Rahmanismus in Reinkultur, was seine türkischen

Schüler heute predigen. Aber der pakistanische Gelehrte hat die türkischen Denker, denen inzwischen neben den Iranern die größte Originalität unter allen modernen Theologen attestiert wird, in unverkennbarer Weise geprägt. Und deshalb wird er auch der Islamischen Theologie in Deutschland seinen Stempel aufdrücken.

5 Amina Wadud:
Mitten im Gender Dschihad

Muslimin aus Überzeugung

Die Tochter eines methodistischen Pfarrers wurde als Mary Teasley 1952 in Bethesda, Maryland, USA geboren. Sie wuchs mit fünf Brüdern und einer Schwester auf dem Land in einer familiären Umgebung auf, in der ein ausgeprägtes Unrechtsbewusstsein vorhanden war. Die Vorstellung, Gott mit Unterdrückung in Zusammenhang zu bringen, war ihr fremd, sagt sie. «Mein Vater brachte mir als Priester den engen Zusammenhang von Freiheit und Glaube, von Gott und Gerechtigkeit nahe» (Wadud, Interview 2012). Ihren Vater beschreibt sie als sehr gläubig und bezeichnet ihn als ihren spirituellen Mentor. Ihre Mutter, die Wadud dagegen als depressiv und gewalttätig schildert, hielt die Familie trotzdem zusammen. Schon früh entwickelte Wadud eine große Leidenschaft fürs Lesen, ihre Begabung wurde jedoch von der Familie nicht unterstützt. Erst eine Lehrerin, die ihr Talent entdeckte, brachte sie in Boston auf einer guten Schule unter.

Die Zeit der Aufhebung der Rassentrennung erlebte die Afro-Amerikanerin sehr bewusst. Als Schwarze in einer von Weißen dominierten Bostoner High-School lernte sie, was es bedeutete, schwarz zu sein in Amerika. Deshalb beschloss sie, in Pennsylvania zu studieren, «um mehr schwarze Leute um mich herum zu haben» (Wadud 1995, 260). In der Bürgerrechtsbewegung und der Black Power Bewegung, der sie auch angehörte, kämpfte sie für die Achtung der Menschenrechte. Unter anderem nahm sie zusammen mit ihrem Vater am berühmten Marsch von Martin Luther King nach Jackson teil.

Wadud ist jemand, der viel Druck aushalten musste: als Schwarze in einer Gesellschaft, die von der Überlegenheit der Weißen ausgeht; als Arme in einer Gesellschaft, die Werte mit materiellem Wohlstand verwechselt, und als Frau in einer

Gesellschaft, die trotz ihrer sexuellen Revolution fortfährt, Frauen zu diskriminieren. Aber sie war sich auch früh ihrer Stärke bewusst: «Als Nachkomme einer Sklavin wurde mir klar, dass ich in allem eine Wahl habe. Ich wurde Vegetarierin, ich wurde Muslimin» (Wadud 2007, 7). Irgendwann, vor kurzem, erfuhr sie, dass ihr Ur-Ur-Urgroßvater mütterlicherseits, Matt Cox, ein Berber war. Matt war eigentlich Muhammad. Obschon es bedeutungsvoll war, von der Verbindung zu erfahren, nimmt sie es nicht als Determinierung wahr: Wadud ist Muslimin aus freien Stücken, nicht von Geburt. Anders als viele Konvertiten, die ihre Entscheidung vor ihrer alten Umgebung verteidigen und sich in ihrer neuen Glaubensgemeinschaft beweisen wollen, sodass sie oft zu Apologetik und Übertreibung neigen, ist Wadud jedoch angenehm unverkrampft in ihrer Religiosität.

Bevor sie mit zwanzig Jahren eher zufällig den Islam kennenlernte, war sie Buddhistin, lebte in einem Ashram und meditierte. Sie habe sich immer sehr für Gott, die menschliche Natur, Moral und Spiritualität interessiert, sagt sie. Damals nahmen Bekannte sie mit in die Moschee des Viertels, in dem sie lebte, und drängten sie, die *shahada*, das islamische Glaubensbekenntnis, zu sprechen. Sie wollten wohl den Frauenanteil in der Gemeinde erhöhen, schreibt Wadud Jahre später in ihrem Buch *Inside the Gender Jihad*, das auch eine Abrechnung mit dem konservativen Islam ist. Es klingt durch, dass sie «nur mal so» zum Islam konvertierte. Andererseits ist der Islam mit seinem radikalen Gleichheitsversprechen aller Rassen spätestens seit der *Nation of Islam* und Malcolm X eine geläufige Option für Afro-Amerikaner. Die Konvertitin, die sich Wadud nannte – einer der 99 schönsten Namen Gottes mit der Bedeutung «der Liebende, der Gerechtigkeit will» –, versprach sich zudem von der neuen Religion mehr Freiheit. Heute sagt sie, ihre Hoffnungen, dass sich ihr Leben mit dem Übertritt zum Islam positiv verändern würde, seien naiv gewesen. Sie habe es sich leichter vorgestellt, Teil der muslimischen Gemeinschaft zu sein. Diese habe ihr übel mitgespielt, erklärt sie und spielt damit auf öffentliche Reaktionen an, die sie wegen ihres Engagements

Amina Wadud: Männer und Frauen sind Stellvertreter Gottes. Foto: Georg Lukas

erfuhr. Ihre Gegner beschimpften sie als «Teufel mit Kopftuch» oder als «feministische Fundamentalistin».

Warum Islam?

Den entscheidenden Anstoß zur wirklichen inneren Hinwendung zum Islam gab ihr dann der Koran. Hier fand sie sich wieder, fühlte sich verstanden – mit ihrer Liebe zur Natur und ihren Fragen in Bezug auf das jenseitige Leben. Unüberlegt mag also vielleicht der Übertritt erfolgt sein, rasch folgte jedoch die eingehende intellektuelle Auseinandersetzung mit dem Islam. Gerade als Konvertitin bringt Wadud nicht nur ein spezielles durch ihre Identität geformtes Bewusstsein mit, sondern auch einen Geist des kritischen Hinterfragens. Im Ergebnis sind ihre Ansichten oftmals erfrischende neue Einsichten in die Lehren des Korans. Ausschlaggebend mag ihr familiärer Hintergrund gewesen sein. Sie kannte zwar Diskriminierung aufgrund ihrer Rasse, hatte aber auch gelernt, sich zu wehren.

Für den, der in den Islam und die Gender-Apartheid hineingeboren wird, mag es Situationen geben, in denen manche Denkmuster, obschon sie unterdrückerisch sind, erduldet werden. Ich hatte diesen Hintergrund natürlich nicht und akzeptierte nichts, das meine Würde verletzte. Dagegen hatte ich ja schon in einem rassistischen Amerika zu kämpfen gelernt. (Wadud, Interview 2012)

Seit 1972 studiert Wadud die Bedeutungen des im Koran dargelegten Selbst und die Möglichkeiten der Auslegung vor allem für die weibliche Identität. Ihr zufolge bestätigt der Koran die Gleichheit der Frau – auch wenn die Praxis in den muslimischen Ländern dem widerspricht. In ihrer wissenschaftlichen Arbeit konzentriert sich Amina Wadud vor allem auf den Koran als den autoritativen Referenzpunkt aller Muslime und weniger auf die Sunna, die Sammlung von Aussprüchen und Taten des Propheten Muhammed, der Feministinnen wie Fatima Mernissi und Nawal el-Saadawi eher ihre Aufmerksamkeit zuwenden. Mit ihrem Ansatz, nach dem Muhammads Aussprüche heute keine Gültigkeit besäßen, wenn sie dem Koran widersprächen, will sie eine koranische Basis für Gender-Gerechtigkeit im Islam schaffen. Haben die zahlreichen Publikationen über Frauen im Islam überwiegend die Lebenssituation von Frauen in den verschiedenen islamischen Ländern im Blick, so rückt Amina Wadud zum ersten Mal die Vorstellung bzw. das Konzept von der Frau im Koran in den Mittelpunkt. Dies führt sie zu der Frage: Kann die heutige Situation von Frauen in den islamischen Ländern als islamisch bezeichnet werden, das heißt als von Gott so gewollt? Wadud geht es darum, den Gleichheitsgedanken im Koran aufzuspüren und ihn für das, was sie den Gender-Dschihad nennt, zu nutzen. Die koranische Legitimation dient ihr als Mittel, um die Ansichten von Muslimen über Frauen herauszufordern und zu reformieren.

Zwischen ihrer Konversion und dem Beginn ihrer wissenschaftlichen Karriere lagen mehr als fünfzehn Jahre. Nachdem sie 1973 ihren BA im Fach Erziehungswissenschaften gemacht hatte, ging sie für zwei Jahre mit ihrem damaligen

Ehemann und dem neugeborenen Kind nach Libyen. Hier wurde sie mit vielen Verboten konfrontiert, die im Namen des Islams ausgesprochen wurden. Wadud akzeptierte sie nicht, begann zu fragen, ob der Islam das wirklich über Frauen sage. Sie begann, Primärquellen zu studieren. Nach ihrer Rückkehr nahm sie dann an der Pennsylvania University ein MA-Studium der Middle Eastern Studies auf, um ihren Fragen auf den Grund zu gehen. 1986 fing sie mit den Recherchen für ihre Dissertation an, die sie auch an die Universität Kairo führten. In Kairo besuchte sie zudem Vorlesungen sowohl an der Azhar, dem geistigen Zentrum der sunnitischen Welt, als auch an der American University.

Während ihrer Stunden in Koranexegese frustrierte sie die Unterrichtsmethode ihres Lehrers mehr und mehr: Sie wollte nicht nur wissen, was ein bestimmter Terminus, eine bestimmte Sure bedeutet, sondern sich selber die exegetische Literatur anschauen. Sie wollte analysieren, diskutieren, den Koran mit ihrem Lehrer zusammen lesen, nicht seine Erläuterungen des Korans anhören und auswendig lernen. Um ihn zu überreden, mit ihr den Koran zu lesen, wies sie ihm anhand des Korans nach, dass dieser nicht sagt, dass Frauen ihn nicht studieren dürften. Wadud zeigte ihm, dass kritisches Engagement kein westlicher Ansatz ist, sondern ein essentieller Bestandteil des Koranstudiums. Die Hingabe in den Willen Gottes (*islam*), die der Koran fordert, meint nicht blinde Gefolgschaft, sondern die freie Wahl des Menschen in seiner Eigenschaft als «eines Stellvertreters Gottes, nicht einer Marionette» (Wadud 2007, 23). Als *engaged surrender*, engagierte Hingabe, beschreibt Wadud, was der Koran vom Menschen will.

Amina Wadud hat aus zwei Ehen insgesamt fünf Kinder, ihre jüngste Tochter wurde 1989 geboren. Anfang der 1990er Jahre wurde sie zum zweiten Mal geschieden und zog danach die Kinder allein groß.

Nachdem sie 1988 an der University of Michigan die Prüfung zum Ph.D. in den Fächern Islamwissenschaft und Arabistik abgelegt hatte, führte sie ihre erste Anstellung nach Malaysia, wo sie an der International Islamic University eine

Assistenzprofessur übernahm. Hier schloss sie Freundschaft mit dem bekannten Menschenrechtsaktivisten Chandra Muzaffar, der heute dem in Kuala Lumpur ansässigen *Just World Trust* vorsteht, einer NGO, die sich dem interreligiösen Dialog verschrieben hat. In Malaysia war Wadud zudem maßgeblich am Aufbau der Organisation *Sisters in Islam* beteiligt. Diese Gruppierung – heute eine einflussreiche NGO – wollte das Thema Frauen und Geschlechtergerechtigkeit stärker in den Fokus der Öffentlichkeit rücken und gegen Diskriminierung kämpfen. Die Bekanntschaft mit den Frauen, die heute noch den Kern von *Sisters in Islam* bilden, bot Wadud die Gelegenheit, als Aktivistin tätig zu werden. Der Aktivismus spielt neben der Wissenschaft in ihrem Leben eine zentrale Rolle. Wadud bestärkte die *Sisters in Islam* darin, mit auf den Koran gestützten Argumenten für Gleichberechtigung einzutreten. Nur auf diese Weise könnten sie dem Vorwurf entgegentreten, ihre Forderungen widersprächen dem Islam. Gemeinsam mit anderen Frauen aus dem Kreis veröffentlichte sie einige Schriften, in denen sie belegte, dass im Koran für Gender-Gleichheit eingetreten werde. Eine Publikation aus dem Jahre 1991 trägt den provokanten Titel: «Dürfen muslimische Männer ihre Frauen schlagen?» Die Organisation geht bis heute nach den hermeneutischen Vorgaben Amina Waduds vor. Auf ihrer Homepage heißt es:

> Durch die Expertise der *mufassira* (Koranexegetin) Amina Wadud angeregt, engagiert sich die Gruppe aktiv für ein Modell koranischer Hermeneutik, das den gesellschaftlich-historischen Kontext der Offenbarung als Ganzes ebenso wie denjenigen spezieller koranischer Verse im Blick hat. Die Gruppe untersucht die Sprache des Textes sowie seine grammatische Struktur und betrachtet ihn als Ganzes, um seine Weltanschauung zu verstehen (Sisters in Islam).

In einem Aufsatz, der in einer 2012 veröffentlichten Festschrift zu Ehren Amina Waduds erschienen ist, beschreiben zwei der Gründerinnen von *Sisters in Islam* die herausragende Rolle, die Amina Wadud für sie und die Organisation gespielt hat. Wie ein Geschenk Gottes sei es gewesen, als sie beide, Zainah Anwar und Rose Ismail, von der Anwesenheit Waduds in Kuala Lumpur hörten. Sie hatten sich die Frage gestellt, wie es sein könne, dass Gott als gerecht gelte, aber so ungerecht gegen Frauen sei. Ihr Verdacht war, dass vieles, was man ihnen als islamische Gebote oder als Aussagen des Korans verkaufte, nicht stimme. Doch sie konnten kein Arabisch. Deshalb baten sie Amina Wadud, ihnen in einem privaten Studierzirkel mehr über den Koran zu erzählen, ihn mit ihnen zu lesen. Das war der Beginn der bis heute mit Abstand erfolgreichsten Frauen-NGO in der islamischen Welt. Viele die Frauen benachteiligende Gesetze wurden in den letzten Jahren auf ihr Betreiben hin geändert. Amina Wadud führte bei Zehntausenden von Menschen eine Bewusstseinsveränderung herbei, indem sie sie über ihre gottgegebenen Rechte in Kenntnis setzten. Zainah Anwar und Rose Ismail schreiben:

> Vielleicht ist sich Amina gar nicht klar über das Ausmaß ihres Beitrages. Aber wir wissen sehr gut, dass sie es war, die uns die Instrumente in die Hand gab, um für einen gerechten Islam kämpfen zu können. Das veränderte alles (Zainah Anwar und Rose Ismail 2012, 72).

In Malaysia publizierte Wadud 1992 auch ihr bahnbrechendes Werk *Qur'an and Woman (Koran und Frauen)*. In den USA hatte sie dafür keinen Verlag gefunden. Hier erschien das Buch erst 1999. Inzwischen ist es neben verschiedenen europäischen Sprachen ins Türkische, Persische, Arabische und Indonesische übersetzt worden, in manchen Ländern wie den Vereinigten Arabischen Emiraten aber verboten.

1992 wurde Wadud als Professorin an die Virginia Commonwealth University berufen, an der sie bis zu ihrer Emeritierung 2008 unterrichtete. 1997/1998 war sie Fellow an der renommierten Harvard Divinity School. 2006 erschien das stark autobiographisch gefärbte Buch *Inside the Gender Jihad*. Nach ihrer Emeritierung setzte Amina Wadud ihre Lehrtätigkeit als Gastprofessorin am Center for Religious and Cross Cultural Studies der Gadjah Mada University in Yogyakarta, Indonesien fort. Zudem unterrichtet sie als Gastprofessorin an verschiedenen Universitäten in der islamischen Welt. Im Sommersemester 2015 wird sie Gastprofessorin an der Akademie der Weltreligionen der Universität Hamburg sein. Die mehrfache Großmutter lebt in der Nähe von Berkeley in Kalifornien.

Das Kopftuch trägt sie nicht immer, aber vor allem dann, wenn sie sich unter Konservativen mehr Gehör verschaffen möchte, erzählt sie. Manchmal trägt sie es auch, weil sie mit ihm nicht sofort als Afro-Amerikanerin zu erkennen ist. Mit Kopftuch gehe sie auch als Südasiatin durch. Das Publikum verhalte sich dann ihr gegenüber respektvoller. Aus dem Koran liest sie jedenfalls keine religiöse Verpflichtung für Frauen, sich zu bedecken. Das Kopftuch ist für sie nichts weiter als ein kulturelles Ausdrucksmittel.

Die Islamwissenschaftlerin, die in der TV-Dokumentation *The Noble Struggle of Amina Wadud* porträtiert wurde, erhielt neben zahlreichen weiteren Preisen im Jahre 2007 den dänischen Demokratiepreis.

Weiblich, muslimisch, schwarz

Der Schwierigkeiten, denen sich ihr Reformvorhaben ausgesetzt sieht, ist Wadud sich wohl bewusst. Sie schreibt, dass die Exegese des Korans allein nicht ausreiche, um einen Wandel im Geschlechterverhältnis zu erreichen; es brauche überdies eine Bewegung wie diejenige, die zur Abschaffung der Sklaverei führte, eine Bürgerrechtsbewegung.

Wadud schildert in *Inside the Gender Jihad* ihre positiven wie negativen Erfahrungen sowohl innerhalb der muslimischen Gemeinschaft als auch innerhalb des akademischen Betriebs, war sie doch lange Zeit die einzige mit Kopftuch unterrichtende Islamwissenschaftlerin in den USA. Sogar dort, wo sie lehrte, bei den Religionswissenschaftlern, registrierte sie eine ablehnende Haltung gegenüber dem Islam. Der westlichen Islamwissenschaft macht sie den Vorwurf, den Muslimen keine wissenschaftliche Auseinandersetzung mit dem Islam zuzutrauen. Sie seien angeblich nicht objektiv, die christlichen oder jüdischen Islamwissenschaftler hingegen schon; als habe es die Diskussion über den Orientalismus nie gegeben. «Die westliche postmoderne Herrschaft über den theologisch-religiösen Diskurs», schreibt Wadud, «ist eine weitere Form des kulturellen Imperialismus» (Wadud 2007, 64–65).

Wadud kritisiert aber auch ihre vermeintlichen Mitstreiter im Kampf gegen die Konservativen. Zum einen würden Frauen sogar im progressiven Diskurs marginalisiert und ausgegrenzt. Zum anderen würden sie nur benutzt, für ihre Ansichten interessiere man sich nicht. So beschreibt Wadud in *Inside the Gender Jihad*, wie sie 1994 zu einer Konferenz über Islam und Zivilgesellschaft in Südafrika eingeladen war. Man hatte ihr nicht gesagt, dass sie zudem das Freitagsgebet in der Claremont Main Road Mosque in Kapstadt halten sollte. Als empörend empfand sie, wie über ihren Kopf hinweg entschieden worden war. Doch es kam noch schlimmer für sie. Farid Esack, einer der Veranstalter, gab nachher zu, ihrer Predigt nicht zugehört zu haben. Aber er schrieb später über das Ereignis in seinem Buch *Qur'an, Liberation and Pluralism*. Das Ereignis machte sich eben gut. Man gab sich progressiv, und eine schwarze Frau in Südafrika ein Gebet leiten zu lassen, kommt einer doppelten Revolution gleich. Aber Interesse an dem, was sie zu sagen hatte, war bei Farid Esack nicht vorhanden.

Wadud kämpft noch an einer weiteren Front: Afro-amerikanische Muslime fühlen sich von den eingewanderten Muslimen oft bevormundet. Wadud spricht diesen Paternalismus, der sogar in Rassismus umschlägt, innerhalb der muslimischen Gemeinden in den USA offen an. Umso absurder und trauriger ist dieser Rassismus für viele afro-amerikanische Muslime, als viele von ihnen konvertierten, um dem Rassismus zu entfliehen. Eine Kontroverse entstand deshalb während einer Konferenz in Toronto Anfang 2005, nachdem sie in der ihrem Vortrag folgenden Diskussion gesagt hatte: «I am a nigger, and you will just have to put up with my blackness» (Ich bin ein Nigger, und ihr werdet euch mit meinem Schwarzsein abfinden müssen, Fatah 2005). Später fügte sie hinzu, das Thema «Rassismus unter Muslimen in den USA» müsse sowohl in der Wissenschaft als auch in der politischen Diskussion in den USA mehr Beachtung finden. Bei ihrem damaligen Ausbruch trat vieles zutage, was sich lange aufgestaut hatte, erklärt Omid Safi, ein Vertrauter. Wann immer sie etwas sage, was ihrem Publikum nicht passt, hieße es, sie kenne ihren Koran nicht, ihren Islam nicht – und Arabisch könne sie schon gar nicht. Diese Reaktion gehe einzig und allein auf die Tatsache zurück, dass sie eine Frau und schwarz sei. Wenn Khaled Abou El Fadl das gleiche sage – was er in Bezug auf manche Themen tue –, dann geschehe das nicht.

> Amüsant ist – um besser zu lachen als zu weinen: Wenn männliche Wissenschaftler (wie ʿAbdullahi an-Naʿim, Khaled Abou El Fadl etc.) exakt das gleiche sagen, werden Einwände mit den Worten eingeleitet: «Lieber Meister, ich bitte darum, anderer Meinung sein zu dürfen als Sie.» Es gibt ein männliches Privileg ebenso wie ein «braunes» Privileg (von einem weißen gar nicht zu reden) verglichen mit Aminas Position als einer afro-amerikanischen weiblichen Wissenschaftlerin. Amina hat diese Last Tag für Tag über Jahrzehnte hinweg ausgehalten mit einem Maß an Würde, das zugleich ungemein ungerecht und unbestreitbar bemerkenswert ist. (Safi 2012, 228)

Als sie in einem Interview nach ihrem Ausbruch befragt wurde, der viel Aufsehen erregt hatte, erklärte Wadud: »Ja, ich bin ein Nigger. Nur für den Fall, dass die Leute denken, ich wüsste nicht von den verinnerlichten Standpunkten und politisierten rassistischen Hierarchien innerhalb der muslimischen Gemeinschaft. Ich halte mein Schwarzsein für eine der Eigenschaften, die mir die Kraft und die Erfahrungen gaben, sich anderen *ismen* entgegenzustellen.»

Für die einen wurde Amina Wadud so zu einer mutigen Reformerin und Freiheitskämpferin, für die anderen ist sie eine Häretikerin oder zumindest eine nicht ernst zu nehmende Theologin. In der akademischen Welt wird ihr vorgeworfen, in ihren Äußerungen zum Islam, ihrer Interpretation des Islams zu persönlich zu werden. Sie aber findet – bestimmt nicht unabsichlich auf Carol Hanischs berühmten Essay anspielend –, das Private sei politisch.

Ihr Eintreten für die Geschlechtergerechtigkeit im Islam mit Hilfe der Koranexegese wird immer wieder von Muslimen als grundsätzliche Kritik an der gemeinsamen Religion missverstanden. Dabei richtet sich ihre Kritik nur an jene, die für den Islam, im Namen des Islams sprechen. Vielleicht, so sagt Wadud, wollte man ihr als Frau, noch dazu mit afrikanischem Hintergrund, als amerikanischer Konvertitin nicht zugestehen, dass sie mehr wollte als das, was man ihr zu geben bereit war. Die muslimische Gemeinschaft rächte sich an ihr: Sie forderte von ihrer Universität, der Virginia Commonwealth, dass sie gefeuert werde. «Es gibt fünf Moscheen in Virginia. Sie sind so zerstritten, dass sie sich nicht einigen können, wie sie zusammen den höchsten muslimischen Feiertag feiern, aber in ihrer Ablehnung meiner Person wurden sie sich einig» (Wadud, Interview 2012). Die Universität gab zwar nicht nach, doch Wadud ging dann selber.

Die schwierigste Lektion, die sie lernen musste, war also, dass es für sie in den muslimischen mainstream-Gemeinschaften keinen Platz gibt. Doch damit hat sie sich abgefunden. Man muss nicht dazu gehören, sagt sie, man gehört nur zu Gott. Das gibt ihr Ruhe, und so versteht sie die Aussage, dass der Mensch, jeder Mensch, Gottes Stellvertreter (*khalifa*) sei. Mit *agent* übersetzt sie den Begriff ins Englische, was eher ungewöhnlich ist, und meint den im Sinne Gottes verantwortlich Handelnden. Und als solcher, als *khalifa*, darf ein Muslim nicht abseits stehen und zuschauen, wenn er Ungerechtigkeit beobachtet. Wadud hat sich den Ansatz Fazlur Rahmans zu eigen gemacht, der sie stark geprägt hat. Sie hat allerdings nicht bei dem Pakistaner studiert, ihn nur einmal bei einem Vortrag erlebt und nie persönlich kennengelernt. Einfluss hatte Rahman nur über seine Bücher auf sie: Laut Rahman trat der Islam an, eine gerechte Gesellschaftsordnung aufzubauen. Dazu gehört für Wadud auch die Gleichberechtigung der Frauen.

Weltberühmt machte Amina Wadud ihre Leitung eines öffentlichen Freitagsgebets. Im März 2005 betete sie in New York beim traditionellen Freitagsgebet einer etwa 100-köpfigen gemischten Gemeinschaft vor. Zwar hatten schon früher gelegentlich Frauen ein Freitagsgebet geleitet, und auch Amina Wadud war in Südafrika bereits bei einem Freitagsgebet Vorbeterin gewesen. Aber dennoch war das New Yorker Freitagsgebet ein Novum, dürfen doch normalerweise Frauen nur Frauen vorbeten. Auch der Gebetsruf erging von einer Frau, ein weiterer Tabubruch. Männer und Frauen aus Kentucky und Michigan und sogar der Türkei und Ägypten reisten an, um dem groß angekündigten historischen Ereignis beizuwohnen. Getragen wurde das Event von der *Muslim Women's Freedom Tour* unter der Leitung von Asra Nomani, einer in den USA bekannten Journalistin und Frauenrechtlerin, von der progressiven Website *Muslim WakeUp!* und von Mitgliedern der *Progressive Muslim Union*. Weil drei zuvor angefragte Moscheen in New York ein Freitagsgebet nicht dulden wollten, das von einer Imamin, einer Vorbeterin, geleitet wurde, wich man in eine anglikanische Kirche, das Synod House, aus. Eine Kunstgalerie, die sich ebenfalls bereitgefunden hatte, das für die gesamte islamische Welt revolutionäre Ereignis in ihren Räumen stattfinden zu lassen, zog das Angebot zurück, nachdem eine Bombendrohung eingegangen war.

Zwar protestierten vor der Kirche nur eine Handvoll Demonstranten, doch durch die islamische Welt ging ein Aufschrei. Während amerikanische Muslime, womit im US-Sprachgebrauch die afro-amerikanischen Muslime gemeint sind, «nur» ein Schisma zwischen dem Religionsverständnis der Immigranten und dem liberaleren, modifizierten «US-Islam» ihrer Kinder und Enkel befürchteten, witterten die Konservativen in Ägypten und Saudi-Arabien eine amerikanische Verschwörung zur Diskreditierung des Islams. Riads Großmufti 'Abdelaziz al-Scheich verkündete, jeder, der Waduds Aktion verteidige, verstoße gegen Gottes Gesetz. Mohammed Sayyed at-Tantawi, Großscheich der ägyptischen Azhar-Universität und damit höchste religiöse Autorität des sunnitischen Islams, erklärte, Frauen dürften nur das Gebet anderer Frauen leiten, keinesfalls aber im Falle der Anwesenheit von Männern. Ähnlich äußerte sich der populäre Fernsehprediger Yusuf al-Qaradawi im Sender al-Jazeera, der die Aktion als unislamisch und häretisch bezeichnete. Das ägyptische Blatt *al-massa* (Der Abend) warf Wadud in großen Lettern auf der Seite eins vor: «Sie beflecken den Islam», und eine ägyptische Rechtsprofessorin ging gar so weit, sie des Abfalls vom Glauben zu bezichtigen.

Ein spektakulärer Präzedenzfall, der des Intellektuellen Farag Foda, zeigt, wie gefährlich solche Stimmungsmache werden kann. Anfang der 1990er Jahre sagte ein populärer Prediger über ihn, dass das Volk dies selbst in die Hand nehmen müsse, wenn der Staat seiner Verpflichtung zum Töten eines Apostaten nicht nachkomme. Wenige Tage später war Farag Foda tot, auf offener Straße von einem Fanatiker niedergestochen.

Die Verteidiger Waduds mischten sich ebenfalls lautstark in die Debatte ein. Die *Progressive Muslim Union* machte geltend, dass weder der Koran noch die Sunna ein Verbot für Frauen enthalte, gemischte Gebete zu leiten. Der Prophet habe eine solche Praxis sogar ausdrücklich gefördert. Und der einflussreiche ägyptische Mufti Scheich ʿAli Gomʿa ließ sich im Sender al-ʿArabiya mit der Ansicht zitieren, von einer Frau geführte gemischte Freitagsgebete seien zu dulden, sofern die Gemeinde einverstanden sei. Zur Untermauerung seiner Meinung führte der Mufti den Exegeten Tabari und den Mystiker Ibn ʿArabi an, die das genauso gesehen hätten. Ähnlich äußerte sich der Reformer Gamal al-Banna, der Bruder des Gründers der Muslimbrüderschaft, Hasan al-Banna. Dem Argument, Männer würden durch eine Frau verführt, die ihnen vorbete, setzte Nasr Hamid Abu Zaid entgegen: Wer einer Frau auf das Hinterteil schauen wolle, solle in einen Nachtclub gehen. Der Wissenschaftler bezeichnete Waduds Tabubruch als einen wichtigen Schritt für die amerikanischen Musliminnen, für die Frauen in der islamischen Welt und ihren Kampf für Geschlechtergerechtigkeit hielt er die Frage, ob Frauen das Gebet leiten dürften, allerdings für eher marginal.

Nach Amina Wadud selbst gibt es ein solches Verbot nur von Seiten der islamischen Orthodoxie, weder im Koran noch in der Sunna seien Belege dafür zu finden. Mit ihrer Aktion wollte sie vor allem Frauen für gemischtgeschlechtliche Freitagsgebete unter weiblicher Leitung begeistern. Allerdings hatte sie nicht mit einer derartigen Medienaufmerksamkeit gerechnet – sie habe über Wochen 40 Interviewanfragen pro Tag bekommen, aber alle abgelehnt –, und schon gar nicht damit, dass man versuchen würde, das Thema auf diese Weise zu instrumentalisieren. Deshalb würde sie ein solches Gebet nur noch im kleinen Kreis leiten.

Wegen der zahlreichen Drohungen nach diesem Ereignis musste Amina Wadud unter Polizeischutz gestellt werden, ihre Studenten konnte sie in diesem Semester nur noch per Video unterrichten. Wenn sie heute gefragt wird, was die Aktion gebracht habe, sagt sie, es sei zwar noch immer eine Minderheitsmeinung, dass Frauen vor gemischten Gemeinschaften Freitagsgebete leiten dürften, aber die Zahl der Befürworter sei gestiegen. So habe die Muhammadiyah, die mit 30 Millionen Mitgliedern zweitgrößte muslimische Organisation Indonesiens, kürzlich entschieden, Frauen bei der Leitung der Gebete unter bestimmten Umständen zu beteiligen. Andere Moscheegemeinden setzten sich inzwischen für eine regelmäßige Gebetsleitung durch Frauen ein. Diese kleineren Fortschritte gebe es immer häufiger. Das sei der Beginn dessen, wofür sie immer gekämpft habe: dass die Teilhabe von Frauen auch in religiösen Führungspositionen als Normalität betrachtet wird.

Sie hat Recht: Dinge ändern sich – und Menschen. Es sind kleine Veränderungen, aber sie finden statt. Ein schönes Beispiel dafür war eine Gedenkveranstaltung zu Ehren Nasr Hamid Abu Zaids, die im Juni 2011 im Kulturwissenschaftlichen Institut in Essen stattfand. Eine ganze Reihe von Reformdenkern war zu einer Konferenz geladen, die unter dem Titel *Islamic Newthinking* stand. Seine Freunde und Kollegen wollten seiner gedenken, indem sie fortführten, wofür er stand: Neues zu denken. Beginnen sollte die Zusammenkunft in kleinem Kreis mit einem Gedenkgebet. Mit Mohammad Shabestari wurde ein Geistlicher gefragt, ob er das Gebet sprechen wollte. Er entschuldigte sich, er könne an dem ersten Treffen nicht teilnehmen, weil er noch einen Termin habe – und schlug Amina Wadud vor: Sie habe von allen Anwesenden die schönste Stimme. Männer wären genug zugegen gewesen, unter ihnen 'Abdolkarim Soroush, Farid Esack, 'Ali Mabrouk, Osman Taştan, 'Abdulkader Tayyob – eine Palette ausgewiesener Theologen also. Doch als sei es das selbstverständlichste von der Welt wählte Shabestari, der noch in den 1960er Jahren Ayatollah Khomeinis Aufruf unterschrieben hatte, Frauen nicht das aktive Wahlrecht zu geben, unter allen Anwesenden eine Frau.

Gender im Koran

Längerfristig dürften ihre Schriften weit mehr zur Veränderung der Situation der Frauen beitragen als öffentlichkeitswirksame Auftritte wie das New Yorker Freitagsgebet. Khaled Abou El Fadl, Professor für islamisches Recht an der UCLA School of Law, schreibt in seinem eindrücklichen Vorwort zu *Inside the Gender Jihad*, Männer und Frauen begriffen nicht, dass das Patriarchat eine Beleidigung des Islams und der Moral ist. Ihm zufolge besteht Waduds Verdienst darin, genau das aufzuzeigen. Die große Feminismusforscherin Margot Badran attestiert ihr, mit dem Buch *Qur'an and Women* eine Revolution losgetreten zu haben. Waduds Durchbruch im islamischen Denken zu Beginn des 21. Jahrhunderts komme dem Muhammad 'Abduhs zu Beginn des 20. Jahrhunderts gleich. Der Rechtsprofessorin Madhavi Sunder gilt sie als revolutionäre Philosophin – und zwar weniger, weil sie den Koran von einer feministischen Perspektive aus selber interpretiert hat, sondern weil sie einfache Frauen gelehrt hat, dasselbe zu tun.

Ein Beispiel: Waduds Ermunterung, den Koran selber zu

lesen, hatte einen starken Einfluss auf Frauen in verschiedensten Kontexten. Der malaysische wurde schon erwähnt, und in Gambia brachte sie Isatou Touray, die im Alter von elf Jahren beschnitten worden war, dazu, den Koran selbst zu lesen. Zu ihrem großen Erstaunen fand sie heraus, dass die Beschneidung weiblicher Genitalien dort keinerlei Erwähnung findet, dabei würden 75 Prozent aller Mädchen in Gambia beschnitten, weil die Menschen dächten, das stünde so im Koran. Nach dieser Erkenntnis gründete Touray das *Gambia Committee on Traditional Practices*. Wenn das Komitee nun erklärt, dass der Koran die Beschneidung weiblicher Genitalien nicht fordere, können die Gelehrten des Islams nicht widersprechen. Sie haben daher aufgehört, religiöse Argumente für diese Praxis vorzubringen. Der Einstieg über den Koran macht es leichter, gegen die Praxis der Genitalverstümmelung vorzugehen. Im Jahr 2007 verurteilten mehrere Organisationen öffentlich die weibliche Genitalbeschneidung, und Isatou Touray wurde zur Gambierin des Jahres gewählt.

Waduds zahlreiche Untersuchungen kreisen um ein Thema: die Konzeptualisierung von Gender und Gender-Beziehungen im Koran. Denn bevor neue Ideen in der islamischen Welt akzeptiert würden, müsste ihre Legitimität innerhalb des islamischen Denkens bewiesen werden. Das laufe nur über den Koran. Deshalb interpretiert die Islamwissenschaftlerin den Koran – was tatsächlich Seltenheitswert hat. Die einzige Frau, die neben Wadud und Asma Barlas wirklich umfangreiche Exegese betrieben hat, war die Ägypterin Aisha Abd ar-Rahman in ihrem *tafsir al-bayani li-l'qur'an* (*Erläuternder Kommentar des Korans*). Andere islamische Feministinnen wie beispielsweise Riffat Hassan (geb. 1943), die bis zu ihrer Emeritierung im Jahr 2009 an der University of Louisville Religionswissenschaft lehrte, stimmen zwar in vielen Aussagen über den Koran mit Wadud überein, haben jedoch keine eigene Abhandlung über den Koran vorgelegt. Erstaunlich ist die Abwesenheit von Frauen im Bereich Exegese umso mehr, als die klassische islamische Gelehrsamkeit durchaus viele Frauen kannte.

Ziel von Waduds Koranforschung ist, herauszufinden, wie man den Text am besten lesen sollte – und vor allem, wie man darin eine weibliche Stimme erkennen kann. Dabei gesteht Wadud durchaus ein, dass die Lektüre immer von einer gewissen Subjektivität geprägt ist. Für sie ist Lesen ein interpretatorischer Akt, und sie möchte zeigen, welche Beziehung zwischen der koranischen Exegese und den Exegeten besteht. Sie konzentriert sich darauf, was der Koran sagt, wie er es sagt, was über den Koran gesagt wird und wer etwas über den Koran sagt. In den letzten Jahren ist noch ein Interesse für das Ungesagte hinzugekommen: die Interpretation der Auslassungen des koranischen Textes. Grundsätzlich beklagt Wadud, dass der Koran mit seiner Auslegung verwechselt werde und einige Auslegungen als sakrosankt und unkritisierbar angesehen würden.

Wadud zufolge ist die Methode der traditionellen Exegeten atomistisch. Diese seien vom Anfang bis zum Ende des Korans von Vers zu Vers vorgegangen. Der Versuch, übergreifende Themen oder Zusammenhänge zwischen den einzelnen Versen und Suren herauszuarbeiten, wurde jedoch kaum unternommen. Denn ein Verfahren, ähnliche Ideen, syntaktische Strukturen, Prinzipien oder Themen miteinander zu verbinden, existiert praktisch nicht. Indem die traditionellen Exegeten den Koran als Steinbruch lesen, versäumen sie es, die grundlegenden Gedanken, die der koranischen Botschaft innewohnen, offen zu legen. Dies führt dazu, dass bestimmte Aussagen verallgemeinert werden. So basieren zum Beispiel viele der Restriktionen, denen Frauen unterliegen, auf der Annahme, die Lösungen, die der Koran nur für einen bestimmten Fall formuliert hat, seien allgemein gültige Prinzipien.

Als Beispiel nennt Wadud die Bekleidung von Frauen. Was diese angeht, gebe der Koran eine allgemeine Anweisung: Eine sittsame Bekleidung sei die beste. Doch das islamische Recht erhebt die koranische Feststellung darüber, was im 7. Jahrhundert als eine sittsame Bekleidung galt, zu einem allzeit gültigen Prinzip und behauptet, allein das Kopftuch werde diesem gerecht. Dabei handele es sich im Koran um eine rein deskriptive, nicht normative Aussage, befindet Wadud.

Indem man das Kopftuch zu einem allgemein gültigen Kodex erkläre, universalisiere man die kulturell und ökonomisch bedingten Umstände, die im 7. Jahrhundert auf der arabischen Habinsel zu einer bestimmten Auffassung von Sittsamkeit und Anstand führten. Damit gebe man eine kulturelle Besonderheit als koranische Botschaft aus, wodurch diese automatisch begrenzt werde, hätten doch nicht alle Kulturen dieselbe Auffassung von Sittsamkeit. Für Wadud ist es entscheidend, zu verstehen, dass der Koran das Prinzip der Sittsamkeit und des Anstands lehrt, dieses Prinzip aber nicht mit konkreten Inhalten füllt.

Die Wissenschaftlerin stellt also besonders den Kontext heraus, in dem bestimmte Vorschriften des Korans offenbart worden sind. Nach ihrer Überzeugung muss die Botschaft des Korans im Mittelpunkt stehen. Sie soll herausgearbeitet werden und im Zentrum des Glaubens stehen, nicht die Vorschriften im Detail. Dazu schlägt sie eine Hermeneutik des *tauhid* vor. *Tauhid* ist das Prinzip der Einheit Gottes im Islam. Gott ist einer, heißt es in der Fatiha, der Eröffnungssure des Korans. Demnach gibt es für Wadud eine überzeitliche Botschaft des Korans: das Prinzip der Gerechtigkeit und der Gleichheit. Sie will zeigen, dass der Einheitsgedanke alle Teile des Korans durchzieht.

Zu diesem Zweck untersucht sie beispielsweise anhand der Sure, in der es um die Schöpfung geht, im Detail die Sprache des Korans. Das ist kompliziert, soll hier jedoch mit Waduds Interpretation der Sure 4:1 einmal nachgezeichnet werden, um zu verdeutlichen, worum es geht: Zur möglichst genauen Wiedergabe des Inhalts sei zunächst die Übersetzung Rudi Parets zitiert, die Standardübersetzung, die in der deutschen Islamwissenschaft Verwendung findet. In Klammern wurden die Worte hinzugefügt, um die es Wadud bei ihrer Interpretation geht. Danach ist die arabische Form des Verses notiert, um die Bezüge klarer herstellen zu können, und als letztes folgt die englische Fassung, auf die Wadud sich in ihrer Darlegung bezieht:

Ihr Menschen! Fürchtet euren Herrn, der euch aus *(min)* einem einzigen Wesen *(nafs)* geschaffen hat, und aus *(min)* ihm das ihm entsprechende andere Wesen *(zauj)*, und der aus ihnen beiden viele Männer und Frauen hat (hervorgehen und) sich (über die Erde) ausbreiten lassen!

Arabisches Original: «*Ya ayuha an-nas ittaqu rabakum allathi khalaqa-kum min nafsin wahidatin wa khalqa min-ha zaujaha wa baththa minhuma rijalan kathiran wa nisa'an.*»

Englische Übersetzung mit Hervorhebungen von Wadud:

And *min* His *ayat* (is this:) that He created You (humankind) *min* a single *nafs*, and created *min* (that *nafs*) its *zauj*, and from these two He spread (through the earth) countless men and women.

Der Vers enthält die grundlegenden Elemente der koranischen Version des Ursprungs der Menschheit, der Schöpfung Adams und Evas. Wadud betrachtet die vier Kernwörter: *ayat, min, nafs* und *zauj*, vor allem aber die Worte *min, nafs* und *zauj*. Wenn man wie der Exeget Abu al-Qasim Zamakhshari (1074–1144) in Anlehnung an die biblische Version der Geschichte das Arabische *min* (das zweite *min* in dem Vers) als *aus* im Sinne einer Extraktion versteht, so wird eine Höherwertigkeit des Mannes zugrunde gelegt. Dieses *min* nämlich befördert die Idee, das erste geschaffene Wesen, von dem man annimmt, es sei ein Mann gewesen, sei komplett und perfekt gewesen. Das zweite erschaffene Wesen, eine Frau, sei dann folglich nicht perfekt, wurde sie doch aus dem Ganzen herausgenommen.

Wenn man *min* hingegen mit *in* oder *von derselben Art* übersetzt, bekommt der Vers eine völlig neue Bedeutung: «[...] und er erschuf von derselben Art [...]». Tatsächlich kann *min* auch so verstanden werden, wie Vergleiche mit anderen Versen – zum Beispiel Sure 42:11 und 30:21 – zeigen. Das lässt sich auch anhand anderer Übersetzungen nachweisen: Während die Paretsche Übersetzung von Sure 30:21 patriarchal «Und zu seinen Zeichen gehört es, dass er euch aus euch selber Gattinnen geschaffen hat [...]» lautet, wurde in den persischen Koranübersetzungen von Jalaloddin Mojtabavi, 'Abdolmohammad Ayati und Baha'oddin Khorramshahi hingegen eine geschlechtsneutrale Formulierung gewählt: Er hat für Euch von derselben Art, wie ihr es selber seid, *hamsar* geschaffen – das Wort *hamsar* wird im Persischen, das kein grammatikalisches Geschlecht kennt, sowohl für Gatte als auch für Gattin verwendet. Obwohl die drei Übersetzer das arabische Lehnwort *zauja* (Gattin) hätten verwenden können, entschieden sie sich für den geschlechtsneutralen Begriff. Aus dem Paretschen «aus euch selber» für *min anfusikum* wird somit in der persischen Übersetzung «von derselben Art, wie ihr es selber seid». Und auch bei Hartmut Bobzin, dessen deutsche Koranübersetzung 2010 erschien, ist zu lesen: «Ihr Menschen! Fürchtet euren Herrn, der euch aus *einem* Wesen schuf und der daraus sein Gegenüber schuf [...].» [Hervorhebung im Original]. Diese Beispiele zeigen uns, dass der Vers durchaus, wie von Wadud behauptet, unterschiedlich aufgefasst werden kann.

Unglücklicherweise sei die Exegese, so Wadud, der Interpretation Zamakhsharis gefolgt, der zwar hohes Ansehen für seinen linguistisch sorgfältigen Kommentar genießt, in diesem Fall jedoch offensichtlich durch die Bibel beeinflusst war. Seine Übersetzung erkläre zudem nicht die wichtigsten Termini dieses Verses, *nafs* und *zauj*. Wadud zufolge wird *nafs,* das eigentlich «selbst» bedeutet, im Koran immer in Bezug auf die Menschheit verwendet, das heißt auf den gemeinsamen Ursprung der Menschheit. Grammatikalisch ist der Begriff Femininum, weshalb Adjektive etc. im Femininum mit diesem Wort korrespondieren müssen. Was jedoch das Konzept anbelangt, sei *nafs* weder Femininum noch Maskulinum, sagt Wadud, bilde es doch einen essentiellen Teil von Männern wie von Frauen. Deshalb könnten *nafs* auch Beziehungsworte im Maskulinum zugeordnet werden. In der Tat entspricht das grammatikalische Geschlecht ja nicht immer dem tatsächlichen Geschlecht, wie das Beispiel «das Mädchen» im Deutschen eindrücklich zeigt.

Hierzu zitiert Wadud ihren Lehrmeister Fazlur Rahman:

> Der Terminus *nafs*, der in der späteren islamischen Philosophie und im Sufismus «Seele als Substanz separat vom Körper» bedeuten sollte, hat im Koran meistens die Bedeutung von «er selbst» oder «sie selbst» und im Plural «sie selbst». In anderen Kontexten meint er «Person» oder «innere Person», d.h. den real existierenden Menschen, nicht separat oder außerhalb des Körpers. Tatsächlich ist es der Körper mit einem Lebens- und Intelligenzzentrum, das aus Identität oder Persönlichkeit des Menschen besteht. (Wadud 1999, 19)

Laut Koran, so Wadud, hatte Gott niemals vor, die Schöpfung mit dem Mann zu beginnen. Es gibt auch keinen Bezug zu Adam als dem Beginn der Menschheit. Ihrer Meinung nach kennt die koranische Version der Schöpfungsgeschichte kein Gender. Um dies weiter zu belegen, wendet sich die Islamwissenschaftlerin der Erläuterung des Begriffes *zauj* zu.

Gemeinhin wird *zauj* im Koran im Sinne von «Gatte», «Partner» oder im Plural als «Gatten» verwendet. Es ist der Terminus, der im zweiten Teil der Schöpfungsgeschichte Verwendung findet und unter dem man aus Gewohnheit Eva versteht. Grammatikalisch jedoch ist *zauj* Maskulinum und wird demnach zusammen mit einer Verbform und einem Adjektiv im Maskulinum verwendet. Das Konzept von *zauj* im Koran ist allerdings weder Maskulinum noch Femininum. Mit diesem Begriff werden neben Menschen auch Pflanzen (55:52) und Tiere (11:40) bezeichnet. Wadud vermutet, dass dieser Mangel an Eindeutigkeit Kommentatoren wie Zamakhshari bei den biblischen Inhalten der Schöpfungsgeschichte hat Zuflucht nehmen lassen, die eben besagen, dass Eva aus *(min)* der Rippe Adams geschaffen worden sei.

Nach einer genaueren Untersuchung der koranischen Verwendung von *zauj* kommt sie zu dem Schluss, dass alles in der Schöpfung einen Partner, *pair*, habe; alles existiere in

Zweiheit: «Everything in creation is paired» (Wadud 1999, 21). Dazu zitiert sie als Beleg auch Sure 51:49: «Und von allem haben wir ein Paar geschaffen.» Ihrer Meinung nach gibt es zwar einige Unterschiede hinsichtlich Natur, Charakteristika und Funktionen, aber zwei kongruente Teile sind so geformt, dass sie zueinander passen. Das für viele muslimische Wissenschaftler so wichtig gewordene Werk *God and Men in the Koran: The Semantics of the Koranic Weltanschauung* von Toshihiko Izutsu wiedergebend, schreibt sie: «Jedes Teil des Paares bedingt den anderen Teil semantisch und steht auf dem Grunde dieser Korrelation» (Wadud 1999, 21). Ein Mann ist demnach nur ein Ehemann in Bezug auf eine Frau. Die Existenz des einen ist durch den anderen bedingt. Im Hinblick auf die Schöpfung bedeutet «von allem haben wir ein Paar geschaffen», dass das Gegenstück von jedem erschaffenen Ding Teil des Plans ist. Daraus wiederum zieht Wadud die Schlussfolgerung, dass die Erschaffung der beiden ursprünglichen Eltern unwiderruflich und ursprünglich miteinander verbunden ist. Folglich sind beide gleichermaßen essentiell. Sie zitiert weitere Koransuren (51:49; 43:12; 36:36), die belegen, dass alle erschaffenen Dinge gepaart sind und dass dies eine gegenseitige Notwendigkeit ist.

Das führt Wadud zu folgender geschlechterneutralen Übersetzung von Vers 4:1:

> O Mankind! Be careful of your duty to your Lord Who created you from a single *nafs* and from it created its *zawj*, and from that pair spread abroad [over the earth] a multitude of men and women. (Wadud 1999, 22)

Zu einer solchen Deutung des Koranverses kommen neben den bereits erwähnten persischen Übersetzern auch noch weitere Interpreten wie zum Beispiel Nasr Abu Zaid. Dieser schreibt:

> Es gibt im Koran keinen Hinweis darauf, dass die Frau aus dem Manne geschaffen worden ist, wie es in der Bibel steht. Später haben die muslimischen Interpreten sich

beim Alten Testament bedient und den Vers im biblischen Sinne ausgelegt, aber im Koran selbst sucht man die Vorstellung, dass die Frau aus der Rippe des Mannes geschaffen worden ist, vergeblich. In der koranischen Schöpfungsgeschichte sind beide Geschlechter gleichgestellt. Die Teilung der Seele zu einem Paar erzeugt keine Überlegenheit des einen über den anderen Teil. Noch bemerkenswerteres finden wir, wenn wir die sprachliche Ebene betrachten, die von vielen vernachlässigt wird, weil sie den Koran nicht als Text behandeln, der den Regeln und Methoden der Textanalyse unterworfen ist. Der Koran gehört zu den frühesten arabischen Texten überhaupt, in denen Männer und Frauen ausdrücklich angesprochen sind. In der altarabischen Poesie ist der Adressat ausschließlich männlich. (Abu Zaid 1999, 83)

Was sagt uns der Koran heute?

Neben einem Neulesen dieser Art besteht für Wadud die zentrale Herausforderung jeder neuen Generation von Muslimen darin, die im Koran genannten grundlegenden Prinzipien zu verinnerlichen und auf die eigene gesellschaftliche Situation bezogen umzusetzen. Denn die konkrete Anwendung und Ausformulierung dieser Prinzipien variiert entsprechend den gesellschaftlichen und kulturellen Umständen und ändert sich mit der Zeit. Dass es zu dieser Art der Umsetzung in der Geschichte nicht oft gekommen ist, liegt ihr zufolge daran, dass die Exegeten Inhalt und Kontext des Korans nicht als Einheit wahrgenommen haben. So heißt es bei ihr:

Im Bereich Gender lesen konservative Gelehrte explizite koranische Reformen der bestehenden historischen und kulturellen Praxis als das wörtliche und definitive Statement zu diesen Praktiken für alle Zeiten und Orte. Ich will eine Lesart, die diese Reformen als das sieht, was sie waren. Sie schufen einen Präzedenzfall im Hinblick auf eine fortwährende Entwicklung in Richtung einer gerechten gesellschaftlichen Ordnung. (Wadud 1999, XIII)

Damit ist Folgendes gemeint: Wenn es im Koran beispielsweise heißt, das Zeugnis einer Frau zähle halb so viel wie das eines Mannes, dann bedeutet das nicht, dass auch heute noch das Zeugnis einer Frau halb so viel zählt wie das eines Mannes. Gemeint ist vielmehr, dass der Koran die Situation der Frau verbesserte, denn vorher zählte ihr Zeugnis gar nichts. Weitere Beispiele für diese Verbesserung der weiblichen Lebensumstände sind die Anerkennung der Persönlichkeitsrechte sowie das Verbot der Tötung weiblicher Neugeborener. Frauen, die zuvor als das Eigentum des Mannes galten, bekamen nun das Recht auf Eigentum, Erbschaft, Bildung und Scheidung. Mit dem Koran wurde demnach eine Reform begonnen, die im Sinne der Frau war. Laut Wadud sollte dieses Reformansinnen des Korans weiter verfolgt werden. Man sollte sich nicht daran festbeißen, dass im Koran geschrieben stehe, ihr Zeugnis gelte halb so viel wie das des Mannes. Es gehe um den Geist, nicht um den Buchstaben. Der Buchstabe spiegle nur den Kontext wider.

Spätestens hier schreit die konservative Exegese auf: Sie betrachtet die Historisierung und Kontextualisierung der koranischen Botschaft als unzulässige Übertragung von Methoden der Bibelforschung auf den Koran. Doch Wadud entgegnet ganz im Geiste Fazlur Rahmans, dass der Koran im Licht der Geschichte vor einem sozio-historischen Hintergrund und als Antwort auf diesen auftrat. Durch Muhammads Geist sei er Gottes Antwort auf eine historische Situation. Beides allerdings wurde und wird von der Orthodoxie nicht so gesehen. Hier unterscheidet sich Wadud stark vom konservativen Mainstream.

Des Weiteren kritisiert sie die Tatsache, dass im Laufe der Geschichte nur Männer den Koran interpretierten. Frauen und ihre Erfahrungen wurden systematisch ausgeschlossen. Auf diese Weise könne sich jedoch kein ganzheitliches Verständnis davon entwickeln, was es bedeutet, ein Muslim zu sein. Frauen und Männer sind im Islam gleich, so Wadud, aber sie unterscheiden sich voneinander. Also sind auch ihre Erfahrungen unterschiedlich. Dies werde jedoch im traditionellen *tafsir* (Koranexegese) übergangen, da Männer es übernommen hätten, Frauen zu sagen, was es heißt, eine Frau zu sein. «Männer setzen nicht nur fest, was es bedeutet, ein Muslim zu sein, sondern auch, was es bedeutet, eine Muslimin zu sein» (Wadud 2007, 96). Dies verletzt Wadud zufolge aber nicht nur ihre Würde als Menschen, sondern widerspricht auch der koranischen Bestimmung von Männern und Frauen als *khalifa*, als Gottes Nachfolger oder Treuhänder. Der Sinn der Schöpfung, so Wadud, wird in Sure 2:30 formuliert: «Siehe, einen Nachfolger [khalifa] will ich einsetzen auf der Erde.»

Dieser Terminus und das dazugehörige Konzept bilden weitere zentrale Ansatzpunkte in ihrem Zugang zum Koran. Nach ihrer Überzeugung haben Mann und Frau gleichermaßen die Pflicht der *khilafa*, der Nachfolgeschaft oder Treuhänderschaft. Gemäß der koranischen Weltanschauung ist die Erfüllung dieser Treuhänderschaft die Raison d'être der menschlichen Existenz. Indem man Frauen jedoch abspricht, eine vollständige Persönlichkeit zu sein, bestreitet man auch ihr Vermögen, *khalifa* zu sein. Zudem nimmt man ihnen die Möglichkeit, die Verantwortung zu erfüllen, die Gott allen Menschen auferlegt hat. Da im Koran, so Wadud, aber kein essentieller Unterschied festgehalten ist, was den Wert von Mann und Frau angeht, sollten Frauen auch nicht mehr Beschränkungen als Männer unterliegen. Nimmt man die koranische Sicht der menschlichen Schöpfung als Grundlage, kann sich ein islamisches intellektuelles Ethos entwickeln. Doch ohne den Frauen eine Stimme zu geben – als Teil des Textes und in Antwort auf ihn –, gibt es kein islamisches Ethos.

Wadud geht es nicht nur darum, die Fehler in der patriarchalischen Exegese aufzuzeigen, sondern sie will, dass Muslime erkennen, was sie verpassen. Sie ist davon überzeugt, dass Frauen eine authentischere muslimische Identität entwickeln, wenn ihnen Gehör geschenkt wird. Dies wiederum würde zu ihrer größeren Partizipation und Anteilnahme am religiösen Leben führen.

Die Islamwissenschaftlerin will also einen *tafsir*, der auf Geschlechtergerechtigkeit basiert. Zunächst stellt sie einmal fest: Was aus dem Text geschlossen wurde, ist nicht notwendigerweise dasselbe wie der Wille Gottes. Diese Unterscheidung zwischen göttlicher Rede und seiner weltlichen Umsetzung sei nicht neu; auch der Koran selbst mache sie. Doch im Laufe der Geschichte hätten die islamischen Gemeinschaften ihre eigene Auffassung von Gottes Offenbarung mit Gottes Offenbarung gleichgesetzt. Ihrer Meinung nach verhindert diese Haltung Neuauslegungen des Korans, wird den Konservativen doch dadurch ermöglicht, missliebige Kritiker des *tafsir* als Kritiker des Korans hinzustellen. Sie schützen ihre Hegemonie über das religiöse Wissen, das von einer kleinen Anzahl männlicher Gelehrter in der Frühzeit des Islams produziert worden ist. Zwar seien nicht alle Denker frauenfeindlich gewesen, aber diese Ansicht habe in jener Zeit vorgeherrscht.

Genau deshalb ist Waduds Unterscheidung zwischen Gottes Rede und ihrer Verkündigung durch Menschen so wichtig. Ihr zufolge ist Lektüre subjektiv und unvollständig, eine Tatsache, die Muslime oft übersehen, wenn es um traditionellen *tafsir* geht. Indem sie dies beachtet, ist sie in der Lage, den Koran von den frauenfeindlichen Lesarten zu befreien und sich für die eine oder andere Lesart auszusprechen. Widersprüchlich ist diese Haltung nicht notwendigerweise, ruft doch der Koran selbst dazu auf, ihn mit den besten Absichten zu lesen.

Wadud sieht den Koran als Text in der Geschichte. Ihr zufolge müssen die koranischen Lehren im Zusammenhang mit dem sozialen und historischen Kontext erklärt werden, den der Islam reformieren wollte. Ganz ähnlich hat auch Mahmud Muhammad Taha versucht, allgemeine Prinzipien aus dem Koran zu extrahieren. Allerdings meinte dieser, die Unterscheidung zwischen dem Allgemeinen und dem Speziellen sei schon Teil der Offenbarung selbst gewesen. Laut Taha sind die allgemein verbindlichen Vorschriften in der mekkanischen Periode offenbart worden, während die spezielleren Teil der medinensischen Verkündigung waren. In Medina sei

Muhammad nicht nur Religionsstifter, sondern auch Staatsmann gewesen, und dies schlage sich in den dort geoffenbarten Suren nieder.

Wadud lehnt diese Zweiteilung der Karriere des Propheten ab und sieht stattdessen in der Offenbarung ein textuelles und historisches Kontinuum. Zudem seien nicht alle mekkanischen Suren universeller Natur und alle medinensischen Suren spezifisch bzw. zeitlich gebunden. Ihrer Meinung nach kann das Problem nur hermeneutisch gelöst werden: durch ein Modell, das grundlegende ethische Prinzipien für zukünftige Entwicklungen und juristische Betrachtungen ableitet, indem es den generellen Äußerungen den Vorrang gegenüber den besonderen gibt. Hier hinein fällt auch ihre Interpretation des Terminus technicus *asbab an-nuzul,* der gemeinhin mit «Anlässe der Offenbarung» übersetzt wird. Wadud hingegen zieht die Version «Gründe für die Offenbarung» vor. So verstanden sind bestimmte Anlässe *Gründe* für die Offenbarung. Wadud will, indem sie die Gründe für eine bestimmte Offenbarung nachvollzieht, den Kontext verstehen, nicht aber das koranische Prinzip auf diesen einen Kontext festlegen. Der Koran soll vielmehr kontextualisiert werden, spricht doch gerade die Tatsache, dass Offenbarung in der Geschichte stattfindet, die Menschen an.

Gleichzeitig will sie den Koran nicht als eine Aufzeichnung von Geschichte verstanden wissen, sondern als eine Moralgeschichte, deren Zwecke überhistorisch und transzendental sind, sodass die Situierung in der Zeit ihre Bedeutung und ihre Auswirkungen nicht mindert. Letztendlich soll er eine universelle Führung oder Anleitung geben. Die historischen Details dienen dazu, universelle Konzepte zu verdeutlichen, sodass der Leser ihre Relevanz für sein eigenes Leben erkennen kann.

Übergeordnetes Ziel muss ihrer Meinung nach sein, sich vom Buchstaben zu entfernen und den koranischen Geist zu erkennen. Dafür nennt Wadud ein Beispiel aus der islamischen Geschichte: Nachdem der Kalif ʿUmar einen Krieg gewonnen hatte, verzichtete er darauf, die Beute anzunehmen, obwohl dies der Koran ausdrücklich gestattet. Er begründete seine Entscheidung damit, dass dies nicht rechtens sei, weil sich die unterworfene Bevölkerung in einer schwierigen Lage befinde. Hier, so Wadud, habe 'Umar sich also ganz bewusst nicht an den Buchstaben gehalten, sondern an den koranischen Geist, nach dem Gerechtigkeit geschaffen werden soll. Heutzutage aber würde jemand, der so denkt und handelt, als Häretiker abgestempelt. In ähnlicher Weise könne man auch mit Sure 4:34 umgehen, die den Männern gestatte, ihre Frauen zu schlagen. Es gelte durchaus NEIN zum Text zu sagen, wo dieser mit der eigenen Auffassung von Gerechtigkeit nicht in Einklang zu bringen sei. Sie schreibt:

> Ich persönlich bin auf Stellen gestoßen, wo das, was der Text sagt, einfach gänzlich unangemessen ist oder unakzeptabel, egal wieviel Interpretation man darauf verwendet. (Wadud 2007, 192)

Deshalb folgt bei Wadud der Rückgriff auf die ethischen Prinzipien der Religion, die nicht allein durch den Koran zu erkennen sind. Was aber sind die ethischen Grundlagen, was ist der Geist des Islams? Für Wadud ist die Frage eindeutig zu beantworten. Danach sind Gerechtigkeit, Gleichheit und Würde die gottgegebenen Rechte jedes Individuums, von Männern wie von Frauen.

Perspektiven des islamischen Feminismus

Waduds Studien zählen inzwischen zu den Standardwerken des islamischen Feminismus, reformfreudigen Gläubigen von Indonesien bis Ägypten dienen sie als Grundlage. Sie selbst gilt als die wohl prominenteste Vertreterin des islamischen Feminismus, lehnt den Begriff aber ab und zieht für sich die Bezeichnung «Pro-faith»-Aktivistin, also pro-Glaubens-Aktivistin, vor. Nach ihrer Überzeugung richtet sich der Ruf Gottes nämlich gleichermaßen an Männer und Frauen. Ziel müsse deshalb sein, das Patriarchat abzuschaffen, nicht neue Hierarchien zu begründen. Und wenn Wadud den Begriff «islamischer Feminismus» auch nicht gutheißt, so sieht sie doch keinen Widerspruch zwischen Islam und Feminismus – im Gegensatz zu vielen Kritikern des islamischen Feminismus. Darunter finden sich westliche oder westlich orientierte muslimische Feministinnen, die meinen, beides sei nicht zu vereinbaren. Sie verweisen auf den frauenfeindlichen Charakter des Islams. Eine ähnliche Meinung vertreten aber auch viele männliche Muslime, die den Gedanken der Gleichberechtigung von Mann und Frau oder auch die Identifikation mit den Menschenrechten für westliches Gedankengut halten, das deshalb mit dem Islam unvereinbar sei.

Weil westlich orientierte Feministinnen wiederum der Ansicht waren, dass das Problem in der Religion selbst liege, und dafür plädierten, diese aus dem Diskurs herauszuhalten, standen muslimische Frauen vor der Wahl, entweder dem Islam treu zu sein oder sich mit den Menschenrechten zu identifizieren. Dieser Zwiespalt war für viele Frauen nicht aufzulösen.

Waduds Verdienst ist es, für die Mehrheit der muslimischen Frauen, die in diesen Zwiespalt gerieten, eine Lösung angeboten zu haben. Sie sagt:

> Es hat eine Zeit lang gedauert, bis wir in der Lage waren, die Vereinbarkeit von Islam und den Menschenrechten klar zu formulieren. Dass beides geht, am Islam festzuhalten und sich mit den Menschenrechten zu identifizieren, basiert auf dem Bewusstsein einer nationalen Identität und der Überzeugung, dass wir Frauen unseren eigenen Beitrag leisten müssen, den Islam zu interpretieren. Das heißt, eben auch mitzuwirken an der Auslegung islamischer Textquellen. In der Tat werden wir sehr oft missverstanden. Entweder man steckt uns in die Ecke der Islamisten oder man unterstellt uns säkulare Tendenzen. (Wadud 2011)

Dabei unterscheidet sich islamischer Feminismus von der herkömmlichen Frauenbewegung nur darin, dass er muslimischen Frauen die Alternative bietet, mit dem Islam zu argumentieren, um die Gleichwertigkeit von Mann und Frau ins Bewusstsein zu rufen. Tatsache ist, dass der islamische Feminismus heute eine breite Bewegung ist. Sich mit Hilfe des Korans für die Gleichberechtigung einzusetzen, hat sich als Idee durchgesetzt. Der Gedanke der Vereinbarkeit von Islam und der Idee der Menschenrechte ist zwar neu, doch die Zahl der Muslime, die daran glauben, wächst stetig, erklärt Wadud.

Vor allem wächst auch die Zahl der Musliminnen ständig, die in Waduds Fußstapfen treten. Eines ihrer Anliegen war, die weibliche Stimme in den koranischen Wissenschaften stärker vernehmbar werden zu lassen. In den USA zumindest ist das der Fall, ebenso in Südafrika, wo Saʿdiya Shaykh, die Religionswissenschaft in Kapstadt lehrt, Wadud als ihre spirituelle und intellektuelle Mentorin würdigt. In der Festschrift für Wadud, die explizit als sogenannte Webschrift veröffentlicht wurde, um die Verbreitung zu erleichtern, gibt es neben den Abschnitten *Lesungen* und *Inspirationen* auch einen Abschnitt, der mit *Weiterführungen* überschrieben ist. Hier sind Aufsätze von Frauen abgedruckt, die diese weibliche Stimme zum Vorschein bringen: Hina Azam ist Professorin für Islamic Studies an der University of Texas in Austin. Sie schreibt über Gender und Sexualität im Islam, vor allem über Vergewaltigung im klassischen islamischen Recht und über Sexualität, Heiraten und Verschleierung in der zeitgenössischen Literatur. Kecia Ali, die sich ebenfalls Waduds Ansatz stark verbunden sieht, ist Professorin an der Boston University. Ihre Buchtitel sind Programm: *Sexual Ethics and Islam: Feminist Reflections on Qur'an, Hadith, and Jurisprudence* (2006) oder *Marriage and Slavery in Early Islam* (2010).

Natürlich kommt auch Kritik – auch von anderen Reformdenkern. Abu Zaid beispielsweise meinte, es greife zu kurz, den Koran nur als Text wahrzunehmen:

> Das bedeutet, dass der Koran von der Ideologie seiner Interpreten abhängt: Für einen Kommunisten enthüllt der Koran Kommunismus, für einen Islamisten ist der Ko-

ran ein sehr islamistischer Text und für eine Feministin ist er ein feministischer Text. [...] Was ich meine, ist die Dimension, die der Struktur des Texts innewohnt und die sich offenbart hat im Prozess der Kommunikation. Die Bewusstwerdung dieser horizontalen Dimension ist nur durchführbar, wenn wir unseren konzeptionellen Rahmen von dem Koran als Text zum Koran als Diskurs verschieben. (Abu Zaid 2006, 98)

Doch auf die Vorwürfe, sie lese ihre eigene Ideologie in den Koran hinein, erwidert Amina Wadud, es sei ohnehin jede Lektüre subjektiv. Die muslimische Gemeinde habe den Text immer manipuliert:

Wir müssen jetzt nur zugeben, dass dies immer gemacht wurde, und nun die Verantwortung der Treuhänderschaft [Gottes] übernehmen und es offen machen und in Abstimmung mit der Gemeinde. Ich habe schon argumentiert, dass der Text interpretiert werden kann mit Egalitarismus im Sinn: Jetzt schlage ich einen Schritt vor, den manche als einen Schritt weiter als dies bezeichnen: Wir sind die Macher der textuellen Bedeutung. (Wadud 2007, 189)

Das ist ein zumindest ungewöhnlicher, vor allem weitreichender Gedanke. Sie spricht dem interpretierenden Subjekt sehr viel Subjektivität zu, das dieses aber mit der muslimischen Gemeinde absprechen muss. Unweigerlich muss dies den Vorwurf des *anything goes* auf sich ziehen. Zudem bleibt die Frage, ob sich die Gemeinde auf etwas einigen kann und was die Kriterien sein sollen, nach denen bestimmt wird, was dem egalitären Geist des Korans entspricht und was nicht.

Die Bedeutung, die Amina Wadud für den heutigen Diskurs hat, lässt sich nicht nur damit begründen, dass sie immer eine Antwort parat hat, sondern auch mit der Wirkung, die sie für das Denken und Wirken vieler Zeitgenossen hat. Ihr entscheidender Beitrag zu den *Sisters in Islam* wurde bereits beschrieben, aber gerade auch in den USA ist ihre Rolle bedeutsam. In der Festschrift ihr zu Ehren beschreibt beispielsweise Mohammed Fadel, dass sie die erste war, die ihm Fragen beantworten konnte. Als in den USA aufgewachsener Muslim hatte er erlebt, wie die Moschee in seinem Viertel zu einem Kampfplatz vollkommen unterschiedlicher Ansichten zum Thema Islam und Gender wurde. Ihn stießen die Ansichten vieler Gemeindemitglieder ab, auch konnte er sie nicht zusammenbringen mit dem Islam, der ihm in seiner Kindheit vermittelt worden war. Sie zitierten vermeintliche Aussprüche des Propheten und Koranverse, um ihre frauenfeindlichen Ansichten zu untermauern, und er konnte ihnen nichts entgegensetzen. Er begann an seinem Islam zu zweifeln. Das änderte sich mit der Lektüre von Waduds *Qur'an and Woman*. Nun konnte er die Werte, die ihm sein Amerika vermittelt hatte, mit denen seiner Religion versöhnen. Amina Wadud wurde ihm, dem «Verwirrten», so zu einer Orientierungshilfe. Fadel, der an der University of Toronto islamisches Recht lehrt, ist heute mitnichten mit all ihren Argumenten und Beweisführungen einverstanden, aber für seine Identitätsfindung war sie dennoch wegweisend.

Vielleicht würde Nimet Şeker dem zustimmen: Die Doktorandin des Graduiertenkollegs Islamische Theologie, das von der Mercator Stiftung eingerichtet wurde, um den wissenschaftlichen Nachwuchs auszubilden, den Deutschland heute braucht, promoviert an der Universität Münster über Amina Wadud und Asma Barlas. Beider Ansatz sieht sie heute kritisch: Beide würden ihren methodischen Ansätzen nicht gerecht und zu häufig den Offenbarungskontext vernachlässigen. Außerdem beachteten sie häufig die Feinheiten der Sprache nicht. Nimet Şeker hat sich die Aufgabe gestellt, eine eigene Untersuchung von Versen zur Geschlechtergerechtigkeit anzufertigen, die dem Text jenseits der islamisch-feministischen Prämisse, dass Geschlechtergerechtigkeit als Norm aus dem Koran abzuleiten sei, aus linguistischer Perspektive gerecht wird. Şeker denkt die von Wadud und Barlas eingeforderte Methode der historischen Kontextualisierung von offenbarten koranischen Bestimmungen zum Geschlechterverhältnis weiter und entwickelt daraus einen neuen, eigenen hermeneutischen Ansatz. Über eine ästhetische Koran-Hermeneutik und eine «Hermeneutik des Hörens», die den Koran nicht als Text, sondern als vorgetragene Rezitation versteht, untersucht sie Figurationen von Weiblichkeit in frühmekkanischen Suren, die auf Gottes Eigenschaft als Schöpfer verweisen. Der Pioniertext von Wadud wirkt also auch in den Aufbau einer Islamischen Theologie in Deutschland hinein.

6 Asma Barlas:
Als wären nur Männer objektiv

Eine eurozentrische Sicht des Islams

Dass Frauen-Unterdrückung im Widerspruch zum Koran steht, ist auch das Credo von Asma Barlas. Wie Amina Wadud interpretiert sie den Koran als einen Text der Befreiung, der Frauen einen Weg aus der Unterdrückung weisen kann – unter bestimmten Bedingungen:

> Der Sinn des Textes ist nicht aus sich selbst heraus zu verstehen. Jemand muss ihm einen Sinn geben. Ich weise darauf hin, dass der Koran 1400 Jahre lang ausschließlich von Männern – und immer in patriarchalischen Gesellschaften – interpretiert wurde. (Barlas, DW)

Die gebürtige Pakistanerin lebt heute in den USA – und hat es dort wegen ihres Buches *Believing Women in Islam* zu einiger Berühmtheit gebracht. Die erste Sprache der 1950 in eine westlich orientierte Familie hineingeborenen Asma Barlas war Englisch. Für Angehörige ihrer sozialen Klasse war das so üblich. Urdu, das sie bis zu ihrem zwölften Lebensjahr in der Schule als zweite Sprache lernte, sprach sie mit den Hausangestellten und den Angehörigen niederer gesellschaftlicher Klassen.

Heute, nachdem sie dreißig Jahre in den USA verbracht hat, kann sie Urdu kaum noch sprechen und noch weniger schreiben, wie sie bedauernd feststellt. Das ist ihre Kritik an der post-kolonialen Erziehung ihrer Gesellschaftsschicht: Indem Urdu zu einer zweitklassigen Sprache degradiert wurde, entfremdete man sie von ihrer eigenen Kultur. Ihre Eltern waren im kolonialen Indien aufgewachsen und dachten, sie träfen die richtige Wahl. Folgerichtig besuchte Barlas eine katholische Schule, die von Nonnen geleitet wurde. In einem kürzlich erschienenen Essay über das Labyrinth des Rassis-

mus schreibt sie, dass diese Ausbildung in ihr ein Bild von der Welt und ihrem Platz als Muslimin darin vermittelt habe, das anti-islamisch und eurozentrisch geprägt war. Erst sehr spät in ihrem Leben sei ihr dies klar geworden.

Ihren Bachelorabschluss machte Barlas 1969 in englischer Literatur und Philosophie am Kinnaird College for Women in Lahore. Es folgte 1971 ein Master in Journalismus, ebenfalls in Lahore. Von 1976 bis 1982 war sie im diplomatischen Dienst tätig, als Abteilungsleiterin im pakistanischen Außenministerium. Eine hässliche Affäre führte zu ihrer Entlassung: Aus Rache für die Scheidung übergab ihr ehemaliger Mann ihr Tagebuch Staatschef Zia ul-Haq, den sie darin als «Kasper» bezeichnet hatte. Nach der Entlassung fand sie zwar noch eine Anstellung als Mitherausgeberin und Kolumnistin der Zeitung *The Muslim*, doch 1983 musste sie das Land verlassen; infolge dieser Affäre sah sie ihre Sicherheit bedroht.

In den USA, wohin sie mit ihrem Sohn gegangen war, erhielt sie politisches Asyl und schloss 1986 an der University of Denver ein zweites Studium in International Studies mit dem M.A. ab. Dort promovierte sie auch 1990 mit einer Arbeit über *State, Class and Democracy: A Comparative Analysis of Politics in Hindu and Muslim Society in Colonial India, 1885–1947* (Staat, Klasse und Demokratie: Eine vergleichende Analyse von Politik der hinduistischen und der muslimischen Gemeinschaft im kolonialen Indien, 1885–1947).

Danach machte sie in den USA eine steile wissenschaftliche Karriere: 1991 wurde sie Assistant Professor am Ithaca College, New York, 1997 Associate Professor und 2004 Full Professor. Seit 2006 ist sie Direktorin des Center for the Study of Culture, Race, and Ethnicity am Ithaca College. 2008 war sie Inhaberin des renommierten Spinoza Lehrstuhls an der Philosophischen Fakultät der University of Amsterdam. Für ihre Bücher hat sie zahlreiche Auszeichnungen erhalten.

Ihre Forschungsinteressen änderten sich zwar im Laufe ihres Lebens, doch der gemeinsame Nenner aller Bücher sind die Themen Ideologien und Gewalt. Das Interesse für den Islam, das sich in dem 2002 erschienenen Buch *Believing Women in Islam: Unreading Patriarchal Interpretations of the Qur'an* (Gläubige Frauen im Islam – Patriarchale Interpretationen des Korans) niederschlug, führte sie als nächstes zu einer Betrachtung westlicher Gewalt gegen Muslime: *Islam, Muslims and the U.S.* erschien 2004, und 2008 wurde ihre Spinoza-Lecture an der University of Amsterdam *Reunderstanding Islam* veröffentlicht, in der es um die westliche Sicht auf den Islam geht.

Barlas' Buch über den Koran wurde in zahlreiche Sprachen übersetzt, außerdem hat sie die Thesen des Buches auf verschiedenen Konferenzen in den USA und der ganzen Welt vorgestellt. Neben Europa stieß sie damit vor allem in Indonesien, Ägypten und Pakistan auf reges Interesse.

Immer wieder taucht in ihrem Buch *Believing Women* der Name Fazlur Rahman auf, dessen *double movement*-Ansatz sie übernimmt. Mit Fazlur Rahman teilt Asma Barlas darüber hinaus nicht nur das Heimatland, das sie beide ins Exil verwies. Auf seine Arbeiten stieß sie eher zufällig, war aber sofort fasziniert von seinem «logischen, vernünftigen und überzeugenden Ansatz und seiner Kritik am religiösen Wissen» (Barlas, Interview 2012). Schnell wurde ihr klar, dass er eine tiefe Liebe für den Islam empfand, die ihn aber nicht davon abhielt, einen kritischen intellektuellen Standpunkt gegenüber seiner Religion einzunehmen: «Ich würde sagen, es ist dieses kritische Bewusstsein, durchtränkt mit Liebe für den Islam, das wir beide teilen» (Barlas, Interview 2012).

Laut Barlas ist ihr Buch in einem konstanten Dialog mit Amina Wadud entstanden, die sogar das Manuskript gelesen habe. Sie hat wohl einige Argumente der Afro-Amerikanerin übernommen, auch sind viele Thesen ähnlich. Aber Barlas ist systematischer als Wadud. Sie geht wissenschaftlicher vor, während Waduds Zugriff manchmal etwas assoziativ wirkt. Das führt bei Barlas auch dazu, dass sie vieles zitiert, was schon zum Thema geschrieben wurde. Zuweilen wünscht man sich, sie würde sich mehr auf ihr eigenes Urteil verlassen und stärker normativ als deskriptiv schreiben. Und wäre da nicht ihr leidenschaftlicher, lebhafter Stil, wäre das Buch sicher etwas trocken.

Believing Women in Islam hat Asma Barlas neben ihrem Vater Iqbal Barlas, der sie immer in ihrem Wirken unterstützte, ihrem zweiten Ehemann Ulises Ali Meijas gewidmet: «Mit viel Liebe, vor allem, weil er die Reise zum Islam unternommen hat» (Barlas 2002, XVI). Meijas, ein Amerikaner mexikanischer Herkunft, ist Professor für Neue Medien an der State University of New York at Oswego. Aus erster Ehe hat Barlas einen Sohn, der 1973 geboren wurde, mit einer Amerikanerin türkischer Herkunft verheiratet ist und zwei Kinder hat.

Die patriarchalische Deutung des Korans

In *Believing Women in Islam* kritisiert die Wissenschaftlerin die traditionell männliche Auslegung des Korans. Sie untersucht deshalb zum einen die männlichen Sichtweisen auf den

Koran und bietet zum anderen eine eigene, anti-patriarchale Interpretation an. Es gehe ihr darum, die unterschiedlichen Wahrnehmungen eines heiligen Textes vorzustellen, erklärt sie:

> Man kann den Koran auch als einen anti-patriarchialischen Text lesen. Ich behaupte sogar, dass die koranische Epistemologie von Natur aus anti-patriarchialisch ist. Meiner Meinung nach ist sie das, weil die koranische Epistemologie auf einer bestimmten Sicht von Gott basiert. Ihr gemäß ist Gott weder Vater noch Ehemann noch männlich und nicht einmal erschaffen. Ein solcher Gott kann gar keine Affinität zu Männern haben oder einen Hass auf Frauen. (Barlas 2006)

Dass der Koran bislang nicht als Produkt seiner Kultur betrachtet worden sei, hält Barlas nicht für die Ursache eines falschen Verständnisses dieses Textes. Damit hat sie einen ganz anderen Zugang als Abu Zaid. Das Problem sei nicht, so Barlas, dass der Text im Dialog mit seiner Umwelt entstanden sei und somit nur auf die bestehenden Zustände reagiere, sondern vielmehr wie sich der Mensch den Text aneigne.

Der Anlass für Barlas' Beschäftigung mit dem Koran war dabei weniger wissenschaftliche Neugier als persönliche Not. Sie begann über sich und den Koran nachzudenken, weil ihr viele Jahre zuvor in ihrer Heimat Pakistan bei ihrer Scheidung bewusst wurde, dass sie als Frau so gut wie keine Rechte hatte.

> Ich wurde sensibler gegenüber der Tatsache, dass die überwältigende Mehrheit der muslimischen Frauen, die Eheprobleme haben, von ihren Ehemännern aus dem Haus geworfen und ihnen ihre Kinder weggenommen werden können. Es gibt eine ganze Reihe von unterdrückerischen Praktiken gegenüber Frauen, die für mich zutiefst im Widerspruch stehen zu dem, was der Koran lehrt. (Barlas, DW)

Viele Frauen würden unter dieser Situation leiden, aber nur wenige Frauen hinterfragten, was ihnen als koranisches Gebot präsentiert wird. Sie trauten es sich nicht zu, den Koran selbst zu lesen. Barlas wundert sich über diese Zurückhaltung und diese Angst. Dabei werde schon lange von Feministinnen die Forderung erhoben, sich gegen dieses Männermonopol aufzulehnen: Immerhin habe schon Fatima Mernissi in den 1980er Jahren die Frauen dazu aufgerufen, selbst Spezialistinnen in den koranischen Wissenschaften zu werden. Nur so könnten sie den Männern, die ihnen ihre Sicht des Islams als den Islam verkauften, die Stirn bieten.

Barlas hält deshalb die Stärkung des Selbstbewusstseins muslimischer Frauen für notwendig – und ihren Kampf um die eigenen Rechte für unvermeidlich. Muslimische Frauen, meint Barlas, benötigten mehr Zugang zu alternativen Interpretationen religiösen Wissens. In den Vereinigten Staaten, wo sie lebt, trägt sie durch ihre Schriften selbst dazu bei. Sie betont aber, dass sie keine Islam*wissenschaftlerin* sei, sondern eine Studentin des Islams; sie studiere die Religion als Muslimin. In der Einleitung zu *Believing Women* hebt sie ihre Motivation als Gläubige stark hervor: Nach Wissen zu streben sei Gottesdienst.

Dass die mit dem Islam legitimierten Praktiken zur Unterdrückung von Frauen dem Koran und seinem Geist widersprechen, sage ihr der gesunde Menschenverstand – und ihr Gottesbild: Wenn man annehme, dass Gott zu seinen Geschöpfen nicht ungerecht ist, dann kann sein Wort auch keine Ungerechtigkeit *(zulm)* gegenüber seinen Geschöpfen predigen. Warum sollte er zu Frauen ungerecht sein, zu Männern aber nicht? Es kann nicht göttlich sein, den Frauen die volle Menschlichkeit abzusprechen, meint Barlas. Es muss also, rein logisch betrachtet, irgendetwas schief gelaufen sein in der Interpretation. Denn die wichtigste Eigenschaft Gottes, sein wichtigstes Attribut, ist die Gerechtigkeit. Das glauben alle Muslime.

Tatsächlich kann ein Gott, der gebietet, kein *zulm* zu tun, also die Rechte des anderen nicht zu übertreten, nicht *zulm* gegenüber Frauen befürworten. Die Nutznießer des Patriarchats mögen es nicht als *zulm* betrachten, aber die Frauen empfinden es als solches. Deshalb kann der Koran *zulm* nicht befürworten, ohne in Widersprüche zu geraten. (Barlas 2008, 21)

Es gibt also einen Zusammenhang zwischen der göttlichen Ontologie und dem Diskurs. Muslime müssten nicht einmal in der Definition von *zulm* übereinstimmen, um zu erkennen, wie inkohärent die Annahme ist, dass Gott *zulm* lehren könnte, dass ein gerechter Gott Ungerechtigkeit predigen könnte, sagt Barlas. Dennoch lesen Muslime, die gleichzeitig sagen, dass Gott gerecht ist, Ungerechtigkeit in sein Wort hinein.

Die Ursache für die Entstehung dieser Lesart, so Barlas, liege in der Geschichte. Die wichtigsten Texte zu Exegese und Recht wurden in den ersten Jahrhunderten des Islams produziert, einer Periode also, die stark von Misogynie geprägt war. Da der Text häufig mit seinen Kommentaren verwechselt werde, entstehe der Eindruck, der Text sei misogyn.

Der vielfach von Reformern gescholtene Imam ash-Shafi'i steht auch bei Barlas im Zentrum der Kritik: Der maßgebliche Rechtsgelehrte, so der Vorwurf, zog die Hadithe, das heißt die Überlieferungen des Propheten, dem Koran vor. Zudem wurden der Konsens der Gelehrten und das religiöse Wissen, das in der Zeit al-Shafi'is, also im 8. und 9. Jahrhundert, im Umlauf war, kanonisiert. Exegese und Hadith stellte man über den Koran, und den Konsens der Gelehrten über Idschtihad, das selbständige Aufstellen von Rechtsurteilen. Darüber hinaus wurden die Interpretationen der Stellen, in denen es um Frauen ging, im Einklang mit den existierenden gesellschaftlichen Normen und Werten formuliert. Negative Ansichten fanden über die Hadithe Eingang in den Diskurs. Die frauenfeindlichen wurden gegenüber den frauenfreundlichen bevorzugt.

Barlas zweifelt an der Richtigkeit dieser Hadithe und stimmt mit Fazlur Rahman überein, der sagt, die Hadithe seien weniger Geschichts*schreibung* als Geschichts*machung*.

Deshalb plädierte auch Rahman für eine Hadith-Kritik als eine der wichtigsten modernen koranischen Wissenschaften.

Hier müsse Forschung erfolgen, hier liege der Ursprung von viel Übel, erregt sich Barlas: So sagt etwa ein Hadith, Gehorsam gegenüber dem Ehemann sei wie Gehorsam gegenüber Gott. Aber das sei Unsinn, habe der Prophet doch selbst Frauen so nicht behandelt. Seine Frauen hätten mit ihm diskutiert, sie hätten ihm widersprochen, er habe sie nach ihrer Meinung und ihrem Rat gefragt. Muhammad sei nicht frauenfeindlich gewesen. Derartige Überlieferungen seien von Männern erfunden worden, die ihre Herrschaft über Frauen sichern wollten. Generationen von Frauen jedoch hätten geglaubt, dass diese Muhammad zugeschriebenen Aussagen wirklich von ihm stammten.

Da es jedoch schwer nachzuvollziehen ist, welche Überlieferung tatsächlich auf Muhammad zurückgeht, wendet sich Barlas insgesamt gegen das übliche exegetische Verfahren, den Koran durch die Hadithe zu interpretieren. Dieses funktioniere zwar in einigen Fällen: So hat beispielsweise der Prophet seine Frauen nie geschlagen, und es ist überliefert, dass er andere Männer angewiesen habe, sie nicht zu schlagen. Wenn man nun den Propheten als den ersten Interpreten des Korans – in diesem Fall von Sure 4:34 – und somit wichtigsten Referenzpunkt sieht, könnte auf den ersten Blick etwas für die Sache der Frau gewonnen sein. Andererseits gingen Ideen wie die Erschaffung Evas aus der Rippe Adams oder die Steinigung nur auf die Hadithe zurück. Barlas schreibt:

> Dies sind alles unkoranische oder anti-koranische Ideen und Praktiken. Deshalb schafft es mehr Probleme für Frauen, als dass es welche löst, wenn man die Sunna und die Hadithe heranzieht, um den Koran zu interpretieren. (Barlas 2008, 14)

Zwar behaupteten Konservative und sogar einige Feministinnen, es sei eine gefährliche Taktik, die Hadithe zurückzuweisen oder infrage zu stellen. Ihr jedoch erscheint es genauso gefährlich und sogar theologisch unseriös, Hadithe zu akzeptieren, die den Koran aus dem Grunde unterminieren, weil sie kanonisch sind. Denn kein Kanon sei für Muslime mehr zu verteidigen als der Koran.

Barlas hinterfragt also das Zustandekommen der Hadithe. Die interpretierende Gemeinschaft sei nach und nach autoritativer als der Koran selbst geworden. Dass man die Interpretationen des Korans über den Koran gestellt hat, hält Barlas für eine Anmaßung. Schon der Koran selbst warne davor, ihn mit seinen Lesarten zu verwechseln.

Islamischer Feminismus?

Barlas bezeichnet sich selbst nicht als Feministin und will nicht so genannt werden. Aber sie ist sich bewusst, wie viel sie den Feministinnen und dem feministischen Denken verdankt. Doch ihrer Meinung nach müsse zuerst einmal geklärt werden, was überhaupt das Konzept des Feminismus sei:

> Zum Beispiel suggeriert der Begriff Feminismus, dass es sich um einen emanzipatorischen Diskurs handelt. Aber wie wir wissen, sind die westlichen Formen des Feminismus (immer noch) mitverantwortlich für Imperien, Kriege und Kolonialismus und somit auch für die Unterdrückung vieler Frauen. (FES, 5)

Zum anderen kritisiert sie die Herkunft des Begriffs Feminismus aus einem säkularen Kontext:

> Einer der Gründe, warum ich gegen Feminismus bin, ist, dass die meisten muslimischen Feministinnen im Grunde säkular sind und wenig Gemeinsamkeiten mit mir haben. Im besten Fall stehen sie dem gesamten Projekt der Neuauslegung des Korans feindlich gegenüber. (FES, 5)

Weil sie von einer ganz bestimmten Erziehung geprägt und in einer anderen Kultur aufgewachsen sei, vertrete sie einen

Ansatz, der vielen Feministinnen fremd ist. Bis es innerhalb der muslimischen Gemeinschaft zu einer Klärung darüber gekommen sei, was man überhaupt unter Feminismus zu verstehen habe, würde sie deshalb einfach sagen wollen: Ich bin eine Gläubige, und fügt kritisch hinzu:

> Darüber hinaus, und hier komme ich zu meinem zweiten Punkt: Wenn wir möchten, dass sich die muslimischen Frauen selbst stärken, warum sollten wir dann ihr Recht nicht würdigen, sich selbst so zu bezeichnen, wie sie es wünschen? Wenn wir das Projekt der Gleichberechtigung und der Befreiung nicht Feminismus nennen wollen, warum kann das nicht einfach akzeptiert werden?
> Meiner Meinung nach ist die Bezeichnung einer Person als Feministin nicht so transparent oder nuancenreich oder hilfreich, wie es auf den ersten Blick aussehen mag. (FES, 6)

Sie teilt aber auch nach der anderen Seite aus und kritisiert die Angriffe einiger säkular orientierter Feministinnen auf diejenigen, die islamisch argumentieren. Hiermit bezieht sie in einer akademischen Debatte über das Phänomen «islamischer Feminismus» Stellung, die im Jahre 1994 begonnen hatte. Damals beschrieb die iranischstämmige Professorin für Geschichte und Frauenstudien an der Harvard University, Afsaneh Najmabadi, den Einsatz der iranischen Frauenzeitschrift *zanan* (Frauen) für Gleichberechtigung als islamischen Feminismus. Und mehr noch: Najmabadi erklärte, der Versuch, den rechtlichen und sozialen Status von Frauen zu verbessern, könne ein gemeinsamer Nenner zwischen den säkularen und den religiösen Feministinnen sein.

Daraufhin wurde Najmabadi von der Fraktion der iranischen Linken, die nach Ansicht von Najmabadi in den Dialog mit den islamischen Feministinnen treten sollte, niedergebrüllt. Die ebenfalls aus Iran stammende Haideh Moghissi, Professorin für Soziologie an der York University in Toronto, die einen marxistischen Hintergrund hat, argumentierte: «Es ist Mode geworden, sich enthusiastisch über die Reformbemühungen von muslimischen Frauen zu äußern und auf ihrer gedanklichen Unabhängigkeit zu bestehen» (Moghissi 1998, 42). Plötzlich seien alle politisch aktiven muslimischen Frauen islamische Feministinnen, «obschon ihre Aktivitäten nicht einmal in die breiteste Definition von Feminismus passen». Moghissi kritisiert «diese Apologeten der islamischen Regierung» und meint, der Terminus Feminismus werde falsch und in unverantwortlicher Weise verwendet.

Diese Ansicht war in den 1990er Jahren vor allem unter Exil-Iranern vorherrschend, und unter denen, die sich wissenschaftlich mit Iran auseinandersetzen, sollte sich eine Strömung etablieren, die schon den Terminus «Islamischer Feminismus» für einen Widerspruch in sich hält. Die Exil-Iraner erklärten, dass es keine Verbesserung von Frauenrechten geben könne, solange die Islamische Republik existiere. Ein Kampf innerhalb des Systems verflache die Ziele des Feminismus und trage nur zum Fortbestand des Fundamentalismus bei.

In diese mit harten Bandagen geführte Debatte schaltete sich Barlas ein, als sie im Jahre 2003 Moghissis 1999 erschienenes Buch *Feminism and Islamic Fundamentalism: the Limits of Postmodern Analysis* (Feminismus und islamischer Fundamentalismus: Die Grenzen postmoderner Analyse) rezensierte. Sie befand, dass Moghissis Sichtweise auf den islamischen Feminismus ausschließlich auf ihre negativen Erfahrungen mit dem islamischen Fundamentalimus als Iranerin zurückging. Neben ihrem schrillen Tonfall warf Barlas Moghissi vor, den Islam mit den Muslimen zu verwechseln, wenn sie diesen als patriarchal und unterdrückerisch bezeichne, und in guter marxistischer Manier alle Andersdenkenden, sprich alle Musliminnen, als zurückgeblieben und befreiungsbedürftig einzuordnen. Die Botschaft war: Das Bild, das Iran vom Islam abgibt, ist nicht der Islam, und die regimekritischen Iraner sollten aufhören, der Welt ihre Erfahrungen mit einem islamistischen Regime als den normativen Islam zu präsentieren. Sie spielten sich als Kronzeugen für den Islam auf, obwohl der Islam, den sie kennengelernt hätten, nichts als eine Perversion seiner selbst darstelle.

In Umfragen äußert nahezu jeder zweite Amerikaner eine negative Meinung über den Islam. Unter den Anhängern der Republikaner bezeichnet jeder Dritte Barack Obama als einen Muslim, als Synonym für unamerikanisch. Muslime beklagen, dass die Republikaner und besonders die Tea Party die Islamophobie zum Bestandteil ihrer politischen Agitation machten. Sie benutzten Ängste, Traumata und den Mangel an Wissen für ihr politisches Spiel. In jedem Wahljahr sei ein Anstieg der anti-islamischen Emotionen zu beobachten.

Trotz der seit 9/11 schwieriger werdenden Situation schätzt Asma Barlas ihre neue Heimat, die in vielen Teilen der islamischen Welt als Verkörperung des anti-islamischen Kulturkampfes und vielen Islamisten in ihrer alten Heimat als Großer Satan gilt. In den USA habe sie ausreichende Möglichkeiten, Forschungen voranzutreiben, die in einem repressiven Land wie Pakistan nicht möglich wären.

Dabei versucht sie bis heute, auf Politik und Gesellschaft Pakistans einzuwirken. Sie schreibt regelmäßig Artikel für die *Daily Times Pakistan*, in denen sie sich mit Themen wie «Über die Demokratie» oder «Islam, Frauen und Gleichheit» auseinandersetzt, aber auch mit der Frage, wie man in den USA zu einer muslimischen Autorität wird. Darüber hinaus äußert sie sich aber auch zu tagesaktuellen Themen, empört sich beispielsweise in einem Kommentar darüber, dass Schulmädchen sich neuerdings verschleiern sollen, um dem um sich greifenden moralischen Verfall zu begegnen, und erklärt:

> In einer wirklich islamischen Gesellschaft würden Männer nicht annehmen, dass Moral darin besteht, wie Frauen sich anziehen, sondern darin, wie sie selbst Frauen sehen und sich ihnen gegenüber benehmen. (Asma Barlas, Morality)

Obgleich sie die Freiheiten, die Amerika ihr gibt, zu schätzen weiß, ist sie oft fassungslos, wie wenig die Amerikaner über den Islam und den Nahen Osten wissen. Angesichts der Interessen, die die USA in der Region haben, hält sie das für fatal. Als sie begonnen habe, am Ithaca College über den Nahen und Mittleren Osten zu lehren, habe sie festgestellt, dass die meisten amerikanischen Studenten die Politik in Nahmittelost kaum verstehen. Eine Ursache sah sie in der Unkenntnis der Studenten über den Islam.

Diese Unkenntnis war einer der Gründe, warum sich die Politologin Asma Barlas auch wissenschaftlich mit dem Islam zu beschäftigen begann. Ein weiterer war die Politik nach 9/11. Seither ist sie als Kritikerin der amerikanischen Außenpolitik sowie der Gesetze hervorgetreten, die nach 9/11 in den USA im Rahmen des Heimatschutzes (Homeland Security) verabschiedet worden sind. Der einflussreiche Kommentator Robert Satloff nannte Barlas deshalb in der New York Times «eine Stimme, die gegen uns spricht».

Nach Ansicht der Wissenschaftlerin benutzten George W. Bush und die US-Administration 9/11 als Vorwand, um eine US-Hegemonie überall in der Welt herzustellen. Die US-Regierung habe Tausende von Zivilisten in Afghanistan und im Irak auf dem Gewissen. Zudem seien die Maßnahmen, die man in den USA zum Kampf gegen den Terrorismus ergriffen habe – das racial profiling, die Überwachungen, die präemptiven Verhaftungen und die Geheimgerichte –, vor allem gegen Muslime gerichtet. Darüber hinaus seien diese beständigen Anfeindungen durch die Zivilgesellschaft ausgesetzt. Sie selbst werde wie viele andere muslimische Akademiker von reaktionären «watchdog groups» attackiert, die Kritik an der israelischen Politik mit Amerika-Hass und Anti-Amerikanismus gleichsetzten (Barlas, Muslims in the US). Während viele diese Entwicklungen als tragische, aber natürliche Folge der Ereignisse des 11. Septembers ansehen, meint Barlas, dass 9/11 die schon immer vorhandene Angst und Aversion gegen den Islam nur an die Oberfläche gebracht habe:

Wie die Kolonialherren glauben auch die meisten nicht-muslimischen Amerikaner von den Muslimen, dass «sie unberechenbar sind», «dass man bei ihnen nie wüsste...».

Und wie die Kolonialisierten werden auch Muslime nie individuell charakterisiert, sondern müssen in einem anonymen Kollektiv ersaufen. (Barlas, Muslims in the US)

Befreiungstheologie

Natürlich weiß Barlas, dass eine neue koranische Hermeneutik das Patriarchat nicht beenden kann, aber dennoch sei sie wichtig: Es bestehe ein Zusammenhang zwischen dem, was wir lesen und was wir meinen, dass die Texte sagen, und dem, wie wir über Frauen denken und sie behandeln. Es gebe also einen Zusammenhang zwischen dem Lesen heiliger Texte und Befreiung. Außerdem müsse eine befreiende Lektüre eine Legitimität haben.

> Wenn solche Lektüren auch keinen Erfolg dabei haben, einen radikalen Wandel in den muslimischen Gesellschaften herbeizuführen, kann doch mit Sicherheit behauptet werden, dass kein bedeutungsvoller Wandel in diesen Gesellschaften herbeigeführt werden kann, der seine Legitimität nicht aus den Lehren des Korans bezieht. Das ist eine Lehre, die säkulare Muslime überall schmerzhaft werden lernen müssen. (Barlas 2002, 3)

Mit anderen Frauen, die den Koran ins Zentrum ihres Kampfes für Gleichberechtigung stellen, habe sie gemein, dass sie alle das Motiv der Vorherrschaft des Mannes, das bislang historisch in den Koran hineininterpretiert wurde, in Frage stellen. Sie versuchten, sämtliche Möglichkeiten der Befreiung, die der Koran biete, offenzulegen, indem sie dessen Haltung zur Gleichberechtigung der Geschlechter verdeutlichten.

Es gebe eine Tendenz anderer Denker und Denkerinnen, NEIN zum Text zu sagen und zu erklären, man müsse sich über den Text hinausbewegen und eine neue muslimische Identität entwickeln, meint Barlas, auf den südafrikanischen Theologen Farid Esack und auf Amina Wadud anspielend.

Sie selbst jedoch sagt explizit JA zum Text, liest ihn aber auf eine Weise, die das genaue Gegenteil der heute vorherrschenden Lesart ist. Sie glaubt, dass eine antipatriarchalische Auslegung im Hinblick auf Theologie und Methodik auf gesünderen Füßen steht als die vorherrschende patriarchalische Lesart. Sie will also, wie sie selbst sagt, das Patriarchat aus dem Koran hinausinterpretieren:

> Wenn ich frage, ob der Koran ein patriarchialischer oder misogyner Text ist, dann frage ich, ob er Gott als Vater oder männlich darstellt oder ob er lehrt, dass Gott eine besondere Beziehung zu Männern hat oder dass Männer bestimmte göttliche Attribute verkörpern und Frauen von Natur aus schwach, unrein oder sündig sind. Darüber hinaus: Lehrt er, dass die Herrschaft des Vaters oder Ehemanns göttlich verordnet ist und eine irdische Weiterführung der Herrschaft Gottes, wie religiöse und traditionelle Patriarchate behaupten? (Barlas 2002, 1)

Dabei meint sie mit Patriarchat zwei Dinge: einerseits die Art und Weise, wie der Patriarch regiert, was wiederum auf der Darstellung Gottes als Vater (traditionelles Patriarchat) basiert, und andererseits eine Politik der Unterscheidung der Geschlechter, die Männer bevorzugt und Frauen ausgrenzt (modernes/weltliches Patriarchat).

Zwei Gründe lassen Barlas zu der Ansicht kommen, dass der Koran weder die traditionelle noch die moderne Form des Patriarchats unterstützt. Zum ersten stellt der Koran Gott nicht als Vater dar, sondern lehnt diese Idee explizit ab. Die islamische Sicht auf Gott unterscheide sich somit maßgeblich von der christlichen, der die Idee von Gott als Vater nicht fremd ist. Anders als das Christentum unterminiere der Koran das Patriarchat. Er spricht den Vätern und der Vaterschaft nicht in der traditionellen Form Rechte zu, erhebt Väter und Vaterschaft nicht zu etwas Heiligem. Vielmehr verurteile er ausdrücklich, dem Weg der Väter zu folgen, denn dieser sei ein Irrweg und führe von Gottes Pfad ab. Barlas sieht darin eine klare Ablehnung des traditionellen Patriarchats. Natürlich erkenne der Koran durchaus, dass Patriarchate existieren und hier die Macht in den Händen der Männer liegt. Daher wende er sich oft an Männer. Aber das Anerkennen des Patriarchats oder die Ansprache an Männer sei etwas anderes als das Verfechten der männlichen Vorherrschaft.

Vor allem aber wird Gott im Koran nicht als Vater/männlich dargestellt, vielmehr verbietet er jede Art von Gottes Abbild. Nach dem Koran wurde Gott nicht geschaffen, sondern ist unerschaffen – und somit nicht abbildbar, auch wenn die Sprache des Menschen Gott immer mit einem männlichen Pronomen versieht. Gott steht, so Barlas, über jeder Geschlechtszugehörigkeit.

Das wichtigste Argument gegen das Patriarchat allerdings resultiert aus der Natur der göttlichen Selbstdarstellung: Ein Gott, der Patriarchalisierung ablehnt, kann kein Modell für das Patriarchat sein. Darüber hinaus betont der Koran die ontologische Gleichheit von Mann und Frau, indem er lehrt, dass Männer und Frauen aus derselben *nafs* (Selbst, Seele) geschaffen worden seien, moralisch voll für sich selbst verantwortlich seien und nach denselben Kriterien zur Rechenschaft gezogen würden. So steht in Sure 33:35 geschrieben:

> Siehe, den muslimischen Männern und muslimischen Frauen,
> den gläubigen Männern und gläubigen Frauen,
> den frommen Männern und frommen Frauen,
> den Wahrheit sprechenden Männern und Wahrheit sprechenden Frauen,
> den geduldigen Männern und geduldigen Frauen,
> den demütigen Männern und demütigen Frauen,
> den wohltätigen Männern und wohltätigen Frauen,
> den fastenden Männern und fastenden Frauen,
> den Männern und den Frauen, die ihre Scham bewahren,
> den Männern und den Frauen, die Gottes oft gedenken,
> all denen hält Gott Vergebung und reichen Lohn bereit.

Frauen sind genauso fähig zum moralischen Handeln wie Männer. Sie müssen dasselbe tun wie die Männer. So spricht der Koran beispielsweise in Sure 2:177 beide Geschlechter gleichermaßen an, wenn er erläutert, was Gott von ihnen erwartet:

Die Frömmigkeit besteht nicht darin,
dass ihr euer Angesicht gen Osten oder Westen wendet,
vielmehr ist Frömmigkeit,
an Gott zu glauben und an den Jüngsten Tag
und an die Engel, an das Buch und die Propheten;
und das Geld, auch wenn man's liebt,
für die Verwandten, die Waisen und die Armen
auszugeben und für den ‹Sohn des Wegs› und die
Bittenden und für den Sklavenfreikauf;
und das Gebet zu verrichten und die Armensteuer
zu entrichten.
Die den Vertrag einhalten, wenn sie ihn abgeschlossen
haben, und die geduldig sind in Not und Missgeschick
und Kriegszeit –
die sind es, die wahrhaftig sind,
die sind es, die Gott fürchten.

Überdies sind Frauen genauso zur *taqwa*, zur Gottesehrfurcht, in der Lage, die die zentrale Forderung Gottes an den Menschen ist. In Sure 39:17–18 heißt es dazu:

Denen, die es meiden, Götzen zu dienen,
und sich dem einen Gott zukehren,
ist frohe Botschaft bestimmt.
So verkünde meinen Knechten frohe Botschaft,
die auf das Wort hören und dem Guten von ihm folgen!
Sie sind es, die Gott leitet, und das sind die Verständigen.

Laut Barlas ist es nicht logisch, dass Menschen, die moralisch gleichwertig sind, es rechtlich nicht sind. Darüber hinaus werde im Koran das biologische Geschlecht nicht benutzt, um Männern Privilegien einzuräumen oder Frauen auszugrenzen, wie es bei den modernen und weltlichen Formen des Patriarchats der Fall sei. Der Koran verbinde Sex noch nicht einmal mit Gender. Er erkenne also durchaus die biologischen (sexuellen) Unterschiede an, ordne ihnen aber keine spezifische Geschlechtssymbolik zu. Kein einziger Vers weist Männern und Frauen bestimmte Arbeitsbereiche zu oder besagt, dass die biologischen Unterschiede Männer und Frauen ungleich, inkompatibel, unvergleichbar oder zu Gegensätzen machen.

Zudem werde im Koran Sex nicht stigmatisiert. Dem Bild der Frau hilft also auch, dass der Islam nicht so lustfeindlich ist wie das Christentum. Überdies ist die Frau nicht verantwortlich für die Tatsache, dass Adam vom Apfel gegessen hat. Nach der koranischen Beschreibung des Sündenfalls wurden Adam und Eva gemeinsam verführt und beide sind verantwortlich. Laut Barlas stammen patriarchalische Konstruktionen von Sexualität aus dem Juden- und Christentum und wurden in den Islam hineingelesen.

Alle ihre Aussagen über den Koran zeigen: Ihre Hermeneutik fußt auf ihrer Theologie. Gottes Wort muss für sie verbunden werden mit Gott. Deshalb betrachtet sie seine wesentlichen drei Charakteristika: Das erste Prinzip ist die Einheit, *tauhid*, die Gottes Unteilbarkeit, das heißt auch die Unteilbarkeit seiner Souveränität, symbolisiert. Gott ist der absolute Souverän, und niemand kann an seiner Souveränität Anteil haben. Es kann also auch keine Herrschaft von Männern über Frauen geben; sie wäre häretisch.

Das zweite Prinzip ist Gottes Gerechtigkeit, die keine Ungerechtigkeit gegenüber einem seiner Geschöpfe zulässt. Gottes Unvergleichbarkeit, vor allem im anthropomorphischen Sinne, bildet das dritte Prinzip. Man darf sich Gott gar nicht als Mann, als Vater, vorstellen. Das besagt das so wichtige Bilderverbot des Islams.

Für Barlas ist es also nicht nur ein hermeneutisches Versagen, dass Muslime kein kontextuell legitimiertes Verfahren zum Lesen des Korans generiert haben, sondern auch ein theologisches. Sie hätten keine Verbindung zwischen ihrem Gottesbild und ihrem Verständnis des Textes entwickelt. Dabei sei gerade für die Frauenemanzipation ein kohärentes Gottesbild ganz wichtig: Denn Gehorsam sei nur Gott geschuldet, niemandem sonst.

Plädoyer für ein anderes Gottesbild

Reform geht demnach laut Barlas weniger durch eine neue Interpretation der sogenannten frauenfeindlichen Verse vonstatten, die sich auf die vermeintliche Überlegenheit des Mannes, das «Schlagen» der Ehefrau, Vielweiberei, Zeugenaussagen, Erbschaften usw. beziehen. Viel wichtiger sei die Kritik an der Theologie und den Interpretationsmethoden. Und unter der Voraussetzung, dass ein anderes Gottesbild in die Theologie eingebracht werde, löse sich das Problem um die frauenfeindlichen Stellen des Korans auf.

Bei genauerem Hinsehen zeige sich zum Beispiel, dass im Koran das Wort Grad *(darajah)*, das manche scheinbar fromme Muslime dahingehend interpretieren, dass Gott die Männer um einen Grad überlegener geschaffen habe, nur im Zusammenhang mit den Privilegien des Ehemanns im Fall einer Scheidung verwendet wird. Aber es sei nicht klar, welches genau sein Privileg ist. Einige Gelehrte glaubten, so Barlas, das Privileg bestehe darin, dass er eine Scheidung aussprechen kann, andere meinten, es bestehe darin, dass er sie widerrufen kann. In keinem Fall aber habe es etwas mit der männlichen Ontologie oder Biologie zu tun. Ontologisch gesehen, könnten die Männer den Frauen gar nicht überlegen sein, da im Koran steht, dass beide ihren Ursprung in einem einzigen Wesen haben *(nafs)*.

Ebenso könne das Wort *qawwamun* die finanzielle Rolle der Ehemänner als Ernährer der Familie bezeichnen und nicht die Vormundschaft über die Frauen. Der Koran habe Frauen und Männer vielmehr als *awliya*, Freunde, oder Vorbilder füreinander bestimmt und beiden den Auftrag gegeben, das Richtige vorzuschreiben und das Falsche zu verbieten. Wie könnten sie das tun, wenn die Männer völlige Macht über die Frauen hätten, fragt Barlas.

Auch der Vers über das «Frauen Schlagen» löse sich auf, wenn man erkenne, dass das Wort, das mit «schlagen» übersetzt wird, mehrere Bedeutungen haben kann, darunter «sich trennen». Für Barlas stellt sich daher die Frage, warum die Muslime eine Bedeutung – und zwar die für Frauen nachteiligste – allen anderen gegenüber bevorzugt haben. Der Koran lehre doch, dass Liebe die Grundlage für eine Ehe sein sollte, und er schreibe Barmherzigkeit und Großzügigkeit zwischen Eheleuten vor, sogar wenn sie sich gerade scheiden lassen.

Was die Zeugenaussagen betrifft, so gelte nur in einem Fall, dass diejenige eines Mannes genauso viel wert sei wie diejenigen zweier Frauen: wenn sich die Zeugenaussage auf Schulden aus einem Vertrag bezieht. In dem viel entscheidenderen Fall von Ehebruch jedoch wiege die Aussage der Ehefrau stärker als die ihres Ehemanns. Falls nämlich ein Mann nur aufgrund seines eigenen Zeugnisses seiner Ehefrau Ehebruch vorwirft, kann sie die Anschuldigung durch ihre Aussage zurückweisen – rechtlich gesehen hat sie also das letzte Wort.

Mit all diesen Beispielen will Barlas zeigen, dass die Interpretation des Korans davon abhängt, wer, wie in welchem Kontext interpretiert. Wenn er, wie es bisher in der Geschichte der Fall war, nur von Männern interpretiert wird und noch dazu nur bruchstückhaft und immer im patriarchalischen Kontext, ist das Ergebnis kaum überraschend.

Man *könne* also, so Barlas, den Koran durchaus als patriarchalischen Text lesen, aber nur, wenn man bestimmte Teile aus ihm herausgreife und sich seiner Gesamtbotschaft verschließe. Diesen Ansatz teilt sie mit Wadud und Rahman, die immer wieder betonen, es gehe darum, zu verstehen, was das große Ganze sei, nicht um einzelne kleinteilige Verordnungen. Kontextualisierung ist demnach auch eines ihrer Zauberworte. Wer hat wann was warum gesagt:

Mit anderen Worten: Eine restriktive und oppressive Exegese liegt in dem Versagen begründet, die Lehren des Korans zu historisieren und den Text als ein Ganzes, eine Totalität zu lesen. (Barlas 2002, 169)

Asma Barlas nimmt sich dagegen die koranische Aufforderung zu Herzen, ihn in seiner «besten Bedeutung» zu interpretieren. Wenn den Muslimen dies nicht gelinge und sie Ungleichheit der Geschlechter und Unterdrückung und sogar Vielweiberei in den Koran hineinläsen, sei es unredlich, den Koran dafür verantwortlich zu machen. Die Texte könnten sich nicht selbst interpretieren. Das könnten nur die Muslime, und daher müssten sie die Last ihrer eigenen Fehlinterpretationen tragen.

In diesem Zusammenhang steht auch die Frage, ob nicht der Text selbst dafür verantwortlich ist, wenn er falsch verstanden wird.

> Meine Meinung ist, dass die koranische Selbst-Hermeneutik nicht nur als Anleitung dafür dienen kann, wie wir ihn lesen, sondern auch als ein Argument dafür, dass er nicht dafür verantwortlich gemacht werden kann, wie er gelesen wurde oder wie nicht (Barlas 2002, 205).

Der Koran antizipiere, dass er missverstanden werden könne. So heißt es in Sure 41:40:

> Siehe, die über unsere Zeichen Falsches reden,
> sind uns nicht verborgen.
> Ist denn wer ins Höllenfeuer geworfen wird,
> besser oder wer am Tage der Auferstehung
> wohlbehalten herkommt?
> Tut, was immer ihr wollt!
> Siehe, er sieht, was ihr tut.

Die Verdrehungen der Interpreten, so der Koran, bezeugen sowohl moralisches wie auch hermeneutisches Versagen. Deshalb würden jene verurteilt, die um eines persönlichen Vorteils willen Gottes Offenbarungen verschleierten. Wie die Menschen die Offenbarung verschleiern, wird klar, wenn der Koran sich auf das Gesetz bezieht, das Moses gegeben wurde. Da heißt es: «Ihr macht es zu Blättern aus Papyrus, die ihr offen zeigt, während ihr doch viel verbergt» (6:91). Zur Ver-

schleierung kommt es also, wenn Gottes Botschaft bruchstückhaft und selektiv gelesen wird:

> Zudem fordert der Koran uns auf, ihn auf die bestmögli-
> che Weise zu lesen. Und während er uns offenlässt, was
> diese sei, erklärt er, dass nicht alle Lesarten, die wir aus
> ihm ableiten könnten, angemessen seien. Kurz, der Koran
> antizipiert nicht nur, dass wir ihn missverstehen könnten,
> sondern versucht auch, dies zu verhindern, indem er eini-
> ge moralische/textuelle Strategien propagiert und vor an-
> deren warnt. Deshalb meine ich, dass die Verantwortung
> dafür, den Koran korrekt zu lesen, beim Leser liegt,
> und sehe auch nichts Falsches in dem Argument, die Be-
> deutung liege im Koran, aber die Verantwortung dafür, sie
> richtig zu entdecken, liegt bei seinen Lesern. (Barlas 2002,
> 206)

Muslime jedoch sind gehalten, ihn auf die beste Weise zu lesen. Das gebietet Sure 39:18:

> die auf das Wort hören und dem Guten von ihm folgen!
> Sie sind es, die Gott leitet, und das sind die Verständigen.

Abgesehen von theologischen Prinzipien gibt der Koran
selbst vor, wie man ihn nicht lesen soll. In Sure 15:91 werden
die angesprochen, «die den Koran in Stücke teilten». Ihnen
wird gedroht:

> Bei deinem Herrn! Wir werden sie allesamt zur Rede stel-
> len für das, was sie immer wieder taten. (15:92–93)

Wird sich die beste Deutung durchsetzen?

Die Frage, ob ihre Ideen zur Befreiung der Frauen und einer
Demokratisierung führen würden, verneint Barlas. Man
könne nicht einfach den Koran lesen und bekomme dann
sofort eine funktionierende Demokratie. Zwischen der De-

mokratie und der Interpretation des Korans sieht sie aber einen Zusammenhang: Ihrer Meinung nach ist die Voraussetzung für eine Demokratisierung in den islamischen Ländern ein grundlegender Wandel der Art und Weise, wie die Gläubigen ihrer heiligen Schrift begegnen und ihre Religion interpretieren.

Obwohl sie aus dem Land stammt, in dem schon 1988 mit Benazir Bhutto die erste Regierungschefin der islamischen Welt vereidigt wurde, ist Barlas alles andere als optimistisch, dass sich ihre frauenfreundliche Deutung schnell wird durchsetzen können. Sie ist sich nicht sicher, ob sie noch erleben werde, dass sich das muslimische Denken entscheidend ändert, verteidigten doch sogar Frauen das Patriarchat. Dabei seien es immer die Frauen, die unter dieser konservativen Mentalität am meisten zu leiden hätten. Auf ihnem Rücken würden die Schlachten um die kulturelle Deutungshoheit ausgetragen. Ob sie ein Kopftuch tragen sollen oder nicht, sei nur einer dieser Kämpfe. Trotz alledem will sie für das kämpfen, was sie für richtig hält. Sie verspürt eine ethische Verpflichtung gegenüber sich selbst und ihrer Religion.

Die Rezeption ihrer Ideen ist in den USA nicht auf ein rein akademisches Publikum beschränkt. So wird sie von muslimischen Organisationen und Vereinigungen eingeladen und erreicht auch eine breitere Öffentlichkeit. Dazu zählt beispielsweise der *Muslim Public Affair Council (MPAC)*, und einige ihrer Thesen wurden vom *Council on American Islamic Relations (CAIR)* aufgenommen, der größten muslimischen Vereinigung in den USA.

Das Publikum reagiert freilich oftmals verstört, beispielsweise auf ihr Argument, dass man Gott nicht automatisch vermännlichen sollte. Barlas dagegen findet, Aussagen wie diese seien absolut korankonform; deshalb versteht sie nicht, wie man sie überhaupt als umstritten ansehen könne. Allerdings sei es eine Tatsache, dass auch in vielen zeitgenössischen muslimischen Gemeinschaften die Männer das religiöse Wissen definieren. Verstörend sei zudem für etliche einfache Gläubige ihre Forderung, dass jeder Muslim das Recht haben muss, den Koran für sich selbst zu lesen und zu interpretieren. Viele glaubten, das sei den Spezialisten vorbehalten, denen, die in den verschiedenen islamischen Wissenschaften versiert seien. Dabei ist eine der Grundthesen von Asma Barlas, dass sich der Koran auch an den ungebildeten Beduinen in der Wüste richte. Daher könne er von Juristen und Gelehrten nicht vereinnahmt werden. Schließlich gebe es, zumindest im sunnitischen Islam, keine Priesterkaste.

Eine Ursache für die Angriffe auf ihre Aussagen und Gedanken, die eine Selbstverständlichkeit sein sollten, ist ihrer Meinung nach, dass diese bestimmte männliche Autoritätsstrukturen in muslimischen Gemeinschaften bedrohten. Des Weiteren sehen viele sie als U-Boot der westlichen Kulturinvasion. Schließlich gelte Gleichheit als westlicher Wert, weshalb es als schwierig empfunden wird, von einem islamischen Bezugssystem aus dafür zu kämpfen. Für andere wiederum ist sie nur eine Apologetin.

Anderseits aber höre sie von jungen Muslimen und vor allem von muslimischen Frauen, die sehr froh seien, solche Gedanken bei Barlas gelesen zu haben, und denen ganz neue Horizonte erschlossen wurden. Asma Barlas nimmt gerade für die junge Generation muslimischer Einwanderertöchter, die sich nicht mehr mit dem konservativen Islam ihrer Eltern identifizieren, eine wichtige Identifikationsrolle ein, setzt sie sich doch mit ihrer zentralen Frage auseinander: Wie kann ich an die Religion meiner Väter und Mütter glauben, an der mir zwar etwas liegt, die aber mit der konservativen Deutung, die mir vermittelt wird, in eklatantem Widerspruch zu dem steht, was ich an Werten verinnerlicht habe?

Häufig wird ihr vorgeworfen, sie habe als Frau nicht die Autorität, über den Koran zu sprechen, und als nicht Arabisch-sprechende stehe ihr dies auch gar nicht zu. Doch sie sagt, als Gläubige dürfe sie auch über ihren Glauben sprechen. Weder habe sich der Koran nur an Männer gewandt noch allein an Araber. Er wende sich an alle, die ihn hören wollen. Und gerade als Frau müsse sie sich äußern: «Als eine Frau steht für mich hier eine Menge auf dem Spiel» (Barlas 2002, 209). Dass sie nur wenig Chancen habe, als Autorität anerkannt zu werden, ist ihr dabei durchaus klar, genauso dass Staaten, die einen Nutzen ziehen aus patriarchalischen Interpretationen, diese nicht aufgeben werden.

Ihre Kritiker kommen dabei nicht nur aus den Reihen der Konservativen. Der Reformtheologe Farid Esack beispielsweise schreibt, man könne den Koran nicht als einen geschlechtergerechten Text oder als ein Dokument der Menschenrechte lesen. Man müsse sich bewusst von seinem Buchstaben lösen, wann immer er sich gegen Geschlechtergerechtigkeit richte. Wenn er selbst zu entscheiden hätte, ob er Menschen Gewalt antun müsse oder dem Text, würde er eher dem Text Gewalt antun. Alle religiösen Schriften, die den Zielen der Geschlechtergerechtigkeit nicht dienten, müssten einer Reihe von hermeneutischen Prinzipien unterworfen werden, die von Kontextualisierung über Reinterpretation bis hin zur Abrogierung reichten, um zu einer anderen Interpretation zu gelangen.

Hier hakt Barlas ein. Zwar könne sie, wenn Esack Kontextualisierung und Reinterpretation einfordere, schlecht widersprechen. Aber sie sieht ein Problem in seiner Methodologie, bestünde doch, wenn sie Gesellschaften wie die saudi-arabische oder die afghanische unter den Taliban betrachte, offenbar kein Konsens darüber, was Geschlechtergerechtigkeit ist. Wer also legt dies fest? Deshalb hält sie es für eine bessere Strategie, den Text *neu* zu lesen mit einem gerechten und nicht-patriarchalischen Gott im Hinterkopf, anstatt zu dem gewalttätigen Mittel der Abrogierung zu greifen, für das Esack plädiert.

Ein weiterer bekannter Kritiker des islamischen Feminismus ist der Reformdenker Ebrahim Moosa. Er erklärt, man müsse sich damit abfinden, den Koran in seiner patriarchalischen Stimme zu hören. Generationen von Gelehrten hätten wohl richtigerweise konstatiert, dass der Koran patriarchalische Normen propagiere. Beide Vorwürfe pariert Barlas: Es könnten kaum Generationen von Gelehrten eine solche Meinung vertreten haben, da muslimische Frauen und Feministinnen erst vor zwanzig Jahren begonnen hätten, das Konzept des Patriarchats bei ihrer Lesung des Korans anzuwenden. Dass aus dem Koran eine patriarchalische Stimme spreche, hält sie zudem ihrerseits für Textfundamentalismus. Darüber hinaus weist sie auch den Vorwurf Moosas zurück, islamische Feministinnen klammerten sich an ein paar Versen fest, die ihre Ansichten bestätigten, um sodann zu behaupten, der Koran propagiere Geschlechtergerechtigkeit als Norm. Was Moosa hier als hermeneutische Akrobatik bezeichne, betreibe er selbst, wenn er bestimmte Verse auf eine bestimmte Weise interpretiere und dann erkläre, der Koran propagiere das Patriarchat als Norm.

Lektüre von Frauen soll vorurteilsbehaftet sein, aber die Lektüre von Männern objektiv und authentisch? Das akzeptiert zumindest Barlas nicht.

7 'Abdolkarim Soroush:
Mehr als Ideologie und Staat

Ein Revolutionär im Namen des Islams

'Abdolkarim Soroush, der 1945 in Teheran geboren wurde, ist heute weltweit einer der bedeutendsten muslimischen Intellektuellen. Das *Time Magazine* nannte ihn 2005 einen der hundert wichtigsten Intellektuellen weltweit. Er stammt aus einer traditionellen religiösen Familie, wie sein richtiger Name, Farajollah Hajj Hosein Dabbaq, zeigt. Sein Geburtstag fiel auf *'ashura*, den Todestag des schiitischen Imams Hosein. Deshalb wurde er Hosein genannt. Das Pseudonym setzt sich aus den Namen von zweien seiner Söhne zusammen, wobei Karim einer der neunundneunzig Schönsten Namen Gottes ist. Das Präfix *'abd* bedeutet Sklave oder Diener; zusammengenommen bedeutet der Name 'Abdolkarim «Diener des Wohltätigen». Soroush ist der Engel, der für die dichterische Inspiration verantwortlich ist.

Seine schulische Ausbildung erhielt Soroush in der 'Alavi-ye-Schule, einer Einrichtung, die in den 1950er Jahren von frommen Bazaris als Alternative zur weltlichen Erziehung des Staates und zur traditionellen der theologischen Hochschulen gegründet worden war. Die Schüler sollten hier sowohl in modernen wie auch in traditionellen Wissenschaften ausgebildet werden. Die Schule wurde so bald zu einer der bedeutendsten Lehranstalten Irans. Viele der intellektuellen Revolutionäre haben sie durchlaufen.

Der Grundstein für Soroushs spätere wissenschaftliche Forschung wurde schon in der Schule gelegt. Sein Physiklehrer machte ihn auf eine Fragestellung aufmerksam, die sich zu dieser Zeit großer Beliebtheit erfreute. Namhafte iranische Gelehrte, unter ihnen Mehdi Bazargan (1907–1995), der spätere iranische Ministerpräsident (Januar bis November 1979), und 'Allame Tabataba'i (1903–1981), einer der am meisten geschätzten Philosophen unter den Geistlichen,

'Akdolkarim Soroush:
Die Theokratie, die er
einst ideologisch mit
begründete, hält er
heute für eine Pervertie-
rung des Islams.
Foto: Georg Lukas

versuchten, die moderne Wissenschaft mit der Religion zu versöhnen, indem sie nachwiesen, dass die wissenschaftlichen Erkenntnisse dem Koran und den Überlieferungen des Propheten und der Imame nicht widersprächen.

Mit ihrer Lösung gab sich Soroush nicht zufrieden. Er nahm, gerade siebzehn Jahre alt, neben der Schule das Studium der islamischen Philosophie und der klassischen Disziplinen *fiqh*, *usul al-fiqh* und *tafsir* bei einem Geistlichen auf. Soroush studierte die Korankommentare älterer Gelehrter wie ar-Razi (1149–1209), at-Tabarsi (gest. 1153) und Feiz Kashani (gest. 1680) sowie die modernen von Sayyid Qutb, Mahmud Taleqani (1914–1979) und 'Allame Tabataba'i. Ihn faszinierte die Verschiedenheit ihrer Deutungen der koranischen Offenbarung, und er suchte nach der Ursache dieser Verschiedenheit.

Nach dem Abitur nahm Soroush in Teheran das Studium der Pharmazie auf. Daran schloß sich der Wehrdienst an. Nach dessen Beendigung ging er in die iranische Stadt Buschehr, wo er fünfzehn Monate als Direktor des dortigen Laboratoriums für Nahrungsmittel und Sanitärmaterialien tätig war. Für eine kurze Zeit arbeitete er anschließend in Teheran in einem Laboratorium für Medikamentenkontrolle. 1973 ging Soroush dann nach England. Dort schrieb er sich für einen Magisterstudiengang im Fach Analytische Chemie an der University of London ein, studierte jedoch gleichzeitig an der Fakultät für Geschichte und Philosophie des Chelsea College Philosophie und Epistemologie. Soroush blieb fünfeinhalb Jahre in England und schloss sein Studium mit einer Promotion im Fach Chemie ab.

In Iran verschärften sich in dieser Zeit die Auseinandersetzungen zwischen dem Schah und Teilen der Bevölkerung. Auch die in Amerika und Europa lebenden iranischen Studenten, die ohnedies schon lange stark politisiert und sehr häufig oppositionell eingestellt waren, wurden mehr und mehr in die revolutionären Wirren der Heimat hineingezogen. Soroush wurde Mitglied einer muslimischen Gemeinde, die er fortan als politische Plattform nutzte. In den Monaten vor dem Sieg der Islamischen Revolution wurde ihr Versammlungsort zum Zentrum der oppositionellen Aktivitäten, wo sich die in Großbritannien lebenden Schahgegner unter den Iranern versammelten. Neben dem damals noch relativ unbekannten Soroush hielten dort bekannte Persönlichkeiten wie die Khomeini-Vertrauten Ayatollah Morteza Motahhari (1920–1979) und Ayatollah Mohammad Hosein Beheshti (1925–1981) Vorträge über die politische Situation in Iran.

Soroushs Reden aus dieser Zeit wurden während der Revolution in Form von Pamphleten veröffentlicht. Darin befasste er sich mit linkem Gedankengut und marxistischen Strömungen und widmete sich dem sogenannten dialektischen Antagonismus. Sein Ziel war es, den wachsenden Einfluss der linken iranischen Gruppierungen einzudämmen, insbesondere den der Volksmodschahedin *(mojahedin-e khalq)*. Soroush warf ihnen vor, den Marxismus falsch zu interpretieren. Ihre falsche Deutung vermischten sie mit dem Islam und wollten mit dieser Mixtur eine Ideologie zur

Durchsetzung ihrer Machtinteressen entwickeln. Soroush widerlegte die Volksmodschahedin mit Argumenten aus Karl Poppers *Die Offene Gesellschaft und ihre Feinde* und wurde damit zu ihrem schärfsten Kritiker.

Vom Hofideologen zum Dissidenten

Nach der Revolution kehrte Soroush 1979 nach Iran zurück und unterrichtete an der pädagogischen Fakultät der Universität Teheran. Er trat zudem oft als Theoretiker der Islamischen Republik im Fernsehen auf. Auch hier demontierte er wieder die Ideologie der Linken. Aus diesen Reden und Interviews ging das Buch *Teuflische Ideologie* (*idiuloji-ye sheitani*) hervor.

1981 wechselte er an eine Einrichtung zur Erforschung westlicher Philosophie («Gesellschaft für Philosophie»), die noch zu Schah-Zeiten gegründet worden war. Außerdem wurde Soroush Mitglied im neu gegründeten «Islamischen Kulturrevolutionsstab», der 1984 in «Hoher Rat für Kulturrevolution» umbenannt wurde und unter diesem Namen bekannter ist. Das Gremium sollte die Universitäten, die zu diesem Zweck eigens geschlossen worden waren, islamisieren, indem es neue Lehrpläne erarbeitete und das Lehrpersonal und diejenigen Studenten entfernte, die sich nicht systemkonform verhielten. Von Oppositionellen wird Soroush seine langjährige Mitgliedschaft in diesem Rat vorgeworfen. Er selbst führt zu seiner Verteidigung an, dass er damit die Wiedereröffnung der Universitäten habe erwirken wollen. Unter einer «islamisierten» Universität habe er sich im Sinne des Propheten eine Mehrung der Wissenschaftszweige vorgestellt.

Nach 1984 übernahm er keine politischen Ämter mehr, sondern widmete sich ganz der Forschung. Außerdem unterrichtete er an der Universität Teheran, arbeitete als Gastprofessor an verschiedenen nicht-staatlichen Universitäten und lehrte in den 1980ern sogar an den theologischen Hochschulen Qoms. Neben der Mystik unterrichtete Soroush auch

Philosophie der Religion, Epistemologie, Vergleichende Philosophie und die Philosophie der empirischen Wissenschaften. Von 1988 bis 1994 sprach er zudem in Moscheen vor Gläubigen. Besonders seine Predigten in der Teheraner Imam Sadeq-Moschee wurden bekannt. Seine Vorlesungen über Mystik wurden im Fernsehen übertragen und verschafften dem wegen seiner Eloquenz gerühmten Redner einen hohen Bekanntheitsgrad. Mit der gleichen Selbstverständlichkeit und Autorität, mit der er in Moscheen oder im Fernsehen seine Zuhörer anspricht, bewegt er sich auf Fachkongressen über al-Ghazzali und die Theosophie Sadreddin Mohammad Shirazis (1571–1640). Er bedient sich immer einer sehr literarischen Sprache, angereichert mit Zitaten aus dem Koran und der Poesie des Jalaleddin Rumi (1207–1273).

In seinem Œuvre hat sich Soroush eingehend mit der wissenschaftlichen und geistigen Entwicklung des Westens beschäftigt. Er versucht, wie er es selbst ausdrückt, sich der Herausforderung des westlichen Denkens zu stellen. Laut Soroush müsse man die wissenschaftlichen Theorien und die Philosophie rezipieren und sich mit ihnen auseinandersetzen. Leider würden die traditionellen Religionsgelehrten diese Position nicht teilen; sie würden alles Westliche von vornherein als areligiös verwerfen.

Dagegen machte Soroush westliche Methoden für seine eigenen Forschungen dienstbar, denn er begann aus einer epistemologischen Perspektive heraus zu untersuchen, wie die Vielfalt der koranischen Auslegung zustande kommt. Eine Erklärung für die Pluralität der Deutungsvarianten fand er in der westlichen Philosophie der Wissenschaften. In seinem eigenen Werk manifestiert sich somit Soroushs grundsätzliche Einstellung zum Westen: Er plädiert für den fruchtbaren Austausch.

Der Aufenthalt in London gab ihm noch andere Denkanstöße: Der Westen betone seit der Renaissance das diesseitige Leben, in seiner eigenen, mystisch geprägten Kultur werde hingegen die Abwendung von der Welt gelehrt. Das irdische Glück verliere im orientalischen Denken gegenüber dem jenseitigen Heil an Bedeutung.

Die Konfrontation mit der europäischen Haltung, die seiner eigenen so entgegengesetzt war, gab Soroush einen neuen Impuls, sodass er sich von nun an mit der Funktion von Religion beschäftigte. Er begann, über die Erwartungen des modernen Menschen an seine Religion nachzudenken. Das Studium des modernen Christentums bestätigte schließlich seine Vermutung: Die Interpretation der Religion ändere sich mit der Zeit, wie sonst könne sich ein moderner Mensch als gläubigen Christen bezeichnen? Damit war sein Interesse für das Verhältnis zwischen dem Vernunftbegriff der Moderne und der Religion geweckt, dem wissenschaftlichen Thema, dem er sich in den folgenden Jahren widmete.

Erst nach dem Tod von Staatsgründer Khomeini im Jahre 1989 begann Soroush, Kritik am iranischen System zu üben. Dies mag an der Bewunderung liegen, die er für den Revolutionsführer empfand. Er respektierte Khomeini wegen dessen Kampf gegen das Schah-Regime, habe dieser doch die Religion, die eigentlich stumm ist, zum Sprechen gebracht und sie in revolutionären Aktionismus verwandelt.

Weil er die herrschende Geistlichkeit und ihren Anspruch auf die Monopolisierung der Religionserkenntnis kritisierte, fiel Soroush 1996 in Ungnade. Zuerst attackierten ihn die Medien, dann wurde er sogar zum Ziel physischer Angriffe und sogar von Morddrohungen. Anlass war die Veröffentlichung eines Artikels mit dem Titel: «Freiheit und Geistlichkeit» (Horriyat va ruhaniyat). Darin kritisierte Soroush, dass die schiitischen Geistlichen ihre Freiheit verloren hätten und zu einer Schicht verkommen seien, denn sie ließen sich von den Gläubigen aushalten, weil diese zur Zahlung des sogenannten *khums* (Fünft) verpflichtet seien. Und automatisch habe die Geistlichkeit als Schicht alle negativen Charakteristika übernommen, die starr definierten gesellschaftlichen Gruppen eigen sind:

Diese Vorteile machen aus einer Gruppe von Menschen eine Zunft und eine einheitliche Gemeinschaft und erlauben, sie von anderen zu unterscheiden. Es ist das Standesdenken, das zwischen den eigenen Leuten und anderen einen Unterschied macht, das Eigene und das Andere hervorbringt, über die Bewahrung der Geheimnisse der Zunft wacht, besondere Traditionen und Verhaltensweisen untereinander pflegt, interne Stufen und Grade hervorbringt, von einem wir spricht, dieses wir gegen Bedrohungen von außen verteidigt, es für heilig und wichtig und für den Träger der Wissenschaft und der Geheimnisse des Rechts hält und langsam zu einer herrschenden Tradition und Ideologie findet, einige große Persönlichkeiten zu praktischen und wissenschaftlichen heiligen Führern wählt, bestimmten gedanklichen Mustern folgt, sie der Religion und der Wahrheit gleichsetzt und den Verstoß gegen die Grundsätze des Standesdenkens für einen Frevel gegen die Religion hält. (Soroush 1995, 3)

Zusammengefasst lautet seine Argumentation: Durch die Finanzierung wird die Geistlichkeit zu einer Schicht. Als eine Schicht, die um ihre Privilegien besorgt ist, beansprucht sie ein Monopol. Auf dieses Monopol wiederum ist die Erstarrung des religiösen Denkens zurückzuführen. Er schreibt:

Eine Zunft, die sich als Bewahrer einer einzigen Lesart der Religion versteht und darauf ihre politische Macht und ihre materiellen Vorteile gründet, ist abzulehnen. (Soroush 1995, 25)

Das war starker Tobak in einer Theokratie. Nach wiederholten Drohungen hielt sich Soroush zuerst sporadisch im Ausland auf und nahm offiziell nur Gastprofessuren wahr. Seit etwa zehn Jahren lebt er nun permanent im Exil. Er forschte und unterrichtete an renommierten Institutionen wie dem Wissenschaftskolleg zu Berlin, dem im holländischen Leiden gelegenen ISIM Institute (Institute for the Study of Islam in the Modern World) und der Harvard University, in Princeton, in Chicago und in Yale. Im Frühjahr 2008 war er Visiting Fellow am Berkley Center for Religion, Peace and World

Affairs in Georgetown. Zurzeit ist er Fellow am Käte Homburger Kolleg in Duisburg.

Soroush hatte also renommierte Gastprofessuren und Fellowships inne, die mit viel Ehre und Anerkennung verbunden sind. Trotzdem ist es ein Leben im Exil. Soroush braucht aber Iran als Nährboden, als Resonanzboden. Er hat kaum Bücher veröffentlicht, seit er Iran verlassen hat. Das dürfte damit zusammenhängen, dass er in erster Linie ein Redner ist. Seine Reden wurden in Iran in der Zeitschrift *kiyan* und in Buchform veröffentlicht. Soroush verfügt über die Gabe, sich spontan auf sein Publikum einstellen zu können, über gerade brennende Fragen zu sprechen, von denen er dann auf Grundsätzliches kommt und seine Thesen entwickelt. Seine Ideen entstehen aus dem, was er sieht. Deshalb braucht er ein iranisches Publikum, Leute, die für dasselbe brennen wie er, und die direkte Nähe zu den Problemen Irans. Nur hier greifen sein immenses Wissen und sein kritischer, innovativer Geist ineinander. Im Exil funktioniert das nicht. Das heißt nicht, dass er nicht auch im Exil beachtliche Vorträge hält. Doch sie entfalten deutlich weniger Wirkung in Iran und sie leiden an der Entfernung zu den Ereignissen in Iran, die nicht einmal das Internet überbrücken kann. Der Verlust an Wirkung betrifft auch die Offenen Briefe, durch die er sich in den inneriranischen Diskurs einmischt. Viele von ihnen finden ihren Weg nach Iran, so beispielsweise ein Brief aus dem Jahr 2010 an Irans religiösen Führer mit dem Titel «Sie haben Iran in ein düsteres Land verwandelt». Aber die Wirkung, die er über ausländische Medien oder über seine Homepage hat, ist nicht annähernd so groß wie wenn er selbst in Iran ist. Andererseits sind auch in Iran lebenden Denkern derzeit die meisten Wege verschlossen, mit ihrem Publikum zu kommunizieren, da sie nicht öffentlich auftreten dürfen und kaum eine Zeitung es wagt, ihre Beiträge zu drucken.

Soroush ist verheiratet und hat fünf Kinder, von denen vier inzwischen auch im Ausland leben. Sein Sohn Soroush ist in seine Fußstapfen als Philosoph getreten und musste Iran deshalb verlassen. Seinem Schwiegersohn Hamed hat man so zugesetzt, dass auch er mit Soroushs jüngster Tochter, Kimia, ins Exil gegangen ist. Hamed wurde physisch und psychisch gefoltert, weil er sich weigerte, im Fernsehen zu verkünden, dass seine Frau eine Schlampe und sein Schwiegervater ein Nichtsnutz sei, Handlanger ausländischer Mächte und Feind der Religion. Was Soroush als Reaktion darauf niederschrieb, ist seine persönlichste Abrechnung mit der Islamischen Republik. Denn als er seinem Schwiegersohn nach diesem Ereignis sagte, dass Gott seinen Peinigern niemals vergeben möge, erwiderte der, «es gibt keinen Gott. Ich schwöre bei Gott, es gibt keinen Gott» (Soroush 2011). Seine Folterer haben ihm seinen Glauben genommen, dem unschuldigen Geschöpf, schreibt Soroush erschüttert und fügt in einer Zwiesprache mit Gott hinzu: «Oh allmächtiger Gott, ich habe von al-Ghazzali gelernt, dass ich niemanden verfluchen darf, nicht einmal Yezid. Aber nun bitte ich untertänigst um Deine Erlaubnis, diese ungläubige Zucht der Islamischen Republik verfluchen zu dürfen» (Soroush 2011).

Hamed und Kimia leben heute in London. Die beiden Söhne sind in Kanada, eine weitere Tochter ist in Washington. Nur Soroushs Frau lebt mit einer anderen Tochter noch in Iran. Sie kommt ihn hin und wieder besuchen. Sie könne nicht im Ausland leben, erzählt er. Das habe sie festgestellt, als sie mit ihm zu Studienzeiten in London lebte. Dass das Reisen von einer Universität zur anderen, von einem Fellowship zum nächsten kein Leben für ihn ist, wird einem klar, wenn man ihn mit Kindern sieht. Er vermisst seine Familie, vor allem seine Enkel: «Ein richtiges Leben ist das nicht, aber was soll man machen. Irgendwann wird sich die Lage in Iran ändern. Und dann kehren wir alle zurück» (Soroush, Interview 2012).

Die Wandelbarkeit der religiösen Erkenntnis

Soroushs Ziel ist primär eine Veränderung der politisch-gesellschaftlichen Verhältnisse in Iran. Deshalb beschäftigt er sich mit Religion. Die Erkenntnisse, die er daraus gezogen hat, lassen sich jedoch auf andere Länder und andere Verhältnisse übertragen, denn die Veränderung, die er sich wünscht, soll über ein gewandeltes Verständnis von Religion erreicht werden. Dazu widmet er sich jedoch nicht einzelnen Lehren und Bestimmungen der Religion, sondern geht erkenntnistheoretisch vor. Von Karl Popper übernimmt er eine Erkenntnistheorie, die zwei für sein Vorhaben wesentliche Momente enthält. Zum einen konstatiert sie die Möglichkeit unendlicher Erkenntniszunahme und den bloßen Annäherungscharakter von Erkenntnis. Zum anderen geht sie von einem Verständnis von Entwicklung aus, das zwar möglicherweise gelegentlich als «falsch» zu qualifizieren ist, niemals aber als historisch «wertlos».

Soroush subsumiert seine epistemologische Haupttheorie unter den Oberbegriff *kalam-e jadid*. Die Serie, in der seine Werke im Verlag Sarat erscheinen, trägt diesen Namen. Dasselbe gilt auch für seine Vorlesungsreihen in Qom und an verschiedenen Universitäten Teherans. Er selbst übersetzt dies als *Modern Theology* ins Englische. Dabei stört ihn die fehlende Übertragbarkeit des christlichen Theologiebegriffes auf den islamischen *kalam*-Begriff nur wenig. In beiden Fällen gehe es ja um das Reden von Gott.

Zum Inhalt hat Soroushs Hauptthese die Wandelbarkeit der religiösen Erkenntnis. Weil die Erkenntnis des Menschen grundsätzlich wandelbar sei – ist sie doch von der Zeit und dem Stand der Wissenschaften abhängig –, verändere sich auch die Erkenntnis des Menschen von seiner Religion. Mit der Zeit ergeben sich daher, so Soroush, immer neue Deutungen des Glaubens; sie seien angepasst an die Umstände, unter denen die Interpreten lebten.

Die Frage, ob Religion überhaupt ein Erkenntnisgegenstand der Wissenschaft wie andere sein kann, beschäftigt Soroush nicht, denn sein erkenntnistheoretischer Ansatz ermöglicht ihm, zu behaupten, dass das traditionelle Islamverständnis nicht entwertet zu werden braucht. Außerdem bleibt der Absolutheitsanspruch der Religion immer noch enthalten. Die zentrale Aussage Soroushs ist:

Wenn es ein religiöses Gesetz in dieser Absolutheit gibt, dann nur beim Gesetzgeber, also Gott (Soroush 1994³, 305).

Soroushs epistemologischer Ausgangspunkt ist also die Möglichkeit unendlicher Erkenntniszunahme und der bloße Annäherungscharakter von Erkenntnis. Ihm zufolge kann der Mensch nie wirklich wissen, was Gott von ihm erwartet. Er kann niemals verstehen, was das Gesetz Gottes wirklich ist oder was es bezweckt, denn Gottes Absichten sind unergründlich. Jedwedes angebliches Wissen darüber ist, so Soroush mit Bezug auf Popper, nur Vermutungswissen. Die Epistemologie habe ihn gelehrt, dass das, was die Menschen vom Korantext verstehen, niemals mit dem Text und seinen wirklichen Absichten gleichgesetzt werden könne. Der Mensch kann nur das letztendliche Ziel Gottes erkennen, und dieses Ziel der Religion kann auf keinen Fall zu humanen Konzepten im Widerspruch stehen.

Der Korantext ist wie jeder andere Text ein offener Text, der zu Interpretationen einlädt. Das Verständnis des Menschen vom Koran sei – wie jede andere menschliche Erkenntis auch – von der Zeit und dem Stand der Wissenschaften abhängig. Mit der Zeit ergeben sich, so Soroush, immer neue Deutungen des Glaubens, die an die Umstände, in denen die Interpreten leben, angepasst seien.

Soroush versucht gar nicht, dies als eine neue Einsicht auszugeben. Im Gegenteil: Er sagt vielmehr, dass die starre Deutung des Glaubens ein Phänomen der Moderne sei. Früher sei man immer von einem Wandel der religiösen Erkenntnis ausgegangen. Als Beleg für diese Ansicht führt er den Idschtihad und die Vielfalt der koranischen Interpretation an. Die verschiedenen Deutungen, zu denen die Interpreten der Religion gelangt seien, belegten außerdem, dass ein grundsätzlicher Unterschied zwischen der Religion an sich und dem Verständnis des Menschen von seiner Religion bestehe.

Soroush differenziert also zwischen Religion und religiöser Erkenntnis: Das religiöse Verständnis gründet für ihn zwar auf der Religion, entspricht ihr jedoch nicht. Dies öffne den Raum für Neuinterpretationen. Dass zwischen Religion und religiöser Erkenntnis zu trennen sei, belegten eindeutig die Unterschiede zwischen ihnen. Als Beispiel für die Verschiedenheit nennt er zum einen, dass die Religion, zumindest nach Auffassung der Gläubigen, keine Widersprüche und Gegensätze enthält. Hingegen weise die religiöse Erkenntnis, das heißt das Verständnis der Religionsgelehrten von den religiösen Texten, viele Widersprüche auf, ganz gleich, ob es sich um Rechtswissenschaft, Theologie oder Exegese handelt.

Als weiteres Argument führt Soroush an, dass zwar die Religion vollkommen sei, das religiöse Verständnis hingegen nicht. Mit der ersten Aussage meint er, dass Gott alles für die Rechtleitung des Menschen Notwendige in seiner Schrift offenbart hat. Es gibt somit keine Mängel in der Religion. Die religiöse Erkenntnis ist hingegen für Soroush nicht perfekt: Wäre sie es, dann hätte man den Wissenschaftszweig Koranexegese schon vor Jahrhunderten abschaffen können.

Mit dieser Differenzierung zwischen Religion und religiöser Erkenntnis meint Soroush, eine Formel zur Trennung der veränderlichen von den unveränderlichen, der unheiligen von den heiligen Teilen der Religion gefunden zu haben. Er versteht sie gleichzeitig als Ausgangspunkt für die Wiederbelebung des religiösen Denkens. Alle anderen Ansätze, die Religion zeitgemäß zu interpretieren, lehnt er ab. Das gilt besonders für die sogenannte wissenschaftliche Interpretation *(tafsir ʿilmi)*. Laut Soroush habe sie nur Widersprüche aufgeworfen. Der *tafsir ʿilmi* habe nicht die Probleme der Gläubigen gelöst, sondern sie an der Wahrheit der Religion zweifeln lassen.

Die Exegeten, die sich der wissenschaftlichen Interpretation widmeten, wollten beweisen, dass moderne wissenschaftliche Erkenntnisse, wie zum Beispiel die Entdeckung der Mikroben, oder moderne Ideen nicht im Widerspruch zum Koran stehen, sondern sogar aus ihm abgeleitet werden können. Sie meinten, der Koran könne erst jetzt, da die technischen Wissenschaften und Naturwissenschaften des 19. und

20. Jahrhunderts in der islamischen Welt bekannt geworden sind, richtig verstanden werden.

Für die wissenschaftliche Koranauslegung steht im iranischen Kontext in erster Linie Ayatollah Mahmud Taleqani. Taleqani stellte in seinem Korankommentar *Ein Lichtstrahl des Korans (partovi az qor'an)* eine modernistische Deutung vor, die vor allem die linken Gruppen Irans stark beeinflusste. Taleqani betrachtete den Koran als ein lebendiges Dokument, als ein Buch mit großer Relevanz für zeitgenössische Probleme und fand deshalb aktuelle Fragestellungen wie die soziale Gerechtigkeit im Koran vorformuliert.

Soroush vermerkt positiv, dass Taleqani eingesehen habe, wie sich die Ansprüche an die Religion nach dem Wissensstand und den aktuellen Problemen richteten. Auch Taleqani habe Religion und Moderne versöhnen wollen. Soroush kritisiert jedoch seine Schlussfolgerung, und Taleqanis Ansatz hält er für falsch. Ihm zufolge könne man nicht beweisen, dass die Ergebnisse der modernen Wissenschaften bereits im Koran vorgegeben seien; die Entdeckung der Mikroben ließe sich nicht logisch aus dem Koran erschließen. Seine Methode beweise allerdings, so Soroush, dass auch Taleqani Kenntnisse in die Interpretation einbrachte, die er außerhalb der religiösen Wissenschaften gewonnen hatte. Er habe den Koran mit Hilfe von Erkenntnissen aus der Politik und der Gesellschaftstheorie gedeutet. Dass soziale Gerechtigkeit ein Wert ist, habe ihn die politische Theorie gelehrt. Diese Erkenntnis habe Taleqani dann bei seiner Koranexegese zugrunde gelegt. Dieses entscheidende Charakteristikum des *tafsir ʿilmi* bestätigt, so Soroush, seine Theorie vom natürlichen Austausch der Wissenschaften.

Soroush begründet diese Ansicht mit der Erkenntnistheorie, die von einem immerwährenden Dialog zwischen den verschiedenen menschlichen Erkenntnissen ausgeht. Das Verständnis eines Theologen, eines Exegeten und eines Rechtswissenschaftlers vom heiligen Buch und der Sunna verändere sich zwangsläufig, wenn seine anderen, außer-religiösen Kenntnisse es tun. Weil jedes Verständnis von Religion auf außerhalb liegenden Kenntnissen gründe, sei auch das religiöse Verstehen im Fluss. Mit diesem Argument erklärt Soroush die Verschiedenheit der Koraninterpretationen namhafter Gelehrter, die einst der Ausgangspunkt für seine wissenschaftlichen Bemühungen war.

Allerdings relativiert Soroushs Theorie das Herrschaftswissen – und das macht sie gefährlich für das religiöse Establishment in Iran: Weil der Mensch den genauen Willen Gottes nie wirklich wird begreifen können, müssen verschiedenartige Ansichten über die Religion zugelassen und Ideen, die sich nicht bewährt haben, verworfen werden – gleichgültig, wer sie formuliert hat. Soroush untergräbt die Autorität des *vali-ye faqih* (Oberster Rechtsgelehrter), der obersten religiös-politischen Instanz Irans, und dessen Anspruch auf absoluten Gehorsam, wenn er argumentiert, dass auch dessen Religionserkenntnis nur eine menschliche und somit fehlbare Deutung der Religion sei. Konkret wirft er dem *vali-ye faqih*, 'Ali Khamene'i (geb. 1939), vor, widerrechtlich ein Monopol auf die Religionsinterpretation zu beanspruchen.

Laut Soroush kann es keine eindeutige Religionserkenntnis und kein Interpretationsmonopol geben, weil der Koran wie jeder andere Text offen ist und zu Interpretationen einlädt. Aus demselben Grund kann man ihn seiner Meinung nach auch so interpretieren, dass er zu Menschenrechten und Demokratie nicht im Widerspruch steht. Diese Haltung musste ihn in Iran in Schwierigkeiten bringen, wo der Diskurs immer noch maßgeblich von der Meinung des Staatsgründers Khomeini bestimmt wird. Nach dessen Menschen- und Gottesbild hat nur einer Rechte, nämlich Gott. Der Mensch hingegen hat keine, er hat nur Pflichten gegenüber Gott. Eventuell räumen Gott oder sein Stellvertreter auf Erden, der *vali-ye faqih*, dem Menschen Rechte ein, aber da sie nicht naturgegeben sind, kann Gott sie ihm wieder nehmen, wenn es ihm beziehungsweise seinem Stellvertreter auf Erden beliebt. Laut Khomeini muss sich zudem jeder Mensch dem Wohl der Allgemeinheit, der *umma*, unterordnen und hat deshalb keine individuellen Freiheitsrechte gegenüber dem Staat. Diese Argumente entsprechen der Haltung Khamene'is. Dem westlichen Anspruch auf Universalität der Menschenrechte wird die Behauptung entgegengesetzt, dass die Muslime aufgrund der historischen und gesellschaftlichen Entwicklungen in ihrem Kulturkreis die Rechte Gottes anstelle der Menschenrechte achten wollten.

Soroush hat diese kulturrelativistische Position der herrschenden Kleriker weit hinter sich gelassen. Ihn interessiert auch nicht die Frage der möglichen Übereinstimmung von Islam und Menschenrechten oder die Idee vom Ursprung der Menschenrechte im Islam, wie sie muslimische Apologeten formulieren: Für ihn sind die Menschenrechte schlicht ein Gebot der menschlichen Vernunft. Der Religion widersprechen sie damit nicht, könne doch Gottes Wille nichts Unvernünftiges sein. Dass die Menschenrechte in einem außerreligiösen Rahmen entstanden sind, hindert Soroush nicht daran, ihre Verwirklichung in einem islamischen System für möglich und notwendig zu erachten. Das Recht Gottes bliebe gewahrt, und somit gebe es eine vollständige Übereinstimmung von humanen und religiösen Werten. Soroush nimmt damit eine Haltung ein, die gemeinhin nur von Säkularisten vertreten wird; denn er geht wie sie davon aus, dass der Mensch grundsätzlich auch außerreligiöse Rechte hat – und zwar nur, weil er ein Mensch ist. Anders als diese begründet er seine Position jedoch religiös.

In der Konsequenz seiner Argumentation müssten eine ganze Reihe von Gesetzen, die das islamische Recht kennt, nicht mehr angewendet werden – beispielsweise die *hadd*-Strafen, die sogenannten Übertretungsstrafen, zu denen etwa die Steinigung und das Abhacken der Hand gehören. Laut Soroush ist es nicht notwendig, alle islamischen Gesetze im Detail zu befolgen. Er begründet dies, indem er zwischen Werten ersten und zweiten Grades differenziert. Die Werte zweiten Grades bezögen sich ausschließlich auf Detailvorschriften des Glaubens (z.B. Kleidungsvorschriften) und unterschieden sich somit von Religion zu Religion. Über die Bedeutung der wirklich essentiellen Werte ersten Grades, zu denen zum Beispiel die Gerechtigkeit und die Würde des Menschen zählen, seien sich die verschiedenen Religionen und die menschliche Vernunft hingegen vollkommen einig.

Eine religiös-demokratische Regierung

Ausgehend von dieser Prämisse versucht Soroush, ein politisches System zu entwickeln, das sowohl islamisch als auch demokratisch ist, und kommt so zu seiner zweiten einschlägigen Idee: einer religiös-demokratischen Regierung. Gerade weil ihm viel an seinem Glauben liegt, hat er aus seinen Erfahrungen mit dem real existierenden Islamismus die Konsequenz gezogen, dass Religion und Staat getrennt werden müssen. Immer mehr Menschen wendeten sich, so beobachtet er, aufgrund von Machtmissbrauch, Zensur, Unfreiheit, Korruption und Vetternwirtschaft vom Islam ab. Deshalb tritt Soroush für die Demokratie ein: Diese schütze am besten von allen Regierungsformen die Religion, das heißt die Rechte Gottes: Durch sie werde die Religion davor bewahrt, von angeblichen Gottesmännern zu Zwecken missbraucht zu werden, die dem Willen des Schöpfers widersprechen. Wenn die Menschenrechte beachtet würden, könne man auch die Religion nicht missbrauchen. Insofern ist Soroushs ideale Regierungsform nicht nur demokratisch, sie ist auch religiös.

Deshalb hält er sich nicht mehr mit der Deutung einzelner Passagen des Korans auf, sondern orientiert sich am letztendlichen Willen des Schöpfers. Damit unterscheidet er sich prinzipiell von solchen Denkern, die versuchen, zu zeigen, wie tolerant sich der Islam in seiner Geschichte anderen Religionen gegenüber verhalten habe. Übergriffe gegen die vom Glauben Abgefallenen werden dabei schöngeredet, ihre Seltenheit und eher politische Motivation hervorgehoben.

Für Soroushs Argumentation sind diese Deutungen irrelevant, weil er versucht, sein Religionsverständnis dem modernen Konzept von Menschenrechten anzupassen und nicht umgekehrt. Damit ist er den islamistischen Denkern, die mit Belegen aus Koran und Sunna den universal gültigen Menschenrechten eine islamische Bedeutung geben wollen, voraus und kann als post-islamistischer Denker gelten. Für Soroush sind die Menschenrechte nicht religiös, aber für jeden religiösen Menschen akzeptabel – und notwendig sowieso.

Er will einen Islam mit einem menschlicheren Antlitz und hält die *velayat-e faqih* (Herrschaft des Obersten Rechtsgelehrten), das iranische Regierungssystem, für gescheitert. Sie habe es als eine «Regierung des islamischen Rechts» *(hokumat-e feqhi)* nicht vermocht, die Probleme der Gesellschaft zu lösen. Dass die Religion in erster Linie für das Jenseits bestimmt ist, «zum Ordnen des Lebens und der jenseitigen Glückseligkeit», heiße zwar nicht, «dass der Glaube im diesseitigen Leben zu nichts tauge», aber es bedeute auch nicht, «dass die Religion von Anfang an für diese Welt und für das Leben in dieser Welt herabgesandt worden ist» (Soroush 1995b, 12). Mit seiner Auffassung, man könne nicht auf alle Fragen Antworten in der Religion finden, ist Soroush weit entfernt vom Universalismus fundamentalistischer Gruppierungen, deren politische Strategie lautet, der Islam sei die Lösung *(al-islam huwa al-hall)*.

Das Versagen der *velayat-e faqih* spricht nach Ansicht von Soroush für die Demokratie als Alternative. Sie trage als die Regierungsform, die mit einem liberalen Wirtschaftssystem einhergeht, auch längerfristig am ehesten zur Frömmigkeit der Gesellschaft bei, denn «ein hungriger Magen kennt keine Religion» (Soroush 1995b, 12). Zu den religiösen Pflichten der Regierung in Soroushs idealem Staat gehört also auch, die materiellen Bedürfnisse der Menschen zu befriedigen. Dann verdient die religiös-demokratische Regierung ihren Namen: Sie ist religiös, weil sie den Gläubigen ein frommes Leben ermöglicht, und sie ist demokratisch in der Art und Weise der Herrschaftsausübung.

Für Soroush ist die «religiös-demokratische Regierung» *(hokumat-e dini)* damit religiöser als eine «Regierung des islamischen Rechts» *(hokumat-e feqhi)*. Die *hokumat-e feqhi* setze «nur» die Bestimmungen der Scharia in der Gesellschaft durch. Er bezweifelt, dass eine Gesellschaft, die nur die Scharia anwendet, wirklich religiös im Sinne des Schöpfers ist. Durch die Anwendung der Scharia schaffe man keine «religiöse Gesellschaft», sondern nur «eine nach dem islamischen Recht lebende». Vom äußeren Erscheinungsbild könne man nicht auf die tatsächliche Verwurzelung der Gemeinde im Glauben schließen: Auch Christen könnten schließlich das islamische Recht einführen, vielleicht fänden sie an der Verschleierung Gefallen, wollten den Genuss von Alkohol verbieten und kämen überein, dass das Handabschlagen ein sinnvolles Mittel gegen Raub sei. Wichtiger als die Anwendung des islamischen Gesetzes ist für Soroush deshalb, dass einer religiösen Handlung ein frommer Antrieb zugrunde liegt. Diese Frömmigkeit sei aber nicht zu erzwingen.

> Heuchelei und Verstellung sind die größeren Sünden, nicht Alkoholgenuss und Glücksspiel. Aber die rechtswissenschaftliche Perspektive *(binesh-e feqhi)* misst der äußerlichen Handlung mehr Bedeutung bei als der Aneignung des Herzens.
>
> Der Unterschied zwischen den beiden Ansätzen wird deutlich, wenn die beiden Regierungen ihre Arbeit aufnehmen. Wenn die rechtswissenschaftliche Perspektive zu herrschen beginnt, wird die erste Anstrengung der Regierung darin bestehen, der Gesellschaft ein Antlitz zu geben, das dem religiösen Gesetz entspricht. Sie wird beginnen, die *hadd*-Strafen anzuwenden, das Blutgeld zu kassieren, auf der Verschleierung zu bestehen etc. Aber die auf Glauben beruhende Perspektive *(binesh-e imani)* beginnt nicht hier, sondern hebt sich diese Dinge [die Einführung des islamischen Rechts, K.A.] bis zum Schluss auf und macht die Menschen fromm mit Weisheit, Predigten und Diskussionen. (Soroush 1996, 3)

Für Soroush ist also die religiöse Seele der Regierung wichtiger, die sie unter Beweis stellt, indem sie den Willen Gottes verwirklicht. Nicht eine Gesellschaft, in der das religiöse Recht angewendet wird, ist religiös, sondern eine Gesellschaft, in der die Menschen sich freiwillig zum Glauben bekennen. Sein Ideal ist demnach ein religiöser Staat, in dem der Geist des Glaubens herrscht, nicht als gesetzgeberische oder politische Instanz, sondern als Geist und Gewissen der Gesellschaft.

Daraus folgt, dass die religiöse Regierung auch keine bestimmte, festgelegte Form hat, sondern mit jeder Epoche eine andere Gestalt annimmt. Soroush behauptet also, dass die Form der Regierung nicht genau von Gott vorgegeben wurde und dass jede Regierung, die das Ziel der Religion verwirklicht, religiös ist. Zwischen seiner religiös-demokratischen und einer gängigen demokratischen Regierung gibt es deshalb keinen formalen Unterschied.

> Tatsächlich muss man nicht erwarten, dass eine religiöse Regierung sich dem Wesen nach von einer nicht-religiösen unterscheidet. Es ist ja auch nicht so, dass auf dieser Welt die vernünftigen Menschen auf zwei Beinen laufen und die religiösen auf dem Kopfe. Was ist schlecht daran, wenn die Völker anderer Gesellschaften in der Frage der Regierung dieselben Methoden akzeptiert haben, auf die wir durch unsere Definition der religiösen Regierung gestoßen sind? (Soroush 1996, 11)

Doch trotz dieser fast vollständigen formalen Übereinstimmung gibt es einen kleinen, aber entscheidenden Unterschied: Der demokratische Staat nach Soroush verhält sich der Religion gegenüber nicht indifferent, sondern hat einen göttlichen Zweck. Insofern hat die religiös-demokratische Regierung durchaus ein anderes Ziel vor Augen als die demokratische: Ihr obliegt immer noch die Schaffung der perfekten Gesellschaft. Diese allerdings soll sich in einer freiheitlich-demokratischen Ordnung verwirklichen, wenn auch nicht in einer liberalen Demokratie, die «mit ihrer fragwürdigen Unterstützung für unmoralisches gesellschaftliches Verhalten muslimischen Sensibilitäten nicht entspricht», wie Soroush, der im Jahr 2004 vom Washingtoner «Center for the Study of Islam and Democracy» zum «Muslim Democrat of the Year» gewählt wurde, es formuliert (Soroush 2004).

Dennoch ist Freiheit in seiner Utopie vom islamischen Staat eine notwendige, gottgefällige Vorbedingung und damit ein Argument für die Überlegenheit der demokratischen Ordnung. Echte Religiosität könne es nur in einer demokratischen Gesellschaft geben, da Glaube auf Willensfreiheit basiere; eine erzwungene Religiosität sei nicht im Sinne des Schöpfers. So hätten auch die Propheten ihren Auftrag verstanden:

> Die Propheten kamen, um mit dem Zauber ihrer Worte die Herzen der Menschen zu gewinnen, und nicht, um ihre Leiber zu beherrschen. (Soroush 1996b)

Die Freiheit gilt Soroush als ein Wert an sich. Deshalb dürfe man sie nicht einmal für die Verbreitung und den Schutz der koranischen Wahrheit opfern.

> Die Menschheit hat in einer Ordnung, die sie gewaltsam mit der Wahrheit füttern wollte, mehr Fehler gemacht und mehr Schaden genommen als in einer Ordnung, in der man auch Fehler machen darf. (Soroush (1992, 15)

Wichtiger als die Einhaltung islamischer Regeln ist also in jedem Fall die Freiheit:

> Freie Gesellschaften, ob religiös oder areligiös, sind göttlich [d.h. mit Gottes Willen im Einklang] *(elahi)* und menschlich *(ensani)*; in totalitären Gesellschaften aber bleibt weder die Menschheit noch die Gottheit übrig. (Soroush 1992, 24)

Wider die Ideologisierung der Religion

Ein weiterer Meilenstein war Anfang der 1990er Jahre seine Abkehr von der sogenannten Ideologisierung der Religion, für die in Iran vor allem ʿAli Shariʿati, der wichtigste Ideologe der Revolution von 1978/79, verantwortlich war. Soroush bestreitet gar nicht, dass diese seinerzeit durchaus notwendig war. Er betont die Bedeutung Shariʿatis, sieht sich sogar in dessen Tradition und würdigt immer wieder dessen Verdienste um die Erstarkung des religiösen Denkens. Shariʿati habe dem Islam zu neuem Tatendrang verholfen und ihn verjüngt, was für die Revolution notwendig war.

Aber Soroush, der unter dieser weltanschaulichen Konzeption gelitten hat, sagt heute ganz explizit, dass er die Religion entideologisieren möchte. Sein Hauptargument dafür lautet, dass eine Religion aufgrund verschiedener Charakteristika nicht ideologisierbar sei. Eine Religion sei mehr, voller, reichhaltiger als eine Ideologie, und wenn man sie ideologisiere, reduziere man sie zwangsläufig und lege sie auf eine einzige Lesart fest. Zu den Übeln einer Ideologie zählt Soroush:

I. Eine Ideologie wird als Waffe verwendet, getreu Lenins Worten: eine revolutionäre Handlung erfordert eine revolutionäre Theorie.

II. Eine Ideologie muss prägnant, anschaulich und genau formuliert sein.

III. Aus diesen beiden Punkten folgt, dass eine Auswahl an Regeln getroffen werden muss, damit die Ideologie leichter abgrenzbar von anderen Denkweisen wird und ihre Vertreter leichter von anderen zu unterscheiden sind.

IV. Die Ideologie wird als Waffe dem Feind entsprechend geschmiedet. Deshalb sind Ideologien auch immer zeitlich begrenzt und bedürfen eines Feindbildes.

V. Für eine Ideologie ist die Gründung einer Bewegung das wichtigste, nicht die Entdeckung der Wahrheit.

VI. Die Ideologie besitzt keine Theorie für die Aufbauphase, sondern nur für die Phase der Revolution und des Kampfes.

VII. Die Ideologie bedarf der Ideologen, d.h. eines Führers oder einer bestimmten Schicht, weil irgendjemand die Ideologie formulieren muss.

VIII. Ideologen sprechen über die Ideologie wie über ihre Geliebte, d.h. in den höchsten Tönen, und sind daher blind für jeden Makel. (Soroush 1993, 4–7)

Eines der Argumente, die Soroush anführt, um zu zeigen, dass der Islam nicht ideologisierbar sei, lautet: Der Koran ist ein tiefschürfendes Buch; er hat viele Bedeutungen. Eine

Ideologie ist das genaue Gegenteil davon, sie ist simpel. «Deshalb ist die Religion nicht als Ideologie herabgesandt worden» (Soroush 1993, 10). Außerdem versteht er die Religion als ein Geheimnis und Phänomen, das im positiven Sinne Verwunderung auslöst. Auch damit widerspreche sie der Genauigkeit, die eine Ideologie erfordere. All die geheimnisvollen Deutungsweisen würden auf eine festgelegt, wenn man den Islam ideologisiere: «So, als würde man ein Gedicht in Prosa übersetzen» (Soroush 1993, 10). Darüber hinaus sei eine Ideologie ein Gewand für eine bestimmte Gesellschaft, eine Medizin für einen bestimmten Kranken, dadurch sei ihre Gültigkeit automatisch zeitlich begrenzt. Für Religionen gelte dieses Charakteristikum hingegen nicht: Sie seien ewig.

An den ideologisierten Gesellschaften kritisiert Soroush überdies ihre Gewaltbereitschaft. In der Meinung, der Zweck heilige die Mittel, hielten sie zur Durchsetzung ihrer Ziele die Anwendung von Gewalt für legitim. Außerdem werde alles in ihrem Sinn interpretiert und in den Dienst ihrer eigenen Ideologie gestellt. Zudem sei eine solche Gesellschaft auf Hass aufgebaut: Der Ideologie würde so viel Liebe entgegengebracht werden, dass alle Andersdenkenden unweigerlich gehasst werden müssten. Eine Pluralität der Meinungen sei nicht möglich, und auf jede Frage gebe es eine bestimmte, festgelegte Antwort mit Ausschließlichkeitsanspruch, der nichts und niemanden neben sich dulde – vor allem nicht den Verstand. «Der Ideologie Tor und Tür zu öffnen bedeutet, dem Denken den Riegel vorzuschieben.» (Soroush 1993, 14). Unter anderem könne man den Ergebnissen der Wissenschaft in einer ideologisierten Gesellschaft nicht trauen, weil auch diese in den Dienst der Ideologie gestellt würden und zur Propaganda dienten. Zum Ende des vernunftgeleiteten Handelns trage überdies bei, dass nicht das Gesetz herrsche, sondern Menschen das Sagen hätten, die überhöht und denen übermenschliche Fähigkeiten angedichtet würden.

Nach Soroush lassen ideologisierte Gesellschaften keine Fragen nach ihrem Sinn und Zweck zu. Ideologien gingen davon aus, dass die Menschen für sie da sind, während Religionen für den Menschen da seien.

Ist es denn richtig, dass die Ideologie über den Menschen steht und dass die Menschen sie nicht erreichen können? Oder dass die Menschen unter ihren Füßen zertreten und arm, erniedrigt, hilflos und versklavt werden? Kann eine Ideologie so heilig sein, dass keine Analyse und keine Untersuchung sie erreicht? (Soroush 1993, 16)

Eine Religion wird dann zur Ideologie, so Soroush, wenn eine einzige Interpretation zur offiziellen Auslegung erklärt und diese von einer bestimmten Schicht als einzig wahre Lesart vertreten wird. In diesem Moment übernimmt die Religion automatisch alle Schwächen einer Ideologie. Dann nimmt die ideologisierte Religion den Platz der Religion ein, wird aber andererseits durch die Ideologisierung menschlich.

Konkret wirft Soroush Shari'ati vor, dafür verantwortlich zu sein. Durch sein Bestreben, den Islam zu ideologisieren, sei eine Schicht von offiziellen Interpreten der Ideologie entstanden. Unweigerlich hätte sie alle Fehler, die Shari'ati habe vermeiden wollen. Mit seinem Buch *Islamische Gemeinde und Imamat* (*ommat va emamat*) habe Shari'ati den Geistlichen den Weg geebnet; er hätte um die Gefahr wissen müssen, dass die Geistlichkeit sofort die Rolle des Ideologen für sich beanspruchen würde.

Die religiöse Gesellschaft, die Soroush propagiert, ist seiner Meinung nach das völlige Gegenteil.

Aber die ideale religiöse Gesellschaft, in der die Religion der Richter ist, ähnelt in keinster Weise einer solch ideologisierten Gesellschaft. In der ideologisierten Gesellschaft ideologisiert die Regierung die Gesellschaft, aber in einer religiösen Gesellschaft macht die Gesellschaft die Regierung religiös. In einer ideologisierten Gesellschaft herrscht eine offizielle Interpretation der Ideologie, aber in einer religiösen Gesellschaft gibt es verschiedene Interpretationen und keine offizielle Interpretation der Religion. In einer ideologisierten Gesellschaft wird die Ideologie den Ideologen übertragen. In einer religiösen Gesellschaft hingegen ist die Bedeutung der Religion *(amr-e din)* größer,

als dass sie nur den offiziellen Interpreten übertragen werden könnte. In einer religiösen Gesellschaft gibt es keine
Person und kein Rechtsgutachten, die nicht hinterfragt
werden können, und kein Verständnis von Religion wird
als das letzte und beste verstanden. Die Religion nimmt
die Färbungen der verschiedenen Gesellschaften an, aber
es kommt nicht eine bestimmte Färbung der Religion dabei heraus. (Soroush 1993, 20)

In der Auffassung, man könne nur einen bestimmten Teil der
Religion, nämlich die Scharia, ideologisieren, versucht er
über den Bezug zur Mystik die Religion gegenüber erstarrter,
nur den Herrschenden nutzender Ideologie zurückzuge-
winnen. Der Islam bestehe eben nicht nur aus der Scharia,
sondern auch aus *haqiqat* (Wahrheit) und *tariqat* (Mystik,
Gnosis, Theosophie). Diese beiden aber seien nicht ideologisierbar. Weil die ideologisierte Religion seiner Meinung nach
nur das negative Antlitz der Religion präsentiert, wird für
Soroush, den Post-Islamisten, der mystische Islam zum Kontrapunkt des Rechtsislams.

Wessen Koran?

Im Jahre 2007 wurde Soroush vorgeworfen, er sei vom
Glauben abgefallen. Anlass war ein Interview, das er einer
niederländischen Zeitschrift gegeben hatte und in dem die
englische Übersetzung eines bereits 1999 in Iran erschienenen Buches mit dem Titel *Die Erweiterung der prophetischen
Erfahrung* (*qabz-e tajrobe-ye nabavi*) angekündigt wurde. In
Iran gab es daraufhin harsche Reaktionen, was auch an dem
Titel gelegen haben dürfte, mit dem das Interview überschrieben wurde: «The Word of Muhammad». In dem inkri-
minierten Interview hatte Soroush gesagt:

Aber der Prophet ist auch, auf eine andere Weise der
Schöpfer der Offenbarung. Was er von Gott erhält, ist der
Inhalt der Offenbarung. Dieser Inhalt kann aber so den

Menschen nicht dargeboten werden, denn er geht über ihren Verstand und sogar über Worte hinaus. Er ist formlos. Die Aufgabe des Propheten besteht darin, das Formlose zu formen, um es zugänglich zu machen. Wie ein Dichter überführt der Prophet die Inspiration in die Sprache, die er kennt, in den Stil, den er beherrscht und die Bilder und das Wissen, das er besitzt. (Soroush 2007)

Vor allem aber formulierte Soroush sehr deutlich, was für Konsequenzen seiner Ansicht nach diese wichtige Rolle, die der Prophet Muhammad in der Formation des Textes spielte, hatte:

Die menschliche Perspektive auf den Koran macht es möglich, zwischen den essentiellen und den akzidentiellen Aspekten der Religion zu unterscheiden. Einige Teile der Religion sind historisch und kulturell bestimmt und heute nicht mehr relevant. Das gilt z.B. für die Körperstrafen, die im Koran vorgeschrieben sind. Wenn der Prophet in einer anderen Umgebung gelebt hätte, wären diese Strafen vermutlich nicht Teil seiner Botschaft gewesen. (Soroush 2007)

Das 1999 auf Persisch erschienene Buch hatte nicht zu einem vergleichbaren Aufschrei geführt. Dafür dürfte neben dem Titel des Interviews die Ursache gewesen sein, dass im Jahr 2007/2008 die gesellschaftlich-politischen Umstände in Iran weit restriktiver waren. Zudem mag es daran gelegen haben, dass Soroushs Ansicht durch das Interview, das über die in Iran registrierte Homepage *aftab*-News (http://aftabnews.ir/) verbreitet wurde, ein großes Publikum fand, u.a. den Qomer Ayatollah Jaʿfar Sobhani, der über *aftab*-News am 3.2.2008 von dem Interview erfuhr und sich sehr erregte. Hinzu kommt, dass Soroush in dem Interview wesentlich deutlicher seine Meinung zum Ausdruck bringt als in dem betreffenden Aufsatz. Das gilt vor allem in Bezug auf die oben genannten Konsequenzen seiner Aussagen. In dem Aufsatz äußert er sich verschlüsselter und indirekter.

In *Die Erweiterung der prophetischen Erfahrung* wendet sich Soroush – ganz ähnlich wie Rahman und Shabestari – gegen die traditionelle islamische Auffassung, nach der der Prophet Muhammad als Bote betrachtet wird, der die Offenbarung von Gott empfangen und sie mit demselben Inhalt und denselben Worten verkündet hat. Soroush zufolge degradiert diese Sichtweise die Persönlichkeit des Propheten zu einem willenlosen Instrument Gottes. Er ist vielmehr der Meinung, dass Muhammad die Offenbarung aufgenommen, sie verarbeitet und mit eigenen Worten verkündet habe. Er sei speziell dazu von Gott auserwählt und berufen worden.

Laut Soroush, der in seiner Begründung viel mehr ins Detail geht als Rahman, verdanken wir Ibn Khaldun, dem berühmten arabischen Historiker des 14. Jahrhunderts, einige der interessantesten Beobachtungen über die Natur der Offenbarung und der prophetischen Erfahrung. Dieser schreibt, dass der Prophet die Offenbarung nach und nach besser aushalten konnte; deshalb seien die mekkanischen Suren kurz, die medinensischen hingegen länger.

Ganz im Sinne Ibn Khalduns argumentiert Soroush weiter, dass sich die Botschaft der Offenbarung entsprechend dem Kontext veränderte. In Mekka wollte der Prophet die Menschen aufrütteln, sie alarmieren und aufwecken. Deshalb brauchte er anschauliche Predigten, die ihnen nahe gingen, und musste klare Standpunkte beziehen. In Medina dagegen ging es darum, die Mission voranzubringen, die Lehren zu konsolidieren. Was nun gebraucht wurde, waren Gesetzgebung, ausführliche Erklärungen und der Dialog mit der Bevölkerung. Da der Prophet die Offenbarungen nun besser auszuhalten vermochte und er an prophetischer Erfahrung gewonnen hatte, änderten sich auch Form und Inhalt der Botschaft.

Je länger eine Erfahrung andauert, argumentiert Soroush, desto vollkommener wird sie. Ein Dichter wird ein immer besserer Dichter, je mehr er dichtet. Ein Redner wird ein immer besserer Redner, je mehr er redet. Das gilt für jede Erfahrung, obschon die Essenz dessen, was erfahren wird, sich nicht verändert, die Wahrheit, die erfahren wird, immer die gleiche bleibt und ihre Gültigkeit nicht in Frage gestellt wird. Des Propheten innerste Erfahrung unterlag dieser Art von Erweiterung und Entwicklung. Mit jedem Tag gewöhnte er sich mehr an seine Position, seine Mission und seine Ziele. Er war bestimmter und gradliniger in der Durchführung seiner Pflichten, besser vorbereitet, seine Ziele zu erreichen, erfolgreicher in seiner Arbeit und selbstsicherer hinsichtlich seines Erfolges.

Soroush zufolge war die Persönlichkeit des Propheten sein Kapital, war sie doch sowohl das aufnehmende Gefäß als auch der Generator, sowohl Subjekt als auch Objekt seines religiösen Offenbarungserlebnisses. Je mehr seine Persönlichkeit sich entwickelte, desto mehr tat dies auch seine Erfahrung – und umgekehrt, sodass die Offenbarung ihm folgte und nicht mehr er der Offenbarung. In der Sprache der Mystiker: Als Ergebnis seiner Nähe zu Gott hatte der Prophet eine Stufe erreicht, die Gott seiner Sicht innewohnen ließ.

Daraus folgt für Soroush, dass die Reaktionen und Antworten des Propheten, hätte er länger gelebt, noch ausgereifter gewesen wären. Seiner Meinung nach hätte der Koran auch weit umfangreicher sein können, und er versucht dies mit einigen Fragen zu verdeutlichen: Wenn Aisha nicht des Ehebruchs angeklagt worden wäre, hätten wir dann die Sure al-nur? Wenn es den Krieg der Stämme nicht gegeben hätte, gäbe es dann die Sure al-ahzab? Wenn es Abu Lahab nicht gegeben hätte oder wenn seine Frau dem Propheten nicht feindlich gesonnen gewesen wäre, gäbe es dann die Sure al-masad? All dies waren historische Ereignisse – mehr oder weniger wichtig –, von denen sich Spuren im Koran finden.

Soroush vergleicht dies mit der Art und Weise, wie Studenten ihren Lehrer beeinflussen: Sie fragen hier, wollen eine Erklärung dort. All diese Fragen und Erklärungen werden in die Religion mit hineingeschrieben. Genau das meint Soroush, wenn er sagt, Religion sei menschlich, fortschreitend und historisch. Sein Fazit lautet deshalb, dass der Islam aus dem Kontext dieser Interaktion und dieses Engagements geboren wurde. Der Prophet hatte kein abgeschlossenes Buch, das er den Menschen entgegenhielt. Er sagte nicht zu ihnen:

Guckt, was ihr daraus macht, und handelt danach. Der Koran, so Soroush, wurde fortschreitend offenbart. Während der Geist der Botschaft immer intakt blieb, formierte er sich in Reaktion auf die Ereignisse. Die Beziehung des Propheten zu seinem Volk habe man sich dialogisch vorzustellen. Er sagte etwas und hörte etwas. Dann sagte er etwas zu dem, was er gehört hatte. Mit anderen Worten: Alltagsereignisse spielten eine Rolle bei der Genese der Religion, und wenn sich etwas anderes ereignet hätte, hätte der Islam eine andere Genese erlebt, meint Soroush ganz ähnlich wie Rahman.

Als weiterer Beleg für seine These, dass die Umgebung den Inhalt des Korans geformt hat, führt Soroush an, dass es im Koran nur um die Dinge geht, die sich in Mekka und Arabien zur Zeit des Propheten ereigneten. Der iranische Prophet namens Zoroaster wird beispielsweise nicht erwähnt, weil man ihn eben nicht kannte, aber die ethnische Gruppe mit dem Namen Magi, die zu dieser Zeit ebenfalls in Iran lebte und zu den Arabern Kontakt hatte, wird ein oder zweimal genannt. Alle Propheten, die im Koran Erwähnung finden, waren israelitische Propheten, von denen die Araber gehört hatten und mit deren Namen sie mehr oder weniger bekannt waren. Soroush erklärt: So, wie die arabische Sprache als die Sprache, die in der Umgebung des Propheten gesprochen wurde, im Koran ihren Niederschlag findet, finden dort auch die Überzeugungen und Ansichten seiner Umgebung ihren Niederschlag.

Mit dem historischen Muhammad geht er dabei recht kritisch um. Trotz aller Auserwähltheit sei der Prophet immer noch ein Mensch gewesen und somit allen Einschränkungen unterworfen, die ihm die Zeit, in der er lebte, und der Ort, an dem er sich aufhielt, auferlegten. Was Muhammad als Verkünder ausmachte, war, dass er die Offenbarung, die jenseits des menschlichen Auffassungsvermögens lag, an die Menschen vermitteln sollte. Er musste den Menschen das Unfassbare fassbar, das Unendliche, Unbegreifliche begreifbar machen. Diese Mission habe er zwangsläufig nur mit seiner eigenen Sprache und durch seinen Verstand vollbringen können, die aber historisch bedingt und mit Einschränkungen und Unzulänglichkeiten behaftet seien.

Dieser Tatbestand erkläre auch die Fehler und Widersprüche, die sich im Koran finden, meint Soroush. So ließen sich aus dem Koran der Bildungsstand des Propheten und der Grad seines Wissens und seiner Erkenntnis ablesen. Während hier also Fehler vorliegen könnten, beinhalte der Koran andererseits Aussagen, die, weil sie die Grundsätze des Glaubens betreffen, auf jeden Fall fehlerfrei sein müssen und für die Ewigkeit bestimmt. Das gilt laut Soroush für die Ausführungen über die Eigenschaften Gottes, über das Leben nach dem Tod oder über die Regeln des Gebets. Diese Teile des Korans seien mit dem Wort Gottes identisch. Fehler und Widersprüche zeigten sich aber bei den Aussagen, Anweisungen und Vorschriften, die historische Ereignisse, andere Religionen oder insbesondere das irdische Leben und die menschliche Gemeinschaft im Alltag betreffen. Passagen dieser Art seien Ausdruck des damaligen kulturellen und geistigen Entwicklungsstands gewesen. Weil sie sich als falsch und überholt erwiesen hätten, müssten sie durch modernere Erkenntnisse ersetzt werden.

Während viele in dieser epistemologischen Wende eine Möglichkeit sehen, das Aggiornamento des Islams herbeizuführen, warfen Soroushs Kritiker ihm vor, damit endgültig die Religion verlassen zu haben. So sieht dies Ayatollah Ja'far Sobhani, der sich am intensivsten mit Soroushs Thesen auseinandergesetzt und mehrere Erwiderungen geschrieben hat. Auch der Reformgeistliche Mohsen Kadivar, der, anders als Sobhani, nicht verdächtig ist, die Meinung des klerikalen Establishments Irans wiederzugeben, sieht Soroushs Ansatz kritisch. Kadivar, der, was die politische Kritik angeht, in vielem mit Soroush einer Meinung ist, befürchtet, dass Soroushs Zugang zum Koran zur Auflösung des religiösen Neudenkens *(enhelal-e nouandishi-ye dini)* führen werde und von der Religion nicht mehr viel übrig bleibe, wenn man Soroushs Ansatz zu Ende denke. Auch der moderate Groß-Ayatollah Hosein 'Ali Montazeri (1922–2009) hat ihn hinterfragt.

Andererseits hat Soroushs Vorschlag, was das Wort Gottes tatsächlich ist und wie die Herabsendung aufzufassen ist, dazu geführt, dass die Fragestellung erneut im religiösen Diskurs Irans aufgegriffen und diskutiert wird. Es wird also durch die Initiative Soroushs erstmals wieder im iranischen Diskurs nach einer Antwort auf diese komplizierte und unbeantwortete Frage gesucht. So reagiert beispielsweise Ayatollah Ja'far Sobhani durchaus unpolemisch und ernsthaft auf Soroush. Sobhani meint, Soroush verfange sich selbst in Widersprüche: Einerseits behaupte er, Muhammad sei in der Lage gewesen, die Offenbarung, soweit sie das Leben nach dem Tod oder die Eigenschaften Gottes betreffe, direkt zu vermitteln und sie wie von Gott mitgeteilt zum Ausdruck zu bringen. Andererseits erkläre er aber, es seien Muhammad aufgrund seines historisch bedingten Wissensstandes in den Teilen, die das irdische Leben betreffen, Fehler und Widersprüchlichkeiten unterlaufen. Warum habe er das eine vermocht, das andere hingegen nicht?

Das ist ein zumindest bedenkenswertes Gegenargument. Außerdem verweist Sobhani auf zahlreiche Stellen im Koran, die ausdrücklich betonen, dass der Koran Gottes Wort und Muhammad der Überbringer der Offenbarung sei. Sobhani argumentiert damit koranimmanent. In der Tat ist im Koran an zahlreichen Stellen zu lesen, dass er Gottes Wort sei. Die Frage ist nur, ob Soroush das überhaupt je bestritten hat.

Als die Affäre hochkochte, gab Soroush der in Iran erscheinenden Zeitung *Kargozaran* im Februar 2008 ein Interview, in dem er direkt danach gefragt wurde:

Frage:
Einige Zeitungen und Websites sagen, dass Soroush offiziell geleugnet habe, dass der Koran von Gott offenbart worden sei, und gesagt habe, dass er das weltliche Wort Muhammads sei. Ist das wahr?

Antwort:
Vielleicht machen sie Witze oder haben, Gott behüte, politische Motive. Hoffentlich haben sie eine gute Absicht

und die Sache einfach falsch verstanden. Schließlich würde niemand, der mit der göttlichen universellen Herrschaft und mit der Nähe der Gesandten Gottes zu IHM vertraut ist – und von seiner Erfahrung der Einheit mit IHM weiß –, in solch häretischer Weise reden. Gottes Gesandte sind Gott so nahe und sie verlieren sich so sehr in Gott, dass ihr Wort dasselbe ist wie das Wort Gottes, und ihre Gebote und Verbote und ihre Vorlieben und Abneigungen sind Gottes Gebote und Verbote und seine Vorlieben und Abneigungen. Der geliebte Prophet des Islams war ein Mensch, und er räumte ein, dass er ein Mensch ist und war sich dessen bewusst. Aber dieses menschliche Wesen hatte gleichzeitig solch eine göttliche Färbung und Qualität angenommen [...], dass alles, was er sagte, zugleich weltlich und göttlich war; diese beiden Dinge waren nicht voneinander zu trennen. (Soroush 2009, 289)

Der Koran ist laut Soroush also göttlich und menschlich zugleich, und zwar in einer mystisch zu nennenden Klassifizierung. Soroush ist hierzulande zwar als politischer Philosoph bekannt geworden, in Iran gilt er jedoch zudem als einer der bedeutendsten Literaturinterpreten, als Spezialist für persische Mystik. Außerdem ist er selbst ein anerkannter Dichter. Dies ist der theoretische Hintergrund, vor dem er argumentiert, wenn er die Inspiration des Propheten Muhammad mit der eines Dichters vergleicht und seinen mystischen Zugang zur Offenbarung entwickelt.

Das ist mit Sicherheit kein einfacher Zugang. Aber Soroush hat schon immer argumentiert, dass es sich mit der Religion komplizierter verhalte, als für den normalen Gläubigen verstehbar sei.

8 Mohammad Mojtahed Shabestari: Der Prophet liest die Welt

Die Tradition und der Bruch mit ihr

Für die These, dass die Reform des islamischen Denkens meist gerade nicht die Sache von Geistlichen ist, darf Mohammad Mojtahed Shabestari als der lebendige Gegenbeweis gelten. Zudem beweist Shabestari, dass es nicht immer ins Exil führt, den Islam neu zu denken. Shabestari ist schiitischer Geistlicher im Range eines *hojjat ol-eslam*. Er steht somit in der klerikalen Hierarchie eine Stufe unter einem Ayatollah. Shabestari wurde 1936 in der Nähe von Täbris, also im iranischen Teil Aserbaidschans, in einem eher wohlhabenden Milieu geboren. Schon sein Vater und seine Großväter waren Geistliche. Auf den zweiten Nachnamen Shabestari, der aus Shabestar Stammende, ist er stolz, weil viele mit seiner Heimatstadt den populären Dichter Mirza ʿAli Moʿez Shabestari (1873–1934) assoziieren, der gegen religiösen Fanatismus gekämpft hat.

Im Alter von fünf Jahren zog er nach Täbris, wo er in einem weltoffenen Umfeld die staatliche Grundschule und das staatliche Gymnasium besuchte. Die Bewohner der Stadt standen damals wie heute in dem Ruf, liberale Nationalisten zu sein, war Täbris doch das Zentrum der konstitutionellen Bewegung von 1905 bis 1911. Es hatte sich dort eine starke Mittelklasse aus Händlern, Geistlichen und Intellektuellen entwickelt, die Kontakte nach Istanbul, Baku und Europa pflegten.

Mit vierzehn Jahren nahm Shabestari in Qom ein Studium der islamischen Wissenschaften auf, das achtzehn Jahre dauern sollte. Sein wichtigster Lehrer war der Philosoph und Korangelehrte Mohammad Hosein Tabatabaʾi. Als Verfasser des wichtigsten schiitischen Korankommentars des 20. Jahrhunderts, *Die Waage der Koranexegese (tafsir al-mizan)*, war Tabatabaʾi eine der größten schiitischen Autoritäten dieser Zeit. Seine Methode bestand darin, den Koran durch den Koran selbst auszulegen. Zudem musste für ihn eine Korandeutung unbedingt mit der modernen Vernunft vereinbar sein.

Doch Shabestari lernte nicht nur bei Irans größtem Exegeten und Philosophen jener Jahre. Er ließ sich Anfang der 1960er Jahre auch von den aufrührerischen politischen Reden des Ayatollah Khomeini anstacheln. Der spätere Staatsgründer galt ihm – wie vielen Geistlichen seiner Generation – als Hoffnungsträger und Verkörperung eines revolutionären Islams. Damit war er das komplette Gegenteil des Mannes, der Shabestaris dritter wichtiger Lehrer war, Kazem Shariʻatmadari (1905–1986). Shariʻatmadari wurde später zum wichtigsten Widersacher von Khomeini, und die öffentliche Demütigung Shariʻatmadaris durch diesen war einer der Auslöser für die Entfremdung Shabestaris vom Regime der Islamischen Republik. Als Lehrer zeichnete sich Shariʻatmadari vor allem durch sein Interesse an Fremdsprachen und westlicher Kultur im Allgemeinen aus. Damit unterschied sich Shariʻatmadari sehr von den meisten Qomer Gelehrten, die neuem Wissen gänzlich ablehnend gegenüberstanden und für alles, was nicht zum engen Kreis ihres Repertoires gehörte, nur Verachtung übrig hatten. Shariʻatmadari dagegen las Jean de La Fontaine (1621–1695) in persischer Übersetzung sowie Mohammad ʻAli Foroughis (1877–1943) *Geschichte der westlichen Philosophie.*

Dieser Einfluss prägte Shabestari. Von Shariʻatmadari inspiriert, widmete sich auch Shabestari schon in seiner Studienzeit Themen, die nicht zum traditionellen Curriculum gehören, vergleichende Religionswissenschaft beispielsweise. Zudem lernte er Englisch.

1959 heiratete er Robab, mit der er bis heute in einer, wie er sagt, Mischung aus einer «traditionellen und modernen Ehe» zusammenlebt. Was das genau bedeutet, will er nicht näher erläutern. «Das reicht so als Aussage», erklärt er (Shabestari, Interview 2009). Die Familie seiner Frau lernte er in Qom kennen. Sie stammt aus Arak, Zentraliran, seine Frau ist also keine Aserbaidschanerin. Deshalb wurde zu Hause

Persisch gesprochen. Auch die Kinder sprechen kein Azeri. «Ich habe heute nur noch wenig familiäre Bindungen nach Aserbaidschan. Und ich bin ja auch persifiziert worden», sagt er, auf seine Frau anspielend.

Shabestari hatte vier Kinder, eine Tochter starb mit achtzehn Jahren bei einem Autounfall. Die andere Tochter, Faride, ist Hautärztin, sein Sohn Mohammad Kazem Kinderarzt. Das vierte Kind, das aus dieser Ehe hervorging, Mohammad Reza, ist Ingenieur. *Doktor ya mohandes*, Arzt oder Ingenieur. Dass diese beiden Berufe, die einem alten, bis heute gepflegten iranischen Klischee zufolge als die beiden erstrebenswertesten Professionen überhaupt gelten, auch in der Kernfamilie eines Geistlichen so ausschließlich vertreten sind, entbehrt nicht einer gewissen Ironie – ist doch der geistliche Stand üblicherweise einer, der von Generation zu Generation weitergetragen wird. Dass er seine Söhne nicht dazu angehalten hat, Geistliche zu werden, ist nicht die einzige Tradition, mit der Shabestari gebrochen hat.

Im Jahre 1968 nahm Shabestari das Angebot an, das Islamische Zentrum in Hamburg zu leiten. Mit Hilfe iranischer Kaufleute, die ab 1953 einen Moscheebau an der Außenalster finanzierten, war die Imam Ali Moschee, die viertälteste Moschee Deutschlands, entstanden. Seither stand dieser immer ein aus der Stadt Qom, dem Zentrum der iranischen Geistlichkeit, entsandter Geistlicher vor. Shabestari war nach Mohammad Beheshti, der später eine wichtige Rolle in der islamischen Revolution spielen sollte, und vor Mohammad Khatami (geb. 1943), dem späteren Staatspräsidenten, der dritte Geistliche, der diese Moschee leitete.

Wie viele seiner Zeitgenossen wollte auch Shabestari missionieren und den Islam aus dem engen Kreis der theologischen Hochschulen herausholen. So kam ihm die Gelegenheit gerade recht; er ging mit seiner Familie nach Hamburg und blieb dort neun Jahre. Aber es sei nicht leicht gewesen, erzählt er, als Muslim in den 1960er Jahren in der Hansestadt zu leben. Seine Kopftuch tragenden Töchter und seine Frau seien auf der Straße angestarrt worden, und man habe ihnen Schimpfwörter hinterhergerufen. «Verglichen mit damals hat sich die Stadt Hamburg sehr zu ihrem Vorteil entwickelt. Sie ist heute viel offener» (Shabestari, Interview 2012). Trotz seiner negativen Erfahrungen sagt Shabestari heute im Rückblick, die Jahre in Hamburg seien die besten seines Lebens gewesen. Bis heute kommt er gerne zwei, drei Wochen im Jahr nach Deutschland, deckt sich mit neuer Literatur ein, trifft alte Freunde in Hamburg. Länger allerdings hält er es nicht aus, dann werde er depressiv, hat Sehnsucht nach Iran, sagt er, obwohl er Deutschland als seine zweite Heimat empfindet:

Am Anfang meines Aufenthalts fand ich das Land und seine Errungenschaften zwar sehr interessant, doch da ich die Sprache noch nicht beherrschte, konnte ich auch keine Verbindung zu der Welt um mich herum aufbauen, was mich sehr quälte. Zwei, drei Jahre später, nachdem ich die Sprache gelernt hatte und mit den Menschen und der Welt um mich herum eine Verbindung aufbauen konnte, war ich sehr von der Ordnung und der Disziplin beeindruckt, die ich sah. Und ich war froh, dass ich endlich die christliche und westliche Kultur und Literatur studieren konnte. (Shabestari Interview 2009)

Mit Literatur ist hier allerdings nicht die schöngeistige gemeint. Weder damals noch heute beschäftigte sich Shabestari mit ihr, aber er mag klassische Musik: Mozart, Beethoven, Bach. Zudem mochte Shabestari an Deutschland besonders die Wälder, er geht gerne spazieren, und als Fan von deutschem Kaffee liebte Shabestari ganz besonders die «Kaffee-und-Kuchen-Pause» am Nachmittag.

Es ist auch ein von Romantik geprägtes Erinnern, wenn Shabestari von den deutschen Tugenden der Wissenschaftlichkeit schwärmt. Dass Deutsche ein Thema immer bis ins kleinste Detail durchdringen wollen, dass sie so genau sind, so rational und systematisch, entspricht auf charmante Art der zu erwartenden Klischeevorstellung, die viele Iraner von den Deutschen haben. Und doch glaubt man es ihm, wenn er es sagt. Zudem scheinen diese Tugenden der Wissenschaftlichkeit Shabestari durchaus zu entsprechen: Seine Freunde bezeichnen Shabestari als einen sehr kritischen, sorgfältigen Denker, als jemanden, der lange denkt, bevor er etwas sagt.

Der Unterricht, den er damals gab, hatte vor allem die Exegese des Korans zum Inhalt. Dabei ging es ihm insbesondere um die Frage, ob der Islam mit den modernen Wissenschaften kompatibel sei, weniger um Politik, obwohl die Atmosphäre um ihn herum unter den Iranern in Deutschland politisch stark aufgeladen war. Doch Shabestari hielt sich von den Aktivitäten der *Konföderation der iranischen Studenten,* der iranischen Opposition im Ausland, fern.

1977 kehrte er nach Iran zurück. Zeitgenossen wie der Geistliche Hasan Yusefi Eshkevari, der in den vergangenen dreißig Jahren viel mit Shabestari zusammengearbeitet hat, lernten ihn als jemanden schätzen, der eine tiefe Kenntnis der westlichen Kultur und ihres Denkens besitzt und «mit einem wertvollen Kapital nach Iran zurückgekehrt ist» (Eshkevari, Interview 2011).

Als Shabestari nach Iran kam, befand sich das Land bereits in der vorrevolutionären Phase. Er schloss sich der Revolution voller Begeisterung an. Er gab für eine kurze Zeit die angesehene Zeitschrift *andishe-ye eslami* (Islamisches Denken) heraus, die jedoch aus finanziellen Gründen schon nach fünfzehn Ausgaben eingestellt werden musste. Die Autoren der Zeitschrift fühlten sich zwar der Revolution verpflichtet, übten jedoch offen politische Kritik: Shabestari warnte angesichts des revolutionären Eifers und mancher Exzesse vor der Gefahr, dass Menschen meinen könnten, Gott oder wie Gott zu sein.

1980 wurde Shabestari als Abgeordneter für seine Heimatstadt Shabestar ins Parlament gewählt. So kam es auch zu einigen persönlichen Zusammentreffen mit Khomeini, bei denen ihre Differenzen zutage traten. Shabestari setzte sich dem Revolutionsführer gegenüber für Meinungsfreiheit ein und forderte das Recht, politische Missstände benennen zu dürfen. Weil seine Kritik kein Gehör fand, kandidierte er nicht noch einmal für das Parlament. Er nahm einen Ruf als Professor für Vergleichende Religionswissenschaft an der Universität Teheran an und widmete sich fortan intensiv der Forschung. Nun fand er die Zeit, die Autoren zu lesen, die in den Hamburger Jahren sein Interesse geweckt hatten: protestantische Theologen wie Paul Tillich (1886–1965) und Karl Barth (1886–1968), aber auch den Hermeneutiker Hans-Georg Gadamer (1900–2002). Shabestari hatte von diesen Denkern in seiner Hamburger Zeit zwar viel gehört, aber erst jetzt begann er, sich eingehend mit ihnen zu beschäftigen. Auf die Frage, warum es vor allem protestantische Theologen waren, die er rezipierte, antwortet er:

> Es war nicht ganz zufällig, dass ich mich mehr mit der protestantischen Religion beschäftigt habe. Die protestantische Denkweise passt mehr zu meiner Denkart. Es ist eine

eher kritisierende Denkweise. Das führte dazu, dass ich den Protestantismus mehr studierte. Außerdem fand ich die existenzialistischen Interpretationen des Christentums, wie sie der Protestantismus unternimmt, sehr interessant. (Shabestari, Interview 2009)

In Lehre und Forschung beschäftigte sich Shabestari insbesondere mit der Frage der Vereinbarkeit von Islam und Demokratie, Islam und Menschenrechten, das heißt der Frage, wie islamische Vorgaben mit den Errungenschaften der Moderne zu vereinbaren sind. Um diese Vereinbarkeit zu begründen, nahm er die moderne Hermeneutik und die christliche Theologie zu Hilfe, deren Anwendung eine direkte Konsequenz des Wissens war, an das Shabestari in Deutschland herangeführt worden war.

Um seine modernistischen Ideen der iranischen Öffentlichkeit nahezubringen, schrieb Shabestari ab Mitte der 1980er Jahre regelmäßig für die Zeitschrift *keyhan-e farhangi* (Kulturwelt), die damals das Medium für islamisches Reformdenken schlechthin war. In den Jahren 1987 bis 1990 erschien in *keyhan-e farhangi* beispielsweise eine Artikelserie zum Verhältnis zwischen Vernunft und Religion. Später schrieb Shabestari in der Zeitschrift *kiyan* (Firmament), die bis zu ihrem Verbot im Jahr 2001 das Forum der sogenannten religiösen Intellektuellen (*roushanfekran-e dini*) war. In *kiyan* schrieben die meisten Protagonisten des iranischen Reformdiskurses. Deshalb wurden Parallelen zu den französischen Enzyklopädisten gezogen, und es wurde von einer Schule der Zeitschrift *kiyan* oder dem intellektuellen Salon des post-islamistischen Denkens gesprochen.

Shabestari hatte sich zwar aus der aktiven Politik zurückgezogen, doch er sah sich als Teil eines Projekts, das für religiösen Modernismus, Reform und Neuinterpretation eintrat, kurz: islamisches Neudenken. Zu seinen Veröffentlichungen in *kiyan* gehörten deshalb eine Kritik des traditionellen Denkens in der islamischen Theologie, ein Aufsatz über die Offenbarung und die Freiheit der menschlichen Vernunft sowie Artikel über religiösen Pluralismus. Sein Ziel war eine umfassende gesellschaftliche Veränderung, und mit seinen Publikationen wollte er dazu beitragen.

Sein Status ermöglichte es ihm, an einer Debatte mitzuwirken, aus der andere von vornherein ausgeschlossen waren: Spätestens seit der Revolution von 1978/79 gibt es im iranischen Sprachgebrauch, im öffentlichen Diskurs und in der Politik eine Unterscheidung zwischen den «religiösen Intellektuellen» *(roushanfekran-e dini)* und den säkularen, den «nicht-religiösen Intellektuellen» *(roushanfekran-e gheir-e dini)*. Letztere wurden verfolgt, der Universitäten verwiesen und zählten in der Ideologie des Regimes zu den «Nicht-Eigenen» *(gheir-e khodi)*. Erstere hingegen betrachtete man als die «Eigenen» *(khodi)*. Von ihrer grundsätzlichen Loyalität zum Regime war man überzeugt. Deshalb durften diese auch Dissens formulieren und für Reformen eintreten. Dabei wiesen die Reformanliegen beider Gruppierungen letztlich gar nicht so viele Unterschiede auf, und die säkular argumentierenden Intellektuellen waren keineswegs per se so areligiös, wie der Terminus *roushanfekran-e gheir-e dini* glauben macht. Doch es wurde ihnen unterstellt, nicht über *ta'ahhod* zu verfügen, das heißt keine Bindung zum Islam zu haben. Aus diesem Grund ließ man sie nicht mitreden. Diejenigen aber, die dazugehörten, durften Ideen über den Islam oder das islamische Denken formulieren, die fortschrittlich und neu waren und zuweilen sogar, verglichen mit dem in anderen islamischen Ländern Geschriebenen, unerhört – bis sie dann die Grenzen überschritten, die nicht immer genau definiert waren, aber meist die Machenschaften der Konservativen und die Machtfülle und den Monopolanspruch des *vali-ye faqih* betrafen. Dann wurden auch sie zu *gheir-e khodi*. Wie Soroush hat auch Shabestari das erlebt. Weil er aber etwas vorsichtiger als Soroush formuliert, ist ihm zumindest die Erfahrung des Exils bisher erspart geblieben.

Wahrheit und Methode *in Iran*

1996 erschien Shabestaris *Hermeneutik, das Buch und die Tradition* (*hermenutik, ketab va sonnat*), das erste in Iran veröffentlichte Buch, das sich explizit der Thematik der modernen westlichen Hermeneutik verschrieb und den Begriff sogar unübersetzt im Titel führte. So machte der Autor seinen programmatischen Ausgangspunkt deutlich und betonte eine bestimmte Perspektive.

Der Ägypter Nasr Hamid Abu Zaid, der Shabestari sehr beeinflusste und mit dem dieser einen regen Austausch pflegte, betont in seinen Schriften durchweg, dass es sich bei seinem hermeneutischen Zugang zum Koran um einen alten, in der islamischen Tradition verankerten Zugang handele. Deswegen benutzte Abu Zaid mit *ta'wil* für Hermeneutik immer ganz bewusst einen Begriff, der aus der islamischen Tradition stammt. Abu Zaid nennt eine Interpretation, die der Vernunft die Priorität einräumt, *ta'wil* und verwendet damit einen Begriff, der in der Frühzeit der islamischen Theologie der Terminus technicus für die Auslegung war. Im Laufe der Theologiegeschichte erhielt der Begriff dann zunehmend negative Konnotationen und bezeichnete mehr und mehr die rein willkürliche Textauslegung. Schließlich wurde er fast gänzlich von *tafsir* verdrängt, der als objektiver galt. Mit seiner Verwendung dieses Begriffs wollte Abu Zaid also zeigen, dass *ta'wil* eine Praxis ist, die der klassischen islamischen Exegese keineswegs fremd ist. Zudem lag ihm daran, zu betonen, dass er gerade nicht eine moderne, westliche Methode anwenden oder gar in die islamische Wissenschaft einführen wolle. Ihm zufolge ist *ta'wil* der Begriff, den der Koran selbst für sein Verständnis nahe legt. Aus diesem Grund bezeichnete der Ägypter in seinem Buch *Der Begriff Text*, das um *ta'wil* kreist, mit diesem Terminus das Verstehen des Textes.

Doch anders als Abu Zaid sucht Shabestari diesen Anknüpfungspunkt an die eigene Tradition nicht, sondern spricht explizit von Hermeneutik im westlichen Sinn. Der

Begriff wurde von ihm nicht nur in die Allgemeinsprache eingeführt, er hat ihn auch salonfähig gemacht. Inzwischen wird *hermenutik* auch von Geistlichen völlig selbstverständlich benutzt. Shabestari ist also auf dem Gebiet der Hermeneutik in Iran der Pionier schlechthin – zumindest in ihrer modernen Bedeutung. Sein Kollege ʿAbdolkarim Soroush beispielsweise leitet seine Thesen nicht aus der Hermeneutik her, sondern aus der Epistemologie.

Shabestaris Gedanken kreisen um eine Idee: Man kann Texte grundsätzlich nicht objektiv lesen. Jeder Leser wird bei der Lektüre eines Textes in starkem Maße von den Kenntnissen geleitet, die er vor der Lektüre bereits hatte. Daraus zieht Shabestari eine Schlussfolgerung mit weitreichender Konsequenz: Keine Lesart des Korans kann beanspruchen, die einzig richtige zu sein. Im Wesentlichen orientiert er sich dabei an der deutschen Hermeneutik. Allein durch seine Rezeption der originalsprachlichen Quellen nimmt Shabestari in der iranischen akademischen Szene eine herausragende Position ein, verfügen doch oft sogar vermeintliche Spezialisten für Kant oder Hegel nur über rudimentäre Deutschkenntnisse.

Was die Hermeneutik angeht, übernimmt er das Argument Immanuel Kants: Als eine Philosophie des Verstehens gehe sie davon aus, dass der menschlichen Erkenntnisfähigkeit Grenzen gesetzt seien. Deshalb betone die Hermeneutik das Problem der geschichtlichen Gebundenheit menschlichen Denkens und Verstehens. Shabestari will diesen Kantschen Gedanken auch auf den Koran beziehen. Er schreibt:

> Was unter einem bestimmten historischen Horizont formuliert wurde, braucht, um unter einem anderen historischen Horizont verstanden zu werden, eine Art inhaltlicher Übersetzung und eine neue Formulierung. (Shabestari 1996, 14)

Die moderne Hermeneutik habe das Problem, das Kant benannt hat, aufgegriffen und lehre, dass die Bedeutung eines jeden Textes eine verborgene Wahrheit ist, die erst durch die Interpretation offenbar wird. Erst durch sie wird der Text zum Sprechen gebracht. Ohne eine Interpretation sind kein Text und keine Rede verständlich.

Hier kommt Hans-Georg Gadamer ins Spiel. Shabestari übernimmt dessen Ansatz, der die von Kant formulierte Beschränkung positiv wendet und erklärt, Verstehen müsse zu einem prinzipiell nicht zu beendenden Gespräch über die Deutung wichtiger Zeugnisse der geschichtlichen und kulturellen Überlieferung werden. Er greift Gadamers Gedanken auf, dass es kein Verstehen gebe, das von allen Vorurteilen frei sei, «sosehr auch immer der Wille unserer Erkenntnis darauf gerichtet sein muß, dem Bann unserer Vorurteile zu entgehen» (Gadamer 1990, 494). Obwohl es kein vorverständnisfreies Verstehen gebe, müsse das Vorverständnis im Verstehensprozess beständig auf die Probe gestellt werden. Man könne einen Text nur verstehen, wenn man die Frage erkannt habe, auf die der Text eine Antwort gibt, befand Gadamer, und Shabestari nimmt diese hermeneutische Grundregel auf.

Nie sagt er «Koran», und doch ist klar, dass er den Koran meint, wenn er in Bezug auf das fünfte hermeneutische Prinzip erklärt, dass die Interpretation eines Textes besonders schwierig sei, wenn zwischen dem Abfassen des Textes und seiner Interpretation mehrere Jahrhunderte lägen: Wenn der Interpret in einer Zeit und mit Erfahrungen lebt, die sich von denen des Verfassers gänzlich unterscheiden, muss er die Aussagen des Textes in seinen eigenen Erfahrungshorizont übersetzen, sagt Shabestari ganz allgemein und meint konkret, man müsse den Koran kontextualisieren.

Auch wenn er erklärt, man müsse den ursprünglichen Ausgangspunkt des Verfassers aufdecken, sei dieser doch mit dem Zentrum der Bedeutung des Textes gemeint, «um dessen Achse herum jedweder Inhalt des Textes angeordnet worden ist», spricht Shabestari allgemein von religiösen Texten, immer aber geht es ihm um den Koran (Shabestari 1996, 28). Allerdings kann er dies so klar kaum sagen, da gerade in einem religiösen Diskurs die Methode, mit der die Bibel historisch-kritisch analysiert worden ist, zu negativ konnotiert ist, um sie auch auf den Koran anzuwenden: Shabestari will

«Fragen an die Geschichte» stellen, die im iranischen Kontext schon fast als Ketzerei gelten.

Ihm geht es darum, zu untersuchen, in welcher konkreten Situation der Text abgefasst wurde, was der Autor sein Publikum wissen lassen wollte, über welche sprachlichen Gaben und Möglichkeiten er verfügte und wie die historischen Bedingungen aussahen, unter denen die Angesprochenen lebten. Diese Fragen, mit denen er sich direkt an Gadamer orientiert, der «Sprache als Medium der hermeneutischen Erfahrung» (Gadamer 1990, 387) versteht, könne man nur mittels einer genauen historischen Analyse beantworten, schreibt Shabestari. Nur so könne man sich der wirklichen Aussage des Textes möglichst genau annähern. Andernfalls zwinge der Interpret dem Text nur die eigenen Auffassungen auf und stülpe ihm seine eigene Meinung über.

Seine These, dass objektive Lektüre nicht möglich ist, sondern jeder Leser und Interpret ein Vorverständnis und ein Erkenntnisinteresse hat, macht Shabestari anhand eines Beispiels aus der islamischen Theologiegeschichte deutlich. Dabei geht es ihm um die gegensätzlichen Positionen der Ash'ariten und der Mu'taziliten zum Koran.

Abu l-Hasan 'Ali ibn Isma'il al-Ash'ari (873–935) gilt als jemand, der ein anthropomorphes Verständnis vom Koran hatte. Shabestari bezieht sich auf al-Ash'aris Aussage, dass Gott auf seinem Thron sitze. Ash'ari sei, so Shabestari, aufgrund seines persönlichen Vorurteils oder Vorverständnisses der Auffassung gewesen, dass, wenn es im Koran heiße, Gott sitze auf dem Thron oder Gott habe eine Hand, genau dies auch wirklich gemeint war. Was die Aussage, «Gott sitzt auf dem Thron» oder «Gott hat eine Hand» über den ersten Sinn hinaus bedeuten könnte, habe al-Ash'ari nicht zu verstehen versucht. Er habe sich mit dieser wörtlichen Erklärung begnügt.

Hingegen hätten die Mu'taziliten als eine rationalistisch ausgerichtete Schule bestritten, dass mit der Hand Gottes wirklich die Hand Gottes gemeint sei. Diese seien, so Shabestari, eben weil sie Rationalisten waren und ein solchermaßen geprägtes Vorverständnis hatten, von einem weiteren, übertragenen Sinn ausgegangen. Der Standpunkt der Mu'taziliten basierte auch auf der Auffassung des 'Abd al-Jabbar ibn Ahmad b. Khalil (937–1025), der die wahre Bedeutung der Ausdrücke mit Hilfe der Sprachwissenschaft ermittelte und die dunklen Stellen des Korans vor dem Hintergrund der Gesamtheit des Korans interpretierte.

Shabestari kommt zu dem Ergebnis, dass es keinen *zehn-e khali* gibt, einen Begriff, der ihm vermutlich aus dem Kontext des Zen-Buddhismus bekannt ist und den er ins Persische übersetzt. Der Zen-Buddhismus kennt den Begriff des *mu shin*, der im wörtlichen japanischen Sprachgebrauch «Unschuld» bedeutet, bei der Interpretation jedoch für die Absichtslosigkeit des Geistes (Freiheit vom Ich-Wollen) steht, für einen Zustand völliger Natürlichkeit und Unabhängigkeit vom dualistischen Denken, für eine Geisteshaltung ohne Fixierungen irgendwelcher Art, offen für ein intuitives Empfinden, das in der Lage ist, eine Situation ungetrübt von den eigenen Vorstellungen zu betrachten.

Doch nach Shabestari ist der Mensch eben keine *tabula rasa*. Ihm zufolge gibt es ein Vorverständnis, ein Erkenntnisinteresse und dementsprechend eine Vielzahl von Deutungsmöglichkeiten, weshalb die heute in Iran herrschende Lesart des Islams, der Rechtsislam (*eslam-e feqahati*), nur eine von vielen sein kann, auch wenn sie behauptet, die einzig richtige zu sein. Sie ist nicht absolut zu setzen und sie kann nicht von sich behaupten, eins zu sein mit dem Willen Gottes. Deshalb dürften die herrschenden Geistlichen dem Volk nicht vorgaukeln, ihre eigene menschliche Erkenntnis von der Religion sei die Religion an sich.

Shabestari lehnt diesen Rechtsislam, wie er heute in Iran im Gegensatz zum spirituellen Islam *(eslam-e ma'navi)* oder zum traditionellen quietistischen Islam *(eslam-e sonnati)* genannt wird, ab. Er sei mit den Menschenrechten und der Demokratie nicht vereinbar, habe sich der Durchsetzung z.B. des koranischen Strafrechts oder einer angeblich koranischen Menschenrechtsvorstellung verschrieben und sei die Ursache für die Krise, in der sich Iran heute in politischer, gesellschaftlicher und sozialer Hinsicht befinde.

Nach Shabestaris Überzeugung ist sowieso nicht das islamische Recht, sondern *iman*, der Glaube, der wichtige Teil der islamischen Religion. Auch hier reagiert er auf die Verhältnisse in Iran: Mit der Gründung der Islamischen Republik trat die Rechtswissenschaft in den Vordergrund, da laut Verfassung ein Rechtsgelehrter die oberste politisch-religiöse Autorität des Landes ist. Dieser entscheidet autoritativ, welcher Islaminterpretation die Bevölkerung folgen muss. Doch für Shabestari ist nicht die Befolgung der rechtswissenschaftlichen Vorschriften maßgeblich, sondern der wirkliche Glaube. Man könne den Glauben nicht stärken, indem man die Menschen zwinge, die rechtswissenschaftlichen Vorschriften einzuhalten. Seine These lautet: Die Basis allen Glaubens sind Gedankenfreiheit und der freie Wille des Menschen.

Shabestari zufolge sagen sowohl die Ash'ariten und Mu'taziliten als auch die Philosophen über den Glauben, er sei etwas, «das man **erwerben** müsse» (Shabestari 1997, 21). Der Mensch hat also nicht von sich aus Glauben. Der Mensch müsse aktiv Zeugnis ablegen, ansonsten könne er nicht als gläubig gelten. Aber, und dies ist das entscheidende Argument hier: Nur freie Menschen können ein glaubwürdiges Zeugnis ablegen. Daraus folgt für Shabestari: Es ist die Logik des Glaubens, dass die Menschen frei sind. Sie sollen so handeln und entscheiden können, wie es ihr eigener freier Wille ist.

Zu dieser Schlussfolgerung führt Shabestari auch sein zweites Argument: Ihm zufolge ist das Verhältnis zwischen Gott und Mensch in den religiösen Texten eines zwischen mir und Ihm, zwischen Ihm und dir. Die Offenbarung sei ein Dialog. Und die gesamte Philosophie dieses Verhältnisses wie auch der Offenbarung beruhe darauf, dass Gott die Freiheit des Menschen anerkennt.

Wenn Gott den Menschen nicht als frei ansähe, würde er nicht mit dem Menschen reden, sondern ihn zwingen. (Shabestari 1997, 28)

Das dritte Argument für die Richtigkeit seiner These ist laut Shabestari die Tatsache, dass nach islamischer Auffassung zuerst die Vernunft (*'aql*) erschaffen worden ist. Gott tritt dem Menschen als einem freien Wesen gegenüber, wenn er den Menschen zum Glauben führen will. Aus demselben Grund kann es für Shabestari im Übrigen auch keinen *taqlid*, keine Nachahmung, im Glauben geben. Niemand kann einen anderen im Glauben nachahmen, steht doch jeder Mensch selbst Gott gegenüber. In der heutigen iranischen Kultur jedoch, in der der Glaube als etwas gilt, das man nachahmen müsse, in der Gott als jemand angesehen wird, der gewalttätig ist, und in der es kein Verhältnis zwischen Gott und dem Menschen gibt, das sich als «Du-und-ich» beschreiben lässt, kann der Glaube nicht gedeihen, meint Shabestari. Glaube sei keine Ware, die man den Menschen anpreise; Glaube sei kein Gesetz, zu dem man die Menschen verpflichte, und auch keine Ideologie, die man ihnen aufzwinge, oder ein Wissen, das man sich aneigne. Glaube sei die freieste Entscheidung, die ein Mensch treffen kann, und diejenige, die sein Schicksal am meisten bestimmt.

In der von Shabestari präferierten Gott-Mensch-Beziehung respektiert Gott also die Freiheit des Menschen, er will keinen sklavischen Gehorsam, sondern freiwillige Hingabe. Hieraus erklärt sich auch sein Eintreten für die Demokratie. Denn sein wichtigstes Argument ist, dass nur ein Glaube, zu dem man in Freiheit findet, ein wahrhafter und gottgefälliger Glaube ist.

Die Rezeption protestantischer Theologie

Mit seiner Theologie will Shabestari die Frage beantworten: Wie kann ich den Menschen in dieser modernen Welt Gott nahe bringen? Der Theologie und nicht dem islamischen Recht soll die Stärkung und Festigung des Glaubens übertragen werden, seien doch seiner Auffassung nach die Rechtsgelehrten für die gegenwärtige Krise des Glaubens verantwortlich. Er schreibt:

In der Definition der Theologie heißt es, sie sei eine Wissenschaft, die folgendes festlege:

1. Welches sind die islamischen Glaubensprinzipien und Überzeugungen?
2. Wie kann man sie beweisen, wie kann man sie dem Verstand zugänglich machen und für sie eine vernunftgemäße Erklärung finden?
3. Wie kann man auf die Zweifel antworten, die formuliert werden? (Shabestari 1997, 92)

Dazu zieht Shabestari die Werke Paul Tillichs (1886–1965) und Karl Barths (1886–1968) heran. Besonders die *Systematische Theologie* Tillichs, die sich den Themenbereichen «Vernunft und Offenbarung» und «Sein und Gott» widmet, wird von ihm häufig und in offensichtlicher Bewunderung zitiert:

> Breitangelegte Versuche wie diese [die *Systematische Theologie*] helfen dabei, von Gott zu sprechen. In diesem Sinne können wir sagen, das Sprechen über Gott ist einfacher geworden. (Shabestari 1997, 115)

Vor allem der quasi mystische Zugang Tillichs zur Offenbarung ist für ihn von Bedeutung. Die Offenbarung stellt für Tillich die Manifestation von etwas Verborgenem dar, zu dem man auf den gewohnten Wegen keinen Zugang findet. Shabestari erkennt hier deutliche Ähnlichkeiten mit der islamischen Geistesgeschichte, speziell mit dem arabischen Mystiker Ibn ʿArabi (1165–1240).

Ein weiterer Aspekt aus Tillichs Theologie, den Shabestari aufgreift, ist die Kritik am Theismus. Darunter versteht Tillich, dass Gott zu einem Seienden gemacht worden ist und damit zu einem Objekt: Dieser Gott als Objekt steht dem Subjekt gegenüber; dieser Gott ist unter dem modernen Zweifel gestorben. Shabestari übernimmt diese Kritik und charakterisiert das Verhältnis des Menschen zu Gott als eine ursprüngliche Ich-Du-Beziehung, die in der Islamischen Republik Iran jedoch verloren gegangen sei. Durch Institutionen, die sich als Verwalter der Wahrheit zwischen Gott und den Menschen stellten, werde der unendliche Gott verendlicht, verdinglicht. Damit kommt er Tillich sehr nahe, der befindet, der «Gott über Gott» sei nichts Seiendes, sondern das Sein-selbst, demgemäß kein Objekt. Weil alles Denken in der Subjekt-Objekt-Struktur verbleibt, kann Er nur im unmittelbaren, vorbewussten Ergriffensein erfasst werden, das Glauben und Zweifel umfasst und übersteigt.

Tillich wurde zudem für seine ein modernes Gottesbild begründende These bekannt, dass Gott das ist, was uns «unbedingt angeht», weil Er der Wahrhaft Unbedingte ist, im Gegensatz zu dem, was uns «bedingt angeht» wie Geld und Erfolg. Für Tillich war Glauben etwas, das den Menschen überkommt, das ihn tief bewegt, ergreift und ihn festhält, so dass nichts und niemand ihn davon abhalten kann. Er identifizierte Glauben mit dem Phänomen, das Rudolf Otto (1869–1937) in seinem wegweisenden Werk als «das Heilige» bezeichnet hatte.

Diese absolute Form des Ergriffenseins sei für Tillich und Ibn ʿArabi gleichermaßen entscheidend: Für Ibn ʿArabi hat das Wort Gottes eine solch unbeschreibliche Wirkung auf den Angesprochenen, dass dessen Reflexionsfähigkeit aussetzt. Darin sieht Shabestari den Inhalt der neuen Glaubenserfahrung, die an die Stelle der Befolgung rechtswissenschaftlicher Normen treten soll. Im islamischen Kontext ist dieses Ergriffensein speziell in der Mystik zu verorten. Die Mystiker sehen in allem Gott, sie sehen nur Gott, und sie hören Gott aus allem. Hier setzt auch Shabestari an, wenn er sich im Zusammenhang mit dem neuen Offenbarungskonzept, dessen es bedürfe, ein Ich-Du-Konzept vorstellt. Der Glaube als religiöse Erfahrung zwischen Gott und Mensch muss im Zentrum der neuen Theologie, zu der die islamische Welt in der Moderne finden muss, stehen. So, meint er, müsse das Verhältnis zwischen Gott und Mensch angelegt sein.

Aus diesem Grunde interessiert Shabestari auch Karl Barth, der in seiner Theologie die Krise der modernen Welt verarbeitete und, anstatt sich infolge von Krieg und Zerstörung von Gott abzuwenden, die Idee von Gott als «dem ganz

Anderen» entwickelte. Mit ihr konnte er sich Gott zuwenden. Barth nahm also eine Akzentverschiebung vom richtenden auf den gnädigen Gott vor und gelangte so zu einem neuen Gottesbild. Und wenn man diesen Gedanken weiter verfolgt, wird man fast automatisch zur persischen Mystik geführt, die Gott als Geliebten ins Zentrum ihrer religiösen Erfahrung stellt. Die islamische Mystik war schon immer der Gegenpol zum Rechtsislam; schon immer warfen die Mystiker den Rechtsgelehrten vor, sich auf die Äußerlichkeiten der Religion zu versteifen, weil sie das Innere zu erkennen nicht in der Lage seien. Vielleicht gelangte Shabestari über seine Rezeption der protestantischen Theologie wieder zurück zu dieser eigenen Tradition innerhalb der islamischen Geschichte.

Politische Bewegungen im religiösen Gewand

Diese Art der Reform, die er die wahre Reform nennt, ist für den Theologen etwas anderes als die Reformbewegungen, die es in den letzten 150 Jahren in der islamischen Welt gab: Diese seien keine religiösen Reformbewegungen gewesen, sondern lediglich politische Bewegungen im religiösen Gewand. Wenn politische Veränderungen in einer Gesellschaft stattfänden und diese eine religiöse Farbe annähmen, habe noch längst keine religiöse Reform stattgefunden, sagt er.

So habe zum Beispiel Jamal ad-Din al-Afghani, im Persischen immer Astarabadi genannt, die Religion nur benutzt. In der Tat ist umstritten, ob dieser überhaupt religiös war. Doch Shabestari lässt nicht einmal Muhammad ʿAbduh als religiösen Reformer gelten: ʿAbduh habe zwar die Einstellung der Menschen zur Bildung ändern wollen und deshalb argumentiert, der Islam trete für Fortschritt und Entwicklung ein, doch auch dies sei keine religiöse Reform gewesen.

> Diese beiden waren meiner Meinung nach mehr als alles andere gesellschaftliche und politische Reformer. Der eine wirkte innerhalb der politischen Bewegungen, und der

andere, indem er die Weltanschauung der Muslime veränderte. Wenn wir aber das Wirken dieser beiden Reformer der islamischen Welt beispielsweise mit dem Wirken
Luthers im Christentum vergleichen, so sehen wir, dass die
Wirkung Luthers eher im Bereich der religiösen Erfahrungen des Christentums lag und die Wirkung dieser beiden
Persönlichkeiten ['Abduh und Afghani, K.A.] in der gesellschaftlichen und politischen Wirklichkeit. (Shabestari
1997, 123)

Hier spielt Shabestari auf das Turmerlebnis als den Inbegriff
einer bedeutenden religiösen Glaubenserfahrung mit weit-
reichenden Folgen an: *sola gratia* (allein aus Gnade). In der
einsamen Meditation über den Bibelvers Römer 1,17 entdeckte Luther plötzlich, was er seit einem Jahrzehnt vergeblich gesucht hatte. Dieser Vers führte zu Luthers neuem
Schriftverständnis, dass Gottes ewige Gerechtigkeit ein Gna-
dengeschenk sei, das dem Menschen nur durch den Glauben
an Jesus Christus gegeben werde. Keine Eigenleistung könne
dieses Geschenk erzwingen.

Solch ein neuer Gedanke bedeutet für Shabestari eine wahre
religiöse Reform, denn der Kern des Glaubens seien religiöse
Erfahrungen dieser Art und nicht «ein Haufen politischer Bewegungen». Damit spielt Shabestari unmissverständlich auf
die Islamische Revolution von 1978/79 an. Nur weil Geistliche eine Bewegung anführten, sei diese noch lange nicht
religiös. Ihre Bewegung sei keine religiöse gewesen, auch
wenn die Religion zum Kampf gegen die Unterdrückung
aufgerufen habe:

Wenn jemand mit einem hehren Ziel gegen Unterdrückung
und Ausbeutung kämpft und wenn dieser Kampf einhergeht mit einer spirituellen religiösen Erfahrung, dann ist
diese Tat sicherlich eine religiöse Tat. Aber hier geht es um
etwas anderes: nämlich darum, dass die soziale Realität,
die einige der Reformer in den islamischen Gesellschaften
verändern wollten, nicht durch die Veränderung religiö-

ser Ansichten herstellbar ist. Sie wollten eine industrielle
Wirtschaft, eine demokratische Gesellschaft, allgemeine
Gesundheitsversorgung, zeitgemäßes Wissen, eine veränderte Kultur und ähnliches umsetzen. Aber wir haben in
den religiösen Texten keine Anweisungen darüber, die uns
sagen, wie diese umzusetzen wären. (Shabestari 1997, 133)

Laut Shabestari ist für eine religiöse Reform die religiöse Erfahrung des Einzelnen als der wirklich wichtige Teil der Religion notwendig, und er erklärt, dass es drei Ebenen der Religion gebe. Im Islam bestehe die erste Ebene darin, dass die
Menschen das Gebet verrichteten, das Fasten einhielten, Al-
mosen gäben und am politischen und gesellschaftlichen Leben aus einer religiösen Motivation heraus teilnähmen. Die
zweite Ebene machten die Ideen und Überzeugungen aus, zu
denen zum Beispiel das Wissen um das Prophetentum, das
Wissen um Gott, die Auferstehung und den Menschen gehören. Auf dieser inneren Ebene gehe es um Überzeugungen
und nicht um äußere Handlungen.

Doch es gebe noch eine weitere Ebene: Um diese zu beschreiben, benutzt Shabestari den Komparativ von «innere»,
der im Deutschen nur schlecht wiederzugeben ist. Diese *tie-
fere innere* Ebene betreffe das religiöse Erleben, die religiöse
Erfahrung, und genau hier müsse Neues stattfinden.

> Leider geht in unserer Gesellschaft das Gerücht um, dass
> Religiosität daraus bestehe, einige Glaubensprinzipien
> zu akzeptieren; dass, wenn einer sagt, ich glaube an die
> Einheit Gottes, die Gerechtigkeit, das Prophetentum, das
> Imamat und die Auferstehung, dieser Mensch religiös sei.
> Aber wirklich: Das ist nicht so. Im Koran ist einer religiös,
> der gläubig ist, und gläubig ist einer, der eine Glaubenser-
> fahrung hat. (Shabestari 1997, 119)

Da religiöse Reform im Bereich des religiösen Erlebens und
der religiösen Erfahrungen stattfinden soll, sieht Shabestari
nur in Muhammad Iqbal (1873–1938) einen wirklichen islamischen Reformer. Er ist voll des Lobes und befindet, dass

allenfalls dieser im islamischen Raum an Luther und die modernen protestantischen Theologen heranreiche, weil Iqbal wie sie einen neuen Zugang zu seiner Religion entwickelt habe. Iqbal und vor allem sein Buch *The Reconstruction of Religious Thought in Islam* werden in Iran schon seit Jahrzehnten rezipiert. So finden sich beispielsweise auch im Werk von Soroush zahlreiche Hinweise und Bezüge zu dem pakistanischen Dichter.

Shabestari betritt hier also Pfade, die längst beschritten worden sind. Offenbar favorisiert er wie sein Vorbild Iqbal eine spirituelle Demokratie als Alternative zu den Demokratien Europas und der Theokratie Irans. Eine solche spirituelle säkulare Demokratie hätte insofern einen islamischen Charakter, als in ihr die wichtigsten Prinzipien dieser Religion, die Gerechtigkeit beispielsweise, umgesetzt werden würden.

Für Shabestari ist Iqbal auch deshalb Vorbild, weil dieser Gott nicht in der Moderne verloren, sondern in einer mystischen Erfahrung wiedergefunden hat. Er fand Gott in einer als Gebet beschriebenen Haltung wieder. Wie Iqbal entwickelt Shabestari einen mystischen Zugang zu Gott. Aber nicht das Gebet, sondern das Verwunderung auslösende Erleben der Rede Gottes ist für ihn die neue Glaubenserfahrung, durch die Gott auch dem modernen Menschen noch nahe sein kann:

Rede Gottes ist das, was den Menschen Gott zuwendet – und zwar auf eine Weise, dass der Mensch sich als Adressat Gottes wiederfindet. (Shabestari 2000, 323)

Damit erinnert Shabestari ein wenig an den Ägypter Amin al-Khuli, der den Wundercharakter des Korans – einen Schlüsselbegriff der klassischen Exegeten, mit dem die Unübertrefflichkeit des sprachlichen Ausdrucks *(arab. i'jaz al-qur'an)* gemeint war – in die Seele der Hörer verlegte. Die spezielle Leistung des Korans lag für al-Khuli darin, den Hörer emotional bewegt und ihn so für die Aufnahme der Botschaft Gottes empfänglich gemacht zu haben.

Shabestari hat al-Khuli rezipiert, er zitiert diesen sogar und verweist auf ihn in einer seiner wenigen Fußnoten. Und wie schon al-Khuli meint auch Shabestari mit dem Wundercharakter des Korans nicht die sprachliche Unübertrefflichkeit des Korans, die darunter meist in der islamischen Theologie verstanden wird. Er zielt auf die Horizonterweiterung und die Verwirrung (*heirat*) ab, die beim Menschen dadurch ausgelöst werden, dass er die Rede Gottes vernimmt. Die Verkündigung, die beim Hörer *heirat* bewirkt, ist der Anfang der Gotteserkenntnis, so wie in der islamischen Mystik *heirat* die vorletzte Stufe vor der Entwerdung ist, das heißt die letzte Stufe vor der Vereinigung mit Gott. Wenn der Mensch die Rede Gottes hört, reißt diese ihn so mit, dass, wie Ibn ʿArabi formuliert, seine Reflexionsfähigkeit aussetzt oder er ohnmächtig wird.

Hierin folgt ihm Shabestari. Ihm zeigt sich Gott nicht als Rächer und Richter, der auf die Einhaltung seiner Regeln pocht und bei Zuwiderhandlung mit Strafe droht, sondern als Liebender, der mit seiner Rede an den Geliebten diesen verwirrt, in Staunen versetzt und errettet. Eine Rede, der das nicht gelingt, ist für ihn auch keine Rede Gottes.

Bis das Innere des Menschen nicht erleuchtet ist, ist da keine Rede Gottes, und kein Wort der Rede Gottes wird gehört. (Shabestari 2000, 329)

Das ist Shabestaris religiöse Erfahrung. Der mystische Islam ist ihm Kontrapunkt zum Rechtsislam. Hiermit unternimmt er den Versuch einer neuen Theologie, eines neuen Redens über Gott, und will eine eigentlich alte Glaubenserfahrung wieder in den Mittelpunkt stellen. Denn seiner Meinung nach wurde zwar die Glaubenserfahrung, das herabgesandte Wort (*sokhan-e vahyani*) als etwas wahrzunehmen, das den Menschen im positiven Sinne vor Verwunderung lähmt und vor Ergriffensein erstarren lässt, von den mystischen Dichtern und Denkern hervorgehoben, aber zunehmend an den Rand gedrängt.

Doch wie muss das System für Shabestari beschaffen sein, in dem der Muslim seinen Glauben leben beziehungsweise zum Glauben finden kann und eine solcherart religiöse Erfahrung machen kann? Denn die moderne Theologie, die Shabestari sich wünscht, steht natürlich in engem Zusammenhang mit dem in Iran herrschenden monistischen Islambild, und in diesem sieht er ein falsches Verhältnis von Glaube und Herrschaft.

Aus seiner koranischen Hermeneutik folgt für ihn: Der Koran trifft kaum Aussagen zur Frage der Herrschaft. Es steht darin nur allgemein geschrieben, dass die Herrschaft gerecht sein müsse, mehr nicht. Details zu der Frage, wie diese in der Praxis zu organisieren sei, finden sich nicht. Als Beleg für diese Behauptung nennt Shabestari den Umstand, dass auch Imam ʿAli ibn Abi Talib, der erste Imam der Schia und vierte Kalif, als er seinem Statthalter in Ägypten einen Regierungsauftrag erteilte, diesem lediglich auftrug, gerecht zu herrschen und die bestehenden Traditionen der Völker in dem eroberten Land zu achten.

Hier bezieht sich der Theologe auf den sogenannten «Regierungsauftrag Imam ʿAlis an Malik al-Ashtar» und spielt damit auf einer wohlbekannten Klaviatur, da dieser Regierungsauftrag von den meisten Schiiten als für die Herrschaft in der Schia normativ angesehen wird. Tatsächlich bestätigt sein Inhalt Shabestaris Behauptung, dass die Regierung in erster Linie eines sein muss: gerecht. Weitere Anweisungen in Bezug auf Regierungsinstitutionen oder die von Khomeini behauptete Notwendigkeit der Anwendung der islamischen Strafgesetze finden sich in diesem Dokument jedenfalls nicht. Das ist für Shabestaris Argumentation insofern bedeutsam, als Imam ʿAli den Schiiten als der wichtigste Koraninterpret gilt.

Ohnedies sei ein Staat, der die islamischen Strafgesetze anwende, nicht notwendigerweise islamisch, sagt Shabestari ebenso beiläufig wie unmissverständlich und spielt auf die Islamische Republik Iran an. Die Frage sei grundsätzlich, in welchem Regierungssystem sich der Glaube am besten verwirklichen lasse:

Aus der Logik des Glaubens folgt, daß die Gläubigen die Etablierung einer politischen und gesellschaftlichen Ordnung [...] fordern müssen, in der sie besser kundig und frei ihren Glauben ausüben können [...]. Eine solche Gesellschaft wird mit Sicherheit keine unterdrückerische und totalitäre Gesellschaft sein. (Shabestari 1997, 79)

Da der Koran also kein konkretes System vorgeschlagen hat, dürfen die Menschen laut Shabestari selbst entscheiden, in welcher Ordnung sie leben wollen und auch wo der Glaube am besten verwirklicht wird. Er schlägt ein demokratisches System vor, das seinen Bürgern alle Freiheiten lässt, «denn Glaube ist keine Ideologie» (Shabestari 1997, 80).

Damit entfernte er sich weit von Khomeinis Anspruch, dass der Herrscher eine religiöse Autorität sei und die Bevölkerung rechtgeleitet werden müsse – auch mit Zwang. Hier ist er eindeutig als der post-islamistische Denker zu erkennen, als der er in den späten 1990er Jahren immer stärker in Erscheinung treten sollte. Von der Idee des politischen Islams als Ideologie, die ihn in den 1960er und 1970er Jahren geleitet hatte, wandte er sich ab und versuchte, ihr seine eigene koranische Hermeneutik entgegenzusetzen.

Eine prophetische Lesart der Welt

Im Jahr 2006 fiel Shabestari einer Säuberungswelle der Regierung Ahmadinejad zum Opfer. Nach seiner Zwangsemeritierung veröffentlichte Shabestari, was er selbst als den Höhepunkt seines geistigen Schaffens bezeichnet. Unter dem Titel «Eine prophetische Lesart der Welt» (qera'at-e nabavi az jahan) erschienen seine Überlegungen erstmals in Form eines Interviews im Juni/Juli 2007 in der Zeitschrift *madrese*, die daraufhin ihr Erscheinen einstellen musste. Es ist daher nicht anzunehmen, dass Shabestari seine Ideen in Iran als Buch wird publizieren können. Über einen blog, den einer seiner Schüler einrichtete, sind seine Ideen aber weiterhin in Iran zu lesen.

Shabestari liest den Koran als ein historisches Zeugnis und unterscheidet sich damit signifikant von den Auffassungen, die in der islamischen Theologiegeschichte formuliert wurden. Durch diese Sichtweise gilt ihm der Koran aus Muhammads Perspektive zwar immer noch als ein Text göttlichen Ursprungs oder zumindest als letztlich auf Gott zurückgehend. Aber ihm zufolge verstand Muhammad ihn zugleich als sein eigenes Wort. Der Prophet, so Shabestari, sagte über sich selbst, dass er Sprecher sei, weil Gott dies so gewollt habe. Es war jedoch nicht nur die Form, die der Prophet selbst bestimmte, sondern auch der Inhalt.

Hier geht der Theologe eindeutig neue Wege: So bezeichnet er *wahy*, das zumeist mit «Offenbarung» ins Deutsche übersetzt und als solche verstanden wird, als eine «transzendente sprachliche Hilfe». Seiner Ansicht nach ist *wahy* lediglich eine von Gott gegebene Befähigung des Propheten. Diese Befähigung ermöglichte es Muhammad, Gottes Werk zu tun, das heißt zum Glauben einzuladen.

Nach Shabestaris heutiger Auffassung ist der Koran eine prophetische Lesart der Welt. Damit meint er, dass nicht nur die Exegeten der Religion nur ihr eigenes Verständnis der Offenbarung formuliert hätten, sondern auch Muhammad selbst. Der Koran sei das «Ergebnis von *wahy*» (*mahsul-e wahy*), «nicht *wahy* selbst» *(na khod-e wahy);* er sei «eine monotheistische Lesart der Welt im Lichte von *wahy*» (Shabestari 2008). Indem er diese These als Theologe und sich auf eine theologische Tradition beziehend begründet, hat sich Shabestari unter den Geistlichen Irans als der führende Vertreter einer säkularen Lesart des Islams exponiert. Er ist einer der ersten Geistlichen Irans, der Säkularisierung nicht als Feindschaft mit der Religion begreift, sondern als eine Notwendigkeit, um den Glauben zu retten. Deshalb wirbt er heute für eine säkulare und demokratische Politik. Gleichzeitig ist es in diesem säkularen Leben dennoch für Shabestari die Religion, die auf der Suche des Menschen nach Sinn und Moralität die Werte bereithält.

Shabestari legt seiner Idee zwei Thesen zugrunde. Die erste lautet: Im Licht der Ergebnisse der Sprachphilosophie der

letzten zweihundert Jahre muss der Koran als ein arabisch-
sprachiger, für alle Gläubigen wie Nichtgläubigen verständ-
licher Text einem Menschen zugeschrieben werden. Würde
man ihn stattdessen unmittelbar und direkt Gott zuschrei-
ben, stünde das nicht nur faktisch, sondern prinzipiell im
Widerspruch zu seinem Wesensmerkmal, für alle verständlich zu sein. Diese erste These sei vor dem Hintergrund der
zeitgenössischen philosophischen Hermeneutik zu verstehen.
Die zweite These, die literaturwissenschaftlicher Art ist, besagt: Die beherrschende, zum Glauben aufrufende literarische Gattung der koranischen Verse ist die der Erzählung.
Der Koran ist demnach eine Erzählung über die Welt zur
Zeit Muhammads. Es geht also um die jeweilige geschicht-
liche Situation, in der man die Entstehung eines Textes verstehen muss, um das, was mit dem Begriff des Sprachspiels
im Sinne Ludwig Wittgensteins (1889–1951) gemeint ist, an
dem sich Shabestari hier orientiert.

Zentraler Gedanke bei Wittgenstein ist, dass jede sprachliche Äußerung in einer menschlichen Praxis beheimatet ist.
Nur innerhalb dieser Praxis ergäben die vielen verschiedenen
Sprachspiele Sinn. Ein Wort, ein Begriff oder ein Satz haben
ihre Bedeutung nur dann, wenn sie eine bestimmte Verwendung und Funktion innerhalb einer Lebensform haben. Jedes
Sprachspiel hat dabei bestimmte Regeln. Diese Regeln für
den richtigen Gebrauch der Sprache sind Konventionen bzw.
Gepflogenheiten, die nur in einem bestimmten sozialen Kontext denkbar sind. Ein Mensch allein wäre laut Wittgenstein
nicht fähig, ein Sprachspiel zu etablieren.

Aus der Übertragung der Wittgensteinschen Überlegungen auf den Koran schlussfolgert Shabestari, dass der
Sprecher des Korans nur ein Mensch gewesen sein kann.
Denn nur ein Mensch sei in der Lage, an dem Sprachspiel,
das der Koran darstelle, teilzunehmen; nur er sei in der
menschlichen Praxis der Sprache beheimatet. Aus diesem
Grund ist der Theologe der Ansicht, dass der Prophet Muhammad kein *ummi* gewesen sein kann, also ein des Lesens
und Schreibens Unkundiger, wie die meisten Muslime es verstehen.

Was der Begriff *ummi* im Koran bedeutet, ist umstritten. Unter westlichen Islamwissenschaftlern herrscht jedoch die Auffassung vor, dass der Prophet kein *ummi* im Sinne eines Schreibunkundigen gewesen sein kann, und so sieht es auch Shabestari. Er begreift den Propheten nicht als Tonträger, sondern als Verantwortlichen:

> Schon unsere Erfahrung sagt uns dies: Es ist immer ein Mensch, der spricht. Es ist immer ein Mensch, der bestimmte Worte sagt. Es ist immer ein Mensch, der das Subjekt des Sprechaktes ist. Und indem er intellektuell in der Lage ist zu sprechen, übernimmt er auch die persönliche Verantwortung für das, was er sagt. (Shabestari 2008)

Laut Shabestari ist unbedingt ein menschlicher Sprecher notwendig, damit für den Adressaten ein Wort verständlich ist. Dieses Verstehen ist allgemein zugänglich, es steht einem Gläubigen ebenso wie einem Menschen, der nicht glaubt, offen. So hält er fest:

> Würde man annehmen, dass der Koran vollständig ist, d.h. dass sein kompletter Wortlaut, alle Sätze und Inhalte, das direkte und unmittelbare Wort Gottes sind, das dieser dem Propheten übermittelt hat, der es wiederum, einem Tonträger ähnlich, weitergegeben hat, so hätte dies zur Folge, dass der Text als eine geschriebene Rede unverständlich wäre. (Shabestari 2008)

Eine mögliche Gegenposition zu Shabestari könnte hier lauten: Nur die Gläubigen verstehen den Koran, diejenigen, die nicht glauben, verstehen ihn nicht. So argumentiert die klassische islamische Koranwissenschaft, da der Koran selbst dies aussage. Doch dieses Gegenargument weist er zurück: Etwas, das nicht prinzipiell für das Verstehen aller zugänglich ist, sei nicht verständlich. Verstehen ist laut Shabestari die rationale Erkenntnis, von der in der modernen philosophischen Hermeneutik gesprochen wird.

Es ist eine Erkenntnis, von der man erklären kann, wie sie zustande gekommen ist. Es ist argumentativ möglich, zu zeigen, wo und warum etwas richtig verstanden wurde oder in einem anderen Falle nicht verstanden wurde. Man kann also zwischen Verstehen und Missverstehen differenzieren. Wo das nicht möglich ist, kann man nicht von Verstehen sprechen. Und dann kann auch ein gläubiger Mensch nicht mit anderen, die nicht gläubig sind, auf einer rationalen Grundlage über sein Verstehen des Textes sprechen: Er kann den anderen nicht verständlich machen, was und warum er versteht. (Shabestari 2008)

Darüber hinaus meint er, aus dem Koran gehe eindeutig hervor, dass zwischen dem Propheten und seinen Adressaten, unter denen vor allem Nicht-Gläubige und Andersgläubige waren, Gespräche und Diskussionen stattfanden. Diese müssen also die Verse des Korans verstanden haben, sonst hätten sie nicht diskutieren können.

Hätte Muhammad den Koran nur als reiner Tonträger vorgetragen, dann hätte er verlangt, dass die Menschen ihm aus reiner Ergebenheit wie Hörige folgen. In dem Falle jedoch ergäben die vielen Diskussionen und Debatten über die gesellschaftlichen Zustände, die der Koran bezeugt, keinen Sinn. Laut Shabestari will der Koran überzeugen, er wendet sich an die Vernunft des Menschen, er will keine Hörigen. Deshalb sage der Koran über sich selbst, er sei Einsicht, Beweis und klares Zeichen.

Könnte ein Text, wenn er nicht nachvollziehbar und allgemein verständlich wäre, derlei Charakteristika beanspruchen? Waren dann alle die mannigfaltigen Anstrengungen, die es nach dem Tod des Propheten von Seiten der islamischen Gelehrten gab, um den Koran richtiger auszulegen, nicht unsinnig? Sie belegen doch gerade, dass die Menschen den Koran für einen Text hielten, der zu verstehen war, überprüfbar und auslegbar. Auch heute widmen wir uns dem Koran, um ihn besser zu verstehen und richtiger auslegen zu lernen. Das wäre dann alles letztlich sinnlos? (Shabestari 2008)

Zudem gilt Muhammad dem koranischen Zeugnis zufolge als einer, «der zu Gott einlädt.» Er ruft zu Gott «aufgrund eines sichtbaren Hinweises» (12:108). Der Prophet schickt Knechte, «von gewaltiger Kraft» (17:5). Muhammad ruft die Menschen «auf einen geraden Weg» (23:73). Er kommt als jemand, der «sie läutere und lehre die Weisheit und das Buch» (62:2).

Diese Funktionen und Aufgaben, so Shabestari, könne niemand haben, der ein bloßes Medium von Lauten ist. Alle Rollen, die der Koran für Muhammad nenne, ergäben nur Sinn, wenn der Koran die Lesart des Propheten ist. Er habe die Menschen in den Sinngehalt des Korans eingeführt. Auch seine Berufung sei eine Sendung gewesen und weit über das hinausgegangen, was einem bloßen Medium zukomme.

Laut Shabestari hat der Prophet auch gar nicht behauptet, dass die Verse des Korans wortwörtlich so von Gott herabgesandt worden seien. Sowohl der Wortlaut als auch der Inhalt der Rede, die er vorträgt, stammen von ihm selbst. Allerdings habe Muhammad Gott als den letztendlichen Beweger dieses Vorlesens erlebt – im Sinne von Aristoteles. Und weil er ihn als Beweger erlebt habe, habe Muhammad das, was ihm widerfährt und was er vorträgt, als *wahy* bezeichnet, das von Shabestari wiederum als eine «transzendente sprachliche Hilfe» definiert wird (Shabestari 2008).

Shabestari lässt auch das Gegenargument nicht gelten, Muhammad habe Gottes Wort nur weitergegeben, wie der Befehlshaber einer Armee einen Befehl im genauen Wortlaut an seine Soldaten weitergebe. Das Beispiel sei unzulässig, weil es einen Anthropomorphismus vornehme. Sprache könne nicht gleichzeitig für Menschen verständlich bleiben und Gott als Sprecher haben, ohne dass man Gott vermenschliche. Wenn man Gott wirklich Gott sein lasse, gebe es zwischen dem, was Gott dem Propheten mitteile, und dem, was der Prophet an die Menschen weitergebe, keine sprachliche Ebene. Der Prophet müsse dann quasi als Übersetzer einer nicht-menschlichen Sprache in eine menschliche Sprache fungieren. Doch menschliche Sprache könne nur in der menschlichen Welt entstehen, meint Shabestari, und auch der Verweis auf Gottes Allmacht helfe hier nicht weiter.

Auch die Unnachahmlichkeit des Korans *(i'jaz al-qur'an)* ist für Shabestari eher ein Argument für den menschlichen Charakter der koranischen Rede. Das ist insofern erstaunlich, als gerade die Unnachahmlichkeit des Korans in der islamischen Theologie gemeinhin als Beleg für den göttlichen Charakter des Korans gilt. Danach wird der Koran nicht nur als das Wort Gottes, sondern auch als das die Sendung Muhammads bestätigende Wunder angesehen. Das Wunder wird in der sprachlichen Form gesehen, die so unübertrefflich sei, dass kein Mensch im Stande sei, etwas Gleichwertiges zu schaffen. Dazu erklärt Shabestari nur: Wäre der Prophet nur ein Übertragungskanal von Sätzen gewesen, deren Wortlaut und Inhalt nur auf die Ergebenheit der Gläubigen zielten und auch nur speziell ihnen galten, hätte es keinen Sinn ergeben, zu behaupten, dass die anderen Menschen nichts vorlegen könnten, was diesen Versen vergleichbar wäre.

Shabestari handelt die Unnachahmlichkeit des Korans, die er nicht einmal mit dem Terminus technicus benennt, denkbar kurz ab, obwohl er in der Geschichte der islamischen Theologie die größte Rolle gespielt hat und mithin eines der wichtigsten Argumente für die Göttlichkeit der koranischen Rede ist. Hält er die Argumente, die den Wundercharakter des Korans behaupten, nicht für stichhaltig genug, um sich weiter mit ihnen zu beschäftigen? Oder führt er den *i'jaz al-qur'an* vielleicht gerade deshalb nicht aus, weil dieser eines der wichtigsten Argumente in der islamischen Theologie für die Göttlichkeit der koranischen Rede ist?

Aus seinen Überlegungen zieht Shabestari die Schlussfolgerung, dass Muhammad nicht behauptet habe, der Koran sei nicht sein Wort; vielmehr habe er ihn geradezu als seinen eigenen Vortrag vorgestellt. Der Anspruch jedoch, den er erhob und den er gegen seine Gegner durchsetzen musste, war, selbst ein ausgezeichneter Mensch zu sein, der von Gott berufen und von Ihm ermächtigt worden ist, diese Worte zu

sprechen. Diese Ermächtigung zum Sprechen sei die wahre
Bedeutung des koranischen *wahy:*

> In der Sicht des Korans besteht *wahy* in einem Sprechen
> Gottes mit dem Propheten des Islams. Dieses führt zu sei-
> ner Berufung und in der Folge zu seinem Sprechen, d. h.
> zu seinem Vorlesen der koranischen Verse. Demnach sind
> die Verse des Korans Produkte des *wahy (mahsul-e wahy),*
> jedoch nicht *wahy* selbst. (Shabestari 2008)

Abu Zaid, der ebenfalls argumentiert, dass der Koran als
Produkt seiner Kultur verstanden werden muss und somit
wie ein ganz normaler historischer Text behandelt werden
kann, hat angemerkt, dass Erklärungsbedarf besteht, wenn
behauptet wird, Gott spreche mit dem Menschen, kommuni-
zierten hier doch zwei wesenhaft unterschiedliche Partner
miteinander. Dies sei mit dem gesunden Menschenverstand
nicht zu erklären. Genau diese Schwierigkeit sieht auch Shabestari und folgert, es habe gar nicht Gott geredet.

Nach Abu Zaid muss es zwischen Gott und dem Propheten ein Medium gegeben haben, das dem Propheten die Offenbarung vermittelt habe, nämlich der Engel Gabriel. Dazu
unterscheidet der Ägypter zwischen den verschiedenen Ebenen der Kommunikation und führt aus, dass es innerhalb der
Theologiegeschichte unterschiedliche Meinungen zu der Frage gegeben habe, wie genau die Herabsendung stattgefunden
habe: Manche Gelehrte beharrten darauf, dass die Formulierung des Textes von Gabriel vorgenommen worden sei, Muhammad also der Wortlaut der göttlichen Botschaft offenbart worden sei. Diese Auffassung impliziere, dass die Engel
über ein sprachliches System – die arabische Sprache – verfügt hätten.

Dieser Ansicht schließt sich Abu Zaid nicht an. Eine andere theologische Richtung habe zwischen den Ebenen der Offenbarung getrennt und geglaubt, dass die Herabsendung des
Textes eine Herabsendung des Sinnes war, unabhängig von
einem sprachlichen Code. Der Prophet habe eine Inspiration
erfahren und die göttliche Eingebung dann in arabischer

Sprache ausgedrückt. Gabriel habe sich also Muhammad genähert, um ihm die Offenbarung einzugeben. Diese Möglichkeit wird leider bei Shabestari nicht diskutiert. Wenige Monate vor seinem Tod erzählte Abu Zaid, dass er die These Shabestaris hochinteressant finde, an dieser Stelle jedoch nicht ausgereift. Die Tatsache, dass der Koran an verschiedenen Stellen über sich selbst aussage, er sei Gottes Wort, werde von Shabestari nicht hinreichend reflektiert. Zu der geplanten Auseinandersetzung zwischen den beiden Theologen ist es jedoch aufgrund des plötzlichen Todes von Abu Zaid nicht mehr gekommen.

Der Koran als Erzählung

Für Shabestari ist der koranische Text im Großen und Ganzen eine religiöse Erzählung, die das Geschehen in der Natur, die Geschichte der Völker, die gesellschaftlichen Verhältnisse und das Schicksal der einzelnen Menschen auslegt und kommentiert. Ihm zufolge geht es im Koran in erster Linie um eine religiöse Sinngebung für die Menschen in der Welt, allerdings vor dem Erfahrungshorizont des Propheten. Der Text vermittle nicht, wie die Welt tatsächlich ist, sondern die Sichtweise Muhammads. Er «liest» die Welt, sagt Shabestari. Dieses Lesen beruht auf der hermeneutischen Erfahrung des Propheten. Hier orientiert sich Shabestari an der Sprechakttheorie, nach der mit einer sprachlichen Äußerung immer Sachverhalte nicht nur beschrieben werden, sondern selbst Handlungen vollzogen werden. Demnach ist jedwede Äußerung über die Realität immer auch ein Eingriff in die Realität.

Shabestari schließt, dass ein Mensch, der alles Existierende als Erscheinung Gottes erfahre, nicht auslege, was er verstehe, vielmehr sei sein Verständnis selbst eine Auslegung. So betrachtet seien Verstehen, Kommentar und das Sehen der Erscheinung eins. Wie der Prophet die Welt sieht, formt und beherrscht er den Text. Somit gehen auch die Vorschriften der Scharia auf ein deutendes Verständnis der im Hidschaz

gegebenen gesellschaftlichen Verhältnisse durch den Propheten zurück. Mit dieser Schlussfolgerung kommt Shabestari
zu der folgenreichen Konsequenz, die er aus seinen Darle-
gungen zieht:

> Die Verordnungen wurden keineswegs für alle Gesell-
> schaften und alle Zeiten erlassen. (Shabestari 2008)

Shabestaris Überlegungen verstehen sich als eine Einführung
in eine vernunftgemäße *('aqlani)* Auslegung des Korans. Diese vernunftgemäße Lesart wiederum kündet von der religiösen Botschaft des Textes, die man zusammenfassend mit dem
Begriff *tauhid* bezeichnen kann. *Tauhid* ist die gläubige Betrachtung der Welt vor dem Hintergrund der Existenz des
einen Gottes und die Gestaltung des Lebens aus diesem
Glauben heraus. Der Koran ist demnach Ausdruck des Be-
kenntnisses Muhammads zum Monotheismus.

Daraus folgt auch, dass der Koran geschaffen ist – wie
seinerzeit von den Mu'taziliten angenommen. Denn das
Nichtgeschaffensein, die überzeitliche Existenz des Korans,
würde dem strengen *tauhid*, der göttlichen Einheit, widersprechen. Geht man aber vom Geschaffensein des Korans
aus, fällt die Annahme leichter, dass er in Form und Inhalt
durch die Persönlichkeit des Propheten bedingt ist.

Wenn sich die Mu'taziliten den Namen *ahl al-tauhid wa-
l-'aql* (Leute der göttlichen Einheit und der Gerechtigkeit)
gaben, um damit den Hauptinhalt und die Zielsetzung ihres
theologischen Systems zu benennen, dann könnte dieser genauso für Shabestaris theologisches System verwendet werden. Auch bei ihm begründet der Glaube an die absolute Einheit und an die absolute Gerechtigkeit Gottes ein ganzes
System aus Glaubensgrundsätzen und -annahmen. So ist es
ihm möglich, unter Berufung auf die Gerechtigkeit Gottes als
dem wichtigsten Gebot den Glauben zu erneuern und diese-
nigen Aspekte des islamischen Rechts, die der Gerechtigkeit
in unserem heutigen Sinne widersprechen, abzuschaffen. Das
beträfe das Strafrecht und vieles mehr, das nicht mit den
Menschenrechten vereinbar ist.

In Shabestaris Sinne wäre es, wenn der Islam trotz der Erfahrung des real existierenden Islamismus für die Menschen das bliebe, «was sie ganz unbedingt angeht», die eine «Dimension der Mächtigkeit», wie sein Vorbild Paul Tillich formulierte. Shabestari will zwar eine privatisierte Religion, aber er will das Ergriffensein von der Religion. Wenn diese aus der Umklammerung durch die Konservativen gelöst wäre, könnte sie zwar Privatsache sein, aber Moralität im säkularen Leben stiften. Die Religion wäre Träger jener heiligen Werte, denen er in Iran zur Durchsetzung verhelfen möchte:

> Es ist offensichtlich, dass die Verwirklichung der menschlichen Gerechtigkeit und der Menschenrechte für gläubige Menschen eine religiöse Angelegenheit ist. Gläubige Menschen glauben, dass die Verwirklichung der Gerechtigkeit und der Menschenrechte sowohl die Menschenrechte als auch gesunde zwischenmenschliche Beziehungen sicherstellt und auf Gottes Ruf nach Gerechtigkeit antwortet. Und in der Praxis halten sie sich mit der Beachtung der Rechte der Menschen nicht nur an das Gebot, die Menschenrechte zu achten, sondern auch an das Gebot, die Rechte Gottes zu achten. (Shabestari 2008)

Die Islamische Revolution hat Islamisten an die Macht gebracht, die Islamische Republik hat aus vielen von ihnen Post-Islamisten gemacht. Einer der wichtigsten ist Mohammad Shabestari, der versucht hat, durch sein Denken und Werk die Widersprüche aufzulösen, die der islamistische Diskurs der 1960er, 70er und 80er Jahre hervorgebracht hat. Seine Idee, dass der Koran eine prophetische Lesart der Welt sei, ist ihm ein neues Argument gegen die Auffassung, dass die Scharia angewendet werden müsse und der Koran ein Programm zum Regieren sei. Das ist er nicht. Doch übrig bleiben bei Shabestari zudem noch die Ethik, die Rituale und die Spiritualität, die der Islam stiftet und die sich in dem Kernbegriff *tauhid* zusammenfassen lassen – *tauhid* als die persönliche Erfahrung des Menschen mit seinem Gott: *Sprich! Gott ist einer.*

Die Zukunft des Islams

Die hier vorgestellten Denker und Denkerinnen haben sich mit einem zentralen Problem der modernen islamischen Theologie auseinandergesetzt, nämlich wie mit bestimmten Aussagen des Korans umzugehen ist. Für uns Muslime ist das heute eine existenzielle Frage, da viele Aussagen des Korans nicht mit dem übereinstimmen, was wir für uns als Werte akzeptieren – zumindest dann, wenn sie uninterpretiert bleiben.

Man kann diese Problematik für sich genommen erörtern und eine neue Lesart einfordern und entwickeln, beispielsweise eine frauenfreundliche. Man kann sie aber auch in den Kontext einer weiterführenden Frage stellen und zu beantworten versuchen, was die Natur von Gottes Wort ist, also wie das Wesen von Gottes Wort beschaffen ist. Aus der Antwort auf diese zweite Frage ergeben sich zahlreiche Antworten für die erste. Die hier Vorgestellten haben Antworten gegeben und zugleich neue Fragen aufgeworfen. Doch es geht auch weniger darum, fertige Lösungen vorweisen zu können, als darum, sich der Notwendigkeit bewusst zu werden, dass diese wichtigen Fragen diskutiert werden müssen – und dass jetzt damit angefangen werden sollte. Dafür stehen die hier vorgestellten sechs Denker und Denkerinnen: Sie sind sich eines Problems bewußt und stellen sich diesem. Ich halte ihre Ansätze für innovativ, interessant und bedenkenswert. Ob sie für eine Mehrzahl von Muslimen langfristig tragfähig sein werden, darüber kann hier nicht entschieden werden. Wichtig ist aber, dass sie bedacht und weitergedacht werden.

Man könnte einwenden, dass diese Denker auf verlorenem Posten stehen, weil sie im Exil leben oder zu Hause als Freigeister isoliert sind. Doch zum einen sind sie nicht abgeschnitten von ihrem Publikum in dieser so globalisierten Welt. Das galt über all die Jahre beispielsweise für Abu Zaid, der in der islamischen Welt sehr stark rezipiert wurde. Zum anderen haben sie bereits viel bewirkt: Die Demokratiebewegung in Iran, die in Deutschland oft totgesagt wird, es aber nicht ist, wäre nicht denkbar ohne die Ideen von Soroush und Shabestari. Dass mit Mohammad Khatami 1997 ein reformorientierter Präsident von 70 Prozent der Bevölkerung gewählt wurde, ist in großen Teilen ihr Verdienst, weil sie mit ihren modernistischen Ideen den Weg für eine Öffnung hin zu Demokratie und Menschenrechten geebnet haben. Die Wahl Mahmoud Ahmadinejads im Jahr 2005, eines Hardliners also, widerspricht dieser These nicht, denn jede gesellschaftliche Bewegung, die Wandel will, provoziert eine Gegenbewegung.

Vier der sechs hier Vorgestellten mussten ihre Heimat aus politischen Gründen verlassen. Im Falle von Abu Zaid und Soroush war ihre Kritik an der Monopolisierung der Textauslegung und an ihrem Missbrauch zu politischen Zwecken die Ursache dafür, dass sie ins Exil getrieben wurden. Im Falle Rahmans waren es seine Aussagen über die Natur der Offenbarung, die für seine Gegner das Fass zum Überlaufen brachten; auch bei ihm stand jedoch im Vordergrund, dass er die Macht der Religionsgelehrten kritisierte und diese mit seiner neuen Deutung des Islams herausforderte. Letztlich geht es hier also um Macht und Deutungshoheit, um die Frage also, wer befugt ist, für die Muslime zu sprechen. Das sollten die Muslime selbst entscheiden und nicht irgendwelche vorgegebenen Strukturen. Relativ sicher ist, dass sie sich für eine Deutung entscheiden, die ihren Bedürfnissen entspricht – und das kann in der modernen Welt keine rückwärtsgewandte sein. Auf Dauer wird sich beispielsweise in einem Land wie Iran, in dem 65 Prozent aller Studierenden Frauen sind, der religiös begründete Grundsatz, dass das Zeugnis einer Frau vor Gericht nur halb so viel zählt wie das eines Mannes, nicht aufrechterhalten lassen. In viel stärkerem Maße noch gilt das für Europa und die USA, wo inzwischen Hunderttausende Musliminnen in einer weit weniger patriarchialisch geprägten Umgebung als der islamischen Welt aufwachsen.

So kommen zwei Dinge zusammen: Eine gesellschaftliche Notwendigkeit und eine Religion, die in der Geschichte oft bewiesen hat, dass sie das Potential zu Pluralität und Anpassungsfähigkeit hat und Ambiguitäten ertragen und integrieren kann. Der Islam ist so rein wie Regenwasser, und er hat, als er in der Geschichte an unterschiedlichen Orten Gestalt gewann, die verschiedenen Farben, Geschmäcker und Gerüche der Traditionen angenommen, auf die er traf. Das wird auch jetzt wieder geschehen: mit dem Islam im 21. Jahrhundert, dem Islam in Deutschland, dem Islam in Europa.

Es ist an uns Muslimen, das beste aus unserer Religion zu machen. Wir müssen ihr hier den Boden bereiten. In den Worten des Dichters Saadi:

> Der segenreiche Regen schafft
> im Garten Tulpen,
> in salzger Steppe bringt er –
> Unkraut nur hervor.

Dank

Ich danke Ulrich Nolte für seine Anmerkungen und Korrekturen, für seine fortwährende freundliche Begleitung. Und ich danke Stela Muminovic für die Erstellung des Registers. Den hier Beschriebenen danke ich, dass sie mich die Reichhaltigkeit unserer islamischen Tradition lehrten. Ich hoffe, ihnen gerecht geworden zu sein.

Meinem Mann Navid Kermani und meinen Eltern Sibylle und Manutschehr Amirpur danke ich dafür, dass sie immer da sind.

Literatur

Übersetzungen von Zitaten stammen, sofern nicht anders angegeben, von der Autorin.

Einleitung
Abu Zaid, Nasr: *Ein Leben mit dem Islam*, Freiburg im Breisgau 1999.
Engineer, Asghar Ali: «The Compatibility of Islam, Secularism and Modernity», in: Noor, Farish (ed.): *New Voices of Islam*, Leiden 2002, 29–34.
Safi, Omid (ed.): «Introduction: The Times they are a-changin – A Muslim Quest for Justice, Gender Equality, and Pluralism», in: *Progressive Muslims: On Justice, Gender, and Pluralism*, Oxford 2003, 1–29.
Zentralrat der Muslime e.V.: Grundsatzpapier des Zentralrates der Muslime in Deutschland (ZMD) zur Kopftuchdebatte, 23.10.2003, http://textfabrik.islam.de/2652_print.php

1 Auf dem Weg in die Moderne
Meier, Andreas: *Der politische Auftrag des Islam: Programme und Kritik zwischen Fundamentalismus und Reformen; Originalstimmen aus der islamischen Welt*, Wuppertal 1994.

2 Islamische Reformer heute
Abi Talib, 'Ali ibn: *Nahj al-balagha*, herausgegeben und interpretiert von 'Ali Naqi Feiz ol-Eslam, Teheran 1972.
Dernbach, Andrea: «Elastischer Islam», in: *Tagesspiegel* vom 2.10.2007.
Esack, Farid: «Den Islam neu denken». Der Wille Gottes in unserer Zeit – Ein Gespräch über Aids, Widerstand und einen modernen Islam mit dem südafrikanischen Theologen Farid Esack, in: *Zenith* – Zeitschrift für den Orient 1/2002.
Kadivar, Mohsen: «Freedom of Religion and Belief in Islam», in: Kamrava, Mehran (ed.): *The New Voices of Islam. Rethinking Politics and Modernity*, University of California Press: Berkeley 2006, 119–142.
–: «Vom historischen Islam zum spirituellen Islam», in: Amirpur, Katajun (Hg.): *Unterwegs zu einem anderen Islam. Texte iranischer Denker*. Aus dem Persischen übersetzt von Katajun Amirpur, Freiburg 2009, 80–105.
Mir-Hosseini, Ziba: «Muslim Women's Quest for Equality: Between Islamic Law and Feminism», in: *Critical Inquiry* 32 (2006), 629–645.
–: *Islam and Gender. The Religious Debate in Contemporary Iran*, Princeton 1999.
Moosa, Ebrahim: «The Debts and Burdens of Critical Islam», in: Safi, Omid (ed.): *Progressive Muslims. On Justice, Gender, and Pluralism*, Oxford 2003, 111–127.

Mudhoon, Loay: «Mohammed Arkoun. Kritiker der islamischen Vernunft». http://www.eurasischesmagazin.de/artikel/?artikelID=20110215

Ramadan, Tariq: *Muslimsein in Europa*, Marburg 2001.

–: *Peut-on vivre avec l'islam?* Entretien avec Jacques Neirynck, 2., veränderte Auflage, Lausanne 2004.

Saadawi, Nawal: *Fundamentalismus gegen Frauen*, München 2002.

–: Interview mit der Autorin vom April 1999.

Shahrour, Mohammad: «The Divine Text and Pluralism in Muslim Societies». http://www.quran.org/library/articles/shahroor.htm

3   Nasr Hamid Abu Zaid

Abu Zaid, Nasr Hamid: *Naqd al-khitab ad-dini*, Kairo 1992.

–: *Islam und Politik: Kritik des religiösen Diskurses*, Frankfurt 1996.

–: Interview mit der Autorin aus dem Jahre 1999.

–: *Ein Leben mit dem Islam*, Freiburg im Breisgau 1999.

–: *Mohammed und die Zeichen Gottes*, Freiburg im Breisgau 2008.

–: *Gottes Menschenwort – Für ein humanistisches Verständnis des Koran.* Ausgewählt, übersetzt und mit einer Einleitung von Thomas Hildebrandt, Freiburg im Breisgau 2009.

Andrae, Tor: *Muhammad. Sein Leben und sein Glaube*, Göttingen 1932.

Kermani, Navid: «From revelation to interpretation: Nasr Hamid Abu Zayd and the literary study of the Qur'an», in: Taji-Farouki, Suha (ed.): *Modern Muslim Intellectuals and the Qur'an*, Oxford 2006, 169–192.

–: *Offenbarung als Kommunikation: Das Konzept* wahy *in Nasr Hamid Abu Zayds* Mafhum an-nass. Frankfurt am Main 1996.

–: «Die Affare Abu Zayd. Eine Kritik am religiösen Diskurs und ihre Folgen», in: *Orient*, 35 (1994), 25–49.

Libforall: http://www.libforall.org/background-islamic-mysticism-and-tolerance.html

Negus, Steve: «Professor charged with Apostasy», in: *Middle East Times* 6.–12.7.1993.

Nöldeke, Theodor: *Geschichte des Qorans*, Bd. 1 & 2 bearbeitet von Friedrich Schwally, Leipzig 1909, 1919; Bd. 3 von G. Bergsträsser & O. Pretzl, Leipzig 1938, Nachdruck in einem Band Hildesheim 1961.

Orth, Stefan: «Historische Kontexte stärker berücksichtigen Ein Gespräch mit dem Islamwissenschaftler Nasr Hamid Abu Zaid», in: *Herder Korrespondenz* 7/2008, 340–344.

Tabataba'i, Seyyed Mohammad Hosein: *Qor'an dar eslam* (Der Koran im Islam), o.O. 1983.

Thielmann, Jörn: *Nasr Hamid Abu Zaid und die wiedererfundene hisba: sharia und qanun im heutigen Ägypten*, Würzburg 2003.

Twardella, Johannes: *Religiös-philosophische Profile: Positionsbestimmungen jüdischer und islamischer Intellektueller im Säkularisierungsprozess*, Hildesheim 2006.

248

Wild, Stefan: «Die andere Seite des Textes. Nasr Hamid Abu Zaid und der Koran», in: *Die Welt des Islams* 33 (1993), 256–61.

4 Fazlur Rahman

Esack, Farid: *Qur'an, liberation and pluralism*, Oxford 2002.

Koshul, Basit: «Fazlur Rahman's *Islam and Modernity* Revisited», in: *Islamic Studies*, 33, 4 (1994), 403–406.

Moosa, Ebrahim: «Introduction», in: Rahman, Fazlur: *Revival and Reform in Islam*. Edited and with an Introduction by Ebrahim Moosa, Oxford 2000, 1–29.

Rahman, Fazlur: «Islamic Methodology in History», Karachi 1965.

–: «The Concept of Hadd in Islamic Law», in: *Islamic Studies*, 4, 3 (1965), 237–251.

–: «The Impact of Modernity on Islam», in: *Islamic Studies,* 5, 2 (1966), 113–128.

–: *Islam*, Chicago 1966.

–: *Major Themes of the Qur'an*, Chicago 1980.

–: *Islam and Modernity: Transformation of an Intellectual Tradition*, Chicago 1982.

–: «Islamic Modernism: Its Scope, Method and Alternatives», in: *International Journal of Middle East Studies*, 1 (1970), 317–333.

–: «Islam: Challenges and Opportunities», in: Welch, A.T. (et al. eds.): *Islam: Past Influence and Present Challenge*, Edinburgh 1979, 315–330.

–: «Islamic Studies and the Future of Islam», in: Kerr, Malcolm (ed.): *Islamic Studies: Tradition and its Problems*, Malibu 1980, 125–133.

–: «Islam's Attitude Toward Judaism», in: *Muslim World*, 72, 1 (1982), 1–13.

–: «Some Key Ethical Concepts of the Qur'an», in: *Journal of Religious Ethics*, 2, 2 (1983), 170–185.

–: «My Belief in Action», in: Berman, Phillip (ed.): *The Courage of Conviction*, New York 1985, 153–159.

–: «Approaches to Islam in Religious Studies: Review Essay», in: Martin, Richard (ed.): *Approaches to Islam in Religious Studies*, Oxford 1985, 189–202.

Sonn, Tamara: «Fazlur Rahman's Islamic Methodology», in: *Muslim World*, 81, 3–4 (1991), 212–230.

Waugh, Earle: «The Legacies of Fazlur Rahman for Islam in America», in: *American Journal of Islamic Social Sciences*, 16, 3 (1999), 27–44.

5 Amina Wadud

Abu Zayd, Nasr: *Reformation of Islamic Thought. A Critical Historical Analysis*, Amsterdam 2006.

Abugideiri, Hibba: «The Renewed Women of American Islam: Shifting Lenses Toward Gender Jihad?», in: *The Muslim World* (2001), 1–8.

Ali, Kecia & Hammer, Juliane & Silvers, Laury (eds.) (2012): *A Jihad for Justice. Honoring the Work and Life of Amina Wadud.* http://www.

249

bu.edu/religion/files/2010/03/A-Jihad-for-Justice-for-Amina-Wadud
-2012-1.pdf

Anwar, Zainah & Ismail, Rose: «Amina Wadud and Sisters in Islam – A journey towards Empowerment», in: Ali, Kecia & Hammer, Juliane & Silvers, Laury (eds.): *A Jihad for Justice. Honoring the Work and Life of Amina Wadud*.http://www.bu.edu/religion/files/2010/03/A-Jihad-for -Justice-for-Amina-Wadud-2012-1.pdf, 63–72.

Barlas, Asma: «Amina Wadud's hermeneutics of the Qur'an: women rereading sacred texts», in: Taji-Farouki, Suha (ed.): *Modern Muslim intellectuals and the Qur'an*. Oxford 2004, 97–124.

Fatah, Tarek: «I am a nigger, and you will just have to put up with my blackness». Professor Amina Wadud confronts her hecklers in Toronto. 11.02.2005. http://najat-fares-kessler.blogspot.de/

Hammer, Juliane: «Reading Gender in the Quran. Text, Context, and Identity in the Work of Amina Wadud», in: Bentzin, Anke & Fürtig, Henner & Krüppner, Thomas & Spielhaus, Riem (Hg.): *Zwischen Orient und Okzident. Studien zu Mobilität von Wissen, Konzepten und Praktiken. Festschrift für Peter Heine*. Freiburg i. Br. 2010, 129– 146.

Safi, Omid: «Walking with Amina», in: Ali, Kecia & Hammer, Juliane & Silvers, Laury (eds.) (2012): *A Jihad for Justice. Honoring the Work and Life of Amina Wadud*. http://www.bu.edu/religion/files/2010/03/A -Jihad-for-Justice-for-Amina-Wadud-2012-1.pdf, 225–231.

Sisters in Islam: http://www.sistersinislam.org.my/page.php?35

Wadud, Amina: «On Belonging as a Muslim», in: Wade-Gayles, Gloria J.: *My Soul is a Witness. African-American Women's Spirituality*, Boston 1995, 253–265.

–: *Qur'an and Woman: Rereading the Sacred Text from a Woman's Perspective*, Oxford 1999.

–: *Inside the Gender Jihad: Women's Reform in Islam*, Oxford 2007.

–: 2008: http://www.dradio.de/dkultur/sendungen/religionen/858172/

–: 2011: http://www.taz.de/1/archiv/digitaz/artikel/?ressort=ku&dig=201 1%2F08%2F17%2Fa0115&cHash=fdea1cb346/

–: Interview mit der Autorin vom 25.9.2012.

6   Asma Barlas

Barlas, Asma: DW = http://www.dw.de/dw/article/0,,1919362,00.html

–: *Believing Women in Islam. Unreading Patriarchal Interpretations of the Qur'an*. University of Texas, Austin 2002.

–: «Morality: for women and girls only», in: *The Daily Times*, Pakistan, January 14, 2003.

–: «Muslims in the US (I)», in: *The Daily Times*, Pakistan, June 17, 2003.

–: «Muslims in the US (II)», in: *The Daily Times*, Pakistan, July 1, 2003.

–: «Un-reading Patriarchal Interpretations of the Qur'an: Beyond the binaries of tradition and modernity». Vortrag vor der Association of

Muslim Social Scientists: Conference on Islam: Tradition and Modernity, Toronto, Canada, November 4, 2006.

–: «Re-understanding Islam: A Double Critique». Spinoza Lectures. Van Gorcum: Amsterdam 2008.

–: Interview vom 28.8.2012 mit der Autorin.

Moghissi, Haideh: »Women, Modernity, and Political Islam«, in: *Iran Bulletin*, no. 19–20, (autumn/winter 1998), 42–44 (42).

7 ʿAbdolkarim Soroush

Amirpur, Katajun: «Ein iranischer Luther? ʿAbdolkarim Soroushs Kritik an der schiitischen Geistlichkeit», in *Orient* 37 (1996), 465–481.

–: «The Expansion of the Prophetic Experience. Abdolkarim Soroush's New Approach to Qurʾanic Revelation», in: *Welt des Islam* 51 (2012), 409–437.

–: *Die Entpolitisierung des Islam, ʿAbdolkarim Soroushs Denken und Wirkung in der Islamischen Republik Iran*, Würzburg 2002.

Boroujerdi, Mehrzad: *Iranian Intellectuals and the West: The Tormented Triumph of Nativism*, Syracuse 1996.

Cooper, John: «The Limits of the Sacred: The Epistemology ‹Abd al-Karim Soroush», in: Cooper, John, Nettler, Ronald & Mahmoud, Mohamed (eds.): *Islam and Modernity: Muslim Intellectuals Respond*, London 1998, 38–56.

Dabashi, Hamid: «Blindness and Insight: The Predicament of a Muslim Intellectual», in: Jahanbegloo, Ramin: *Iran. Between Tradition and Modernity*, Oxford 20, 95–116. Der Aufsatz ist wieder abgedruckt in: Dabashi, Hamid: *Islamic Liberation Theology: Resisting the Empire*, London 2008, 99–142.

Dahlén, Ashk: *Islamic Law, Epistemology and Modernity: Legal Philosophy in Contemporary Iran*, London 2003.

Ghamari-Tabrizi, Behrooz: *Islam & Dissent in Postrevolutionary Iran. Abdolkarim Soroush, Religious Politics and Democratic Reform*, London 2008.

Matin-Asghari, Afshin: «Abdolkarim Soroush and the Secularization of Islamic Thought in Iran», in: *Iranian Studies* 30 (1997) 1–2. 95–115.

Soroush, ʿAbdolkarim: «ʿAql va azadi» (Vernunft und Freiheit), in: *Kiyan* 1 (1992) 5, 13–25.

–: «Eine religiöse demokratische Regierung?», in: *Spektrum Iran* 5 (1992) 4, 79–85.

–: «Farbehtar az Idiuloji» (Reichhaltiger als Ideologie), in: *Kiyan* 3 (1993) 14, 2–20.

–: *Qabz-o bast-e teʾorik-e shariat – nazariye-ye takamol.e maʾrefat-e dini (Theorie der Einengung und Erweiterung der Religion – die Theorie der Entwicklung der religiösen Erkenntnis)*, Teheran 1994³.

–: «Saqf-e maʿishat bar sotun-e shariʿat» (Den Lebensunterhalt auf die Religion stützen), in: *Kiyan* 5 (1995=1995a) 26, 25–31.

–: «Khadamat va hasanat-e din» (Funktion und Vorteile der Religion), in: *Kiyan* 5 (1995=1995b) 27, 2–17.

–: «Tahlil-e mafhum-e hokumat-e dini» (Eine Analyse des Begriffs ‹religiöse Regierung'›)», in: *Kiyan* 6 (1996=1996a) 32, 2–13.

–: Vortrag vom 17. November 1996 in London (=1996b).

–: «The Evolution and Devolution of Religious Knowledge», in: Kurzman, Charles (ed.): *Liberal Islam. A Sourcebook*, Oxford 1998, 244–251.

–: *Reason, Freedom, and Democracy in Islam. Essential Writings of Abdolkarim Sorush*, Translated, Edited and with a critical Introduction by Mahmoud Sadri and Ahmad Sadri, Oxford 2000.

–: «The Word of Muhammad». Interview mit Michel Hoebink, in: Zem-Zem (2007) URL: http://www.zemzem.org/zemzem/?q=node/21

–: *Expansion of Prophetic Experience: Essays on Historicity, Contingency and Plurality in Religion,* Leiden 2009.

–: «There is no God, I swear to God, there is no God…». Februar 2011. http://www.drsoroush.com/English/By_DrSoroush/E-CMB-20110200 -ThereIsNoGod.html

–: http://csidonline.org/images/stories/pdfiles/56900_eng_iran%5B1%5D. pdf zuletzt abgefragt am 5.8.2012.

–: 2012: Gespräch mit der Autorin vom 9.9.2012.

Vakili, Valla: «Abdolkarim Sorush and Critical Discourse in Iran», in: Esposito, John L. & Voll, John O.: *Makers of Contemporary Islam*, Oxford 2001, 150–176.

–: *Debating Religion and Politics in Iran: The Political Thought of Abdolkarim Soroush*, Washington 1996.

Wright, Robin: «Islam and Liberal Democracy: Two Visions of Reformation», in: *Journal of Democracy* 2 (1996), 64–75.

8 Mohammad Mojtahed Shabestari

Dahlén, Ashk: *Islamic Law, Epistemology and Modernity: Legal Philosophy in Contemporary Iran*, London 2003, 163–186.

Eshkevari, Hasan Yusefi: Interview mit der Autorin vom 3.12.2009.

Gadamer, Hans-Georg: *Wahrheit und Methode*, 1. Bd., Tübingen 1990⁶.

Hajatpour, Reza: *Iranische Geistlichkeit zwischen Utopie und Realismus. Zum Diskurs über Herrschafts- und Staatsdenken im 20.Jahrhundert*, Wiesbaden 2002, 305–319.

Sadri, Mahmoud: «Sacral Defense of Secularism, Dissident Political Theology in Iran», in: Nabavi, Negin: *Intellectuals and the State in Iran. Politics, Discourse, and the Dilemma of Authenticity*, Florida 2003, 180–192.

Shabestari, Mohammad: *Hermenutik, ketab va sonnat* (Hermeneutik, das Buch und die Tradition), Teheran 1996.

–: *Iman va azadi* (Glaube und Freiheit), Teheran 1997.

–: «Qera'at-e rasmi az din» (Eine offizielle Lesart der Religion), in: *Rah-e nou* 19, 29.8.1998, 18–24.

–: *Qera'at-e rasmi az din* (Eine offizielle Lesart der Religion), Teheran 2000.

–: *Islam und Demokratie,* Erfurt 2003.

–: «Göttliches Recht?», in: *Die politische Meinung* 48 (2003), 5–12.

–: «Qera'at-e nabavi az jahan» (Eine prophetische Lesart der Welt), http:// eja.ir/1387/12/13/ = 2008.

–: «Demokratie und Religiosität», in: Amirpur, Katajun (Hg.): *Unterwegs zu einem anderen Islam. Texte iranischer Denker.* Aus dem Persischen übersetzt von Katajun Amirpur, Freiburg 2009, 25–36.

–: Die Menschenrechte und das Verständnis der Religionen», in: Ebd., 37–44.

–: Interview mit der Autorin vom 2.11.2009.

–: Interview mit der Autorin vom 18.6.2012.

Vahdat, Farzin: «Post-revolutionary Islamic modernity in Iran: the intersubjective hermeneutics of Mohammad Mojtahed Shabestari», in: Taji-Farouki, Suha (ed.): *Modern Muslim Intellectuals and the Qur'an,* London 2006, 193–224.

Die Zukunft des Islams

Saadi: Rosengarten. In der Übersetzung von Karl Heinrich Graf, neu bearbeitet und herausgegeben von Dieter Bellmann, Leipzig und Weimar 1982, 33.

Personenregister